《吾国与吾民》让外国人读懂中国人

《 大 国 大 民 》让中国人读懂中国人

大国大民

王志纲话说中国人

工志纲 / 著

国际文化出版公司
·北京·

图书在版编目（CIP）数据

大国大民：王志纲话说中国人 / 王志纲著. -- 北京：国际文化出版公司, 2020.8（2023.3重印）

ISBN 978-7-5125-1218-4

Ⅰ.①大… Ⅱ.①王… Ⅲ.①区域文化—中国—文集 Ⅳ.①G127-53

中国版本图书馆CIP数据核字(2020)第095756号

大国大民：王志纲话说中国人

作　　者　王志纲
总 策 划　鲁良洪
责任编辑　宋亚晅
统筹监制　李　鑫
特约编辑　李跃刚
品质总监　张震宇
封面设计　安　宁
市场推广　白利权　卢　瑛
内文排版　太白人梦（太白人梦 QQ: 23203960）
出版发行　国际文化出版公司
经　　销　国文润华文化传媒（北京）有限责任公司
印　　刷　文畅阁印刷有限公司
开　　本　710毫米×1000毫米　16开
　　　　　　25印张　312千字
版　　次　2020年8月第1版
　　　　　　2023年3月第3次印刷
书　　号　ISBN 978-7-5125-1218-4
定　　价　59.80元

国际文化出版公司
地　　址：北京朝阳区东土城路乙9号　邮　　编：100013
总 编 室：（010）64270995　传　　真：（010）64270995
销售热线：（010）64271187　传　　真：（010）64271187-800
E-mail：icpc@95777.sina.net

我是怎么读中国的

年岁越大，走的路越长，见的人越多，我越喜欢读中国。

01

所谓“中国”，其实是一方水土造化的结果。

俗话说“一方水土养一方人”，在中国这片辽阔的土地上，每一方水土均有其独特的气场，每一方人均有其独特的个性。读中国，就是拨开历史迷雾，去摹画一方水土背后的文明轮廓和脉络的过程。

从文明诞生之初，“中国”就开始不断衍化。无数英雄美人、王侯将相、文人骚客、贩夫走卒们丰满了她，又纷纷挥手离去，最后沉淀为天南海北的独特气质：陕西的沉郁耿介、山东的忠厚豪爽、浙江的灵秀俊逸、湖北的精明强干……每一个区域，都形成了独一无二的区域之“魂”，也化育了一批生于斯、长于斯、歌哭于斯的独特群体。

以我自己为例，自幼便生活在群山深锁、云雾弥漫的贵州小县城中。山阻隔了贵州和外面的世界，很多人一辈子都没有走出大山，自囿于方寸之间；另外极少数人，则被山赋予了超群的想象力。我少年时印象最深的场景，就是站在山头，眺望关山万重，想着有朝一日能够去看看山外面的世界。

即便我日后走出大山，贵州这片土地给予我的好奇心、想象力和勇气,依旧陪伴了我一生,并贯穿于我人生数次极为重要的选择。

当然,我只是千千万万贵州人中极为普通的一员,贵州也只是中国三十四个省(市、区)中极为普通的一个。

如果把中国传统的文化版图按照南北来划分,北方文化包括中州文化、秦晋文化、齐鲁文化、燕赵文化、泛东北文化、蒙古文化、西域文化等,南方文化则包括江淮文化、吴越文化、闽台文化、赣文化、荆楚文化、巴蜀文化、滇黔文化、岭南文化等;不同地域的自然环境特征差异巨大,所形成的文化也是气质不同、风格各异。几乎每一个中国人,都被打上了独特的地域文化印记,中国的前途与命运,中国人的复杂国民性,也都隐藏在这一方水土的造化之中。

02

读中国不仅有趣,且极其有必要。

改革开放以来短短几十年间,中国快速崛起为经济大国和塑造全球政治格局的重要力量。研究中国、了解中国,把握在全球化浪潮下的中国对策,已成为西方政治人物、经济学家、各大智库的必修课。

关于"中国"的研究,本身就是一个因对比而存在的命题。从元明开始到清初,陆续传入中国的西方影响,或湮没不彰,或沦为雕虫小技,盖因在传统中国的天下观中仅有华夷之辨,而缺乏对世界的基本认知。西方对中国的零星认知,也仅仅停留在想象中。

直到清末,坚船利炮叩关而来,沉溺于天朝大国梦的中国方才猝然觉醒。彼时的中国,风雨如晦,前途未知。彼时的每一个中国人,无分贵贱贫富、妍媸贤愚,都被深刻地卷入两种文化体系冲突的旋涡中。对于当时的西方列强来说，中国只是一块案板上的肥肉，攫取利益是他们最直接的诉求。

百年激荡，蹒跚其行。在21世纪的坐标上，没有人再怀疑中国的强大，但误解依旧深刻。

改革开放四十多年来，全世界最杰出的经济学家、诺奖得主、投资天才一次次预言中国即将崩溃；当"中国崩溃论"宣告无效时，他们又将中国崛起解读为不可避免的零和博弈，认为中美必将陷入"修昔底德陷阱"，从意识形态、社会制度、文明差异乃至食品安全、环境威胁等角度，一次次掀起了"中国威胁论"的舆论浪潮。

从本质上来说，无论"中国崩溃论"还是"中国威胁论"，都是19世纪末20世纪初甚嚣尘上的"黄祸论"的借尸还魂。这种极端的民族主义，既无新意，又缺乏对现实最基本的尊重。

在政界和学界之外，西方民间关于中国的误解似乎更加严重。我之前去美国时就发现，在那些得州红脖子牛仔和"铁锈地带"蓝领工人们的眼中，中国还停留在那段不堪回首的岁月，中国人还是拖着辫子、抽着鸦片的长袍马褂形象。

不只是远隔大洋的观察者感到迷惑，亲身踏足中国的西方人也常常会陷入某种悖论：当他们来到中国沿海大城市时，会惊异于中国为什么还是发展中国家；而当他们来到中国西部县城时，又会为这里的贫瘠和萧条而感到震惊。既心怀戒备，又相互依存，偏又知之甚少，以至于常常做出战略性误判，这正是西方世界面对中国的苦恼。

如果列出影响世界各主要民族发展史的主要"动因"，并相互比较，我们就会发现一个惊人但长期被忽略的事实——人类历史上从未有一个民族像今天的中华民族这样，面对并容纳了多种"动因"的影响，但又坚守自我，不移根本，形成一个强大的"精神共同体"。

构成这个精神共同体的，首先自然是五千年传承，形成了我们与生俱来的民族基因。

其次是1840年鸦片战争以降近两百年来，被西方文明从精神到物质全面渗透，形成了科学思维、法制诉求和自由意识。

第三则是中华民族百年复兴的努力。从孙中山到毛泽东，无数仁人志士领导国人经历了无数艰难困苦、跌宕起伏的奋斗。我们曾经抛弃传统，也曾寻梦马列；曾经师从美利坚，也曾求学日本；几度“国破山河在”，最难孤行四海间……经历了四五代人的努力，积淀成为一种强大的精神势能，继续影响着今天中国前行的步伐。

四十多年来的改革开放，是在前三个动因的基础上的负重砥砺。进一步融汇国际信息技术、商业文明、全球化生态的新思潮，成为中国发展的第四个动因。

如此复杂的精神共同体，无论站在其内部任何一个政、商、文、史的单一视角上，都难以清晰解读，遑论立足其外，以西方式的“普世价值”品头论足。因此，在中国愈发重要的当下，世界急需一把打开中国的钥匙。

03

对于生活在南北纵横数千公里的辽阔国土上的十几亿中国人来说，同样也需要读中国。

中国的三个特点，决定了它很难被读懂。

首先，中国太过辽阔，大江南北，长城内外，不同地域之间的差别令人难以想象。谁可以代表中国？是北上广深写字楼里衣冠楚楚的金领，还是大西北市区相隔上百公里的山区小村落里某个离群索居的人家？

这是一个极其严肃的话题。

面对如此庞大的叙述主体,叙述者们很容易陷入盲人摸象的困局,把局部当作整体,把个人境遇当成时代主题,各执一词,互不相让,更不用说还有很多谬论和偏见。因此,想要解读中国,需要相当宏阔的格局、见识,以及高度的同理心。

其次,中国太过于复杂。两千余年以来,不断分合又绵延不断的中国,保持着某种惊人的稳定性。不管是分裂时期觊觎中原王朝的外族,还是乱世中谋求取而代之的野心家,在帝国建立以后顶多是搭积木式地组合拼装,对构架本身却无法撼动。

这种构架究竟是什么?换言之,什么是中国?它可以是一个政治话题,可以是一个历史话题,还可以是一个文化话题。它的认同基础究竟是什么?血缘、文字、国界、族群,某种超乎其上的共识,还是长期存续的制度设计?这个问题不仅现在复杂,从来都复杂。因此,解读中国的分寸与角度显得十分微妙。

第三,更现实的问题在于,中国的变化实在太快。

近代以来,工业文明携市场法则之威,扫荡全球,所向披靡,脉脉温情的农业文明逐渐消失。然而,中国的独特之处在于,西方世界用近三百年时间完成的工业化大生产,却要我们用四十多年的时间重走一遍。一条巨大的中国龙,在不同时态中舞动:龙头已经进入知识经济时代,龙身在工业经济的浪潮中翻腾,而龙尾还深深地扎在农业文明的泥土之中。

中华巨龙翻身之时,变化昼夜不息。在人类历史上,还没有哪个国家有过中国这四十多年的物质层面大爆发,也没有哪国人民像中国人这样承受着思想的激烈震荡。

如此辽阔、复杂、急速变化的中国,显然不是一个"药方"可以搞定的;数千年间生生不息、不断丰富的中国文化,也不是某种观点所能简单统合的。

有人享受着时代的红利,就有人迷茫于莫测的未来;有人端起碗吃肉,就有人放下碗骂娘;有人一张口就是中国如何伟大,崛起不可阻挡,就有人“言必称希腊”,沉浸在“启蒙国人”的人设中不能自拔。特别是目睹从中国台湾地区到香港地区的“失魂落魄”,其共同根源之一都在于,一方面对共同的中华民族基因未能形成根源性共识,另一方面对中国大陆之崛起无法建立整体性、趋势性认知。

这种价值观上的冲突并不奇怪:中国历来有着善恶二元论的传统,非好即坏、非红即黑、非此即彼构成了中国人朴素的价值判断。但是,随着中国经济由浅海走向深海,中国民众也应由草莽走向成熟。成熟的一大标志就是宽容与自信。在当下这个高度不确定性的时代里,碎片化的表述和高度撕裂的情绪宣泄让人无所适从。如何“叩其两端而竭焉”,在二元价值判断之间的地带寻找共识,是当下时代的重要命题。而这种共识,只可能来源于“中国”这个文化母体。

04

美国政治学者、著名汉学家白鲁恂曾说:“中国其实不是一个国家,而是一种伪装成国家的文明。”

回顾中国的历史,我脑海中时常会浮现出这样一幅有趣的图景——在三千多年前的渭河平原上,有两个面朝黄土背朝天的酋长,一个叫炎,一个叫黄,各自带着几百户父老乡亲,长年累月地交战、议和、会盟、通婚,慢慢走向融合。

这个过程从炎黄到尧舜,最终以周克商为标志,终于彻底完成了。

中国不再是若干个部族竞争的战场,而形成了统一的文化核心。从此,这个核心像滚雪球一样,顺着黄河流域一路往下,从秦晋、郑卫、燕赵到齐鲁,滚遍了整个黄河流域。

在这个过程中,向心和离心同时发生,有的地方被吸纳进来,有的地方被甩了出去。《史记》里面说舜"逐三苗于三危"就是这场放逐的真实写照:所谓的百夷、百苗、百越,都是当初被华夏核心圈甩到外围的部分。但是,随着雪球越滚越大,从黄河流域滚到泛长江流域,他们又都被一一吸纳了进来。

正如费孝通所说,"中华民族作为一个自觉的民族实体,是近百年来中国和西方列强对抗中出现的,但作为一个自在的民族实体,则是在几千年的历史过程中形成的"。几千年的共同生存使得中华大地上的各个民族之间已经有了相当程度的认同,但是这种认同尚需捅破最后一层窗户纸,资本主义的入侵恰好扮演了这个角色——

在 20 世纪初这场救亡与启蒙的时代背景下,国内各族人民终于意识到共同利益之所在。杰出的政治家和学者,纷纷开始尝试构建新的价值体系,对中国进行重新解读,以期实现民族意识的觉醒。作为中国社会、中华民族历史转型期的前沿地带,广东激荡起时代风云,中华文明停滞已久的雪球又开始重新翻滚,从长江流域滚到了珠江流域,经历百年天地翻覆之变,终于滚成了今天的偌大中国。

在黄河、长江、珠江这三条中国最为重要的大河中,前两条是传统文化语境中的常客。当我们讲到黄河时,会想到中华民族的悠久与博大、苦难与拼搏。当我们讲到长江时,脑海中更是不由想起《话说长江》的主题曲:"你从雪山走来,春潮是你的风采;你向东海奔去,惊涛是你的气概……"但当我们谈到珠江时,总会感觉到一种很特别的,甚至带点陌生的文化存在:一种独特价值观的浓缩,一个在社会重大历史转型期常常担负承上启下作用的特殊板块。

发源于云贵高原、乌蒙山系的珠江，流经六省区，穿越五岭，经过沸腾的珠江三角洲，最终汇入南海。浩渺江水，携泥夹沙，千里竞驰；流入蔚蓝色大海胸怀的刹那，江流变得徐缓迟滞起来。随波逐浪于江水多日的千山尘埃、万径朽株，纷纷沉淀淤塞于此。江流消逝了，它彻底融入了大海的洪波之中。

今日之中华文明正如珠江一般，处在由江入海的关键节点上。所谓大海，即世界各处人类共同缔造的文化。我们每个人，正如一滴滴水珠，汇成浩荡洪流，无论是随波逐浪，还是击水中流，都会感受这洪流的裹胁和冲击之力，因而终究无法自外。由大江奔向大海，这或许就是所有近现代中国人的宿命。

05

每一代中国人都有冲动去仔细打量自己的国家，他们一直在孜孜不倦地试图破解中华文明的密码。

清末民初，梁启超先生首开先河，启动了发现中国的进程。他于1901年在《中国史叙论》中首次提出了“中国民族”的概念，并且将中国文化圈不断衍化的过程总结为，从中原的中国，扩大到中国的中国，东亚的中国，亚洲的中国，以至于世界的中国。这一观念也深刻地影响了日后的研究者。

20世纪30年代，中国门户初开，西方有不少所谓的中国通著书描写中国，但基本上都是以揭露中国丑恶习俗为卖点。从小在中国长大的美国作家赛珍珠，深感东西方之间隔阂甚深，因而委托学贯中西的林语堂先生写一本解读中国人的著作。林语堂借携家到庐山避暑之机，猛写月余，一部全英语写作的“My Country and My People”（中文译名：《吾国与吾民》）就此出炉。该书甫一出版，便成为海外认识中国的最佳读本，迅速在海外引起轰动。

我第一次读到《吾国与吾民》时已近而立之年，在颇受启发的同时也暗暗许下愿望，将来有条件了一定要写一本《话说中国人》。毕竟，林语堂先生的论断，在精妙之余略显草率和偏主观，并没有经过太多的严谨考证，谋篇布局也是兴之所至，诉诸笔端更有信马由缰之感。可能林先生自己也没想到，他这本不经意之作会成为传世名著吧。

多年以来，我也陆续读了不少有关解读中国的大作，柏杨先生打通中西、别开生面的《中国人史纲》，许倬云先生截断众流的《万古江河》，余秋雨先生走出书斋的《文化苦旅》等书，都让我受益匪浅、印象深刻，也让我对这个话题愈发产生浓厚兴趣。

与前人相比，我之所以敢于尝试这个话题，不是因为我有什么超人的才华，也不是因为我有多么优美的文字，而是拜时代之所赐。感谢这个伟大的时代，让身为一介文人的我，不仅用脚步丈量中国，而且深度参与了改变中国的过程。

“四十年来家国，三千里地山河。”从青春作赋的弱冠之际，到鬓发斑白的花甲之年，在这人生最黄金的四十年里，我几乎亲历了中国改革开放和市场化探索的全过程，也见证了一个伟大时代的来临，如同万里黄河，历经九曲十八弯，终于在壶口爆发，奔腾直下三千尺，虽挟泥裹沙，浑浊不堪，但有着力拔万钧之气概。

国运即人运，奔流激荡的大势也为我们提供了改写命运的无限可能。大泽龙蛇，沧海横流，传奇与落魄同存，英雄与盲流共舞。大起大落、大悲大喜、大开大阖、大忠大奸，命运的强烈反弹与转折，在我们这代人身上尽显无遗。

因此，对于我们这代人——尤其是胸怀理想者——来说，“读中国”是一个深刻烙印入骨髓的时代母题，它蕴蓄着最深刻的情感、最莫测的转折、最激烈的碰撞和最彻底的反思。我作为这一伟大时代的亲历者、观察者乃至推动者，更无法回避这一话题。

06

1985 年，为加强对改革开放前沿阵地的报道，作为新华社记者的我被派驻广东，从事宏观经济报道。

在十年记者生涯中，我有幸走遍了中国各地，也采访了很多时代风云人物，受访者中不乏一线的封疆大吏、企业界的豪商巨富、崭露头角的新锐学者。应该说，那个时候的精英们，不管成王败寇，都有一种弥足珍贵的精神特质——他们充满责任感，希望用自己的意志和努力去推动和改变这个国家。这种“天下兴亡，匹夫有责”的情怀，穿过时光的铁幕，依旧激动人心。

当时的云山珠水是最令人向往的热土，遍地是改变命运、发家致富的神话。作为记者，我身边的财富故事更是比比皆是。人非圣贤，我也曾动摇过想转行，但支撑我坚持走下来的是一份崇高的成就感。我把新闻当成一份可以为之奋斗终生的事业，而非单纯赖以谋生的职业，我希望能够效仿沃尔特·李普曼、范长江，用独立的观察和思考来影响并推动历史。尽管家徒四壁、身无余财，但我依旧乐在其中，“衣无领，裤无裆，光着屁股走四方”，满怀激情地为时代鼓与呼。

感谢时代，当时的舆论环境为我提供了纵马奔腾的可能性，作为新华社人，我可以触及几乎所有社会矛盾。在 1988 年采写的《中国走势采访录》中，我通过分析中央和地方、沿海和内陆、东部和西部的重重矛盾，提出了很多非常尖锐的问题，但这篇文章不仅没有受到批评和封杀，反而以内参的形式引起了执政者的高度重视，甚至我本人都曾受邀到中南海就相关问题进行汇报。

到了 1994 年，命运给我开了一个天大的玩笑，当时的客观环境发生了巨大的变化，实现梦想的空间日益逼仄，我作为新闻人的使命也就随之结束了。于是，我选择告别体制，创办智纲智库（原名“王志纲工作室”），义无反顾地一头扎进市场经济的大潮之中，以策划人的身份重新踏入江湖。

无论是记者还是策划人，都可以算是广义的知识分子。那么，究竟什么是知识？我认为最起码包括“知道”和“见识”两部分。绝大多数人口中的知识，仅仅停留在“知道”层面上。天上知一半、地上全知道的，精通“回”字四种写法的，充其量只是“知道”分子罢了。

在今天这个信息爆炸的世界，一天产生的信息量远超过去百年的总和，信息的裂变和爆炸深刻影响了人们的生活，信息的传播渠道和储存手段也发生了天翻地覆的改变，“知道”分子只会越来越像两脚书橱，难以跟上时代。因此，知识分子自我进化的关键在于“见识”，即“知行合一”。

以我自己为例，我原来当过学者，也当过新华社记者，最后下海从事策划行业之后，才算是真正走在了“知行合一”的路上。如今再回头想二十多年前很得意地建言献策的举动，不禁后怕。“纵使文章惊海内，纸上苍生而已”，我自认为通过调查研究、深思熟虑得出来的建议，其实离成熟的方案还有很长一段距离——理论上正确的东西在实践中可能会变样，微观上成立的现象推广到宏观上却会酿成灾难，播种的是龙种长出的有可能是跳蚤。唯有知行合一，方能摆脱知识分子固有的局限性。

如果说记者生涯使我实现了从“读万卷书”到“行万里路”的升华，那么策划人生涯便促成我完成了从“行万里路”到“历万端事，阅万般人”的最终蜕变。

下海从事策划行业二十多年以来，我可以说行遍中国山河湖海，惯见江湖三教九流。从朔风劲吹、铁马冰河的塞北苦寒地，到吴歌悠悠、烟雨氤氲的江南温柔乡，我的足迹几遍天下。这种行走不是浮光掠影的观光，更不是风花雪月的游记，而是要率领团队结硬寨、打呆仗，为政府和企业解决实际问题，突破困局，把握机遇。因此，我必须深入最基层，从田野调查开始做起，将当地的历史、人文、社会、经济乃至风土人情全部消化融汇之后，方能为区域找“魂”，提供具有创新性和可操作性的战略解决之道。

做项目的过程中，除了常规的资料获取渠道外，我对稗官野史、街谈巷议都极感兴趣。在正式的调研和访谈之余，我的一大爱好就是早上起来到穷街陋巷闲逛，寻找街边美食，打探一下针头线脑的市井生活，再学几句方言歇后语之类，于烟火气中感受一方水土的真实滋味。

当然，“阅世”离不开“知人”，在接触成百上千的基层企业和区域政府的同时，我也与无数达官显贵、豪商巨贾打过交道，“眼看他起朱楼，眼看他宴宾客，眼看他楼塌了”。一路走来，我见证了太多帷幕之后的故事和人性的悲喜剧。

如果说我多年从事战略咨询行业的努力终有自己的一番独到之处，那么无非是在当下中国的“天时”影响下，对不同的“地利”与“人和”有了如鱼饮水般的体验和感悟。这在给我为企业家和政府进行战略咨询提供支撑的同时，也有意无意间为《大国大民》这本书做了最充分的资料准备。

07

也许正是因为我这份行走于庙堂江湖间的独特阅历，多年来总有人劝我，希望我谈谈“一方水土一方人”这个有趣的话题。可惜自打离开新闻队伍、创办智纲智库以后，我可以说是告别了笔墨生涯。偶尔写写字，也只是为助手改改报告，在经济合同上签签名而已，纯粹点缀，不算作文。几年前我也曾另辟蹊径，尝试以纪录片的形式“话说中国人”，后来出于种种原因也搁浅了。

没想到在新媒体传播的时代，事情却在阴差阳错间有了转机。2018年，我受正和岛总编辑陈为先生的邀请，在其自媒体上开设了《改革风云人物十讲》专栏，解读改革开放的那些年、那些人、那些事。

到了2019年，改革开放四十周年之期已过，我也打算欣然收笔。不想陈为先生上门拜访，希望以地域文化为主攻方向再开一个专栏，按照他的说法：“北大保安有终极三问：你是谁？你从哪里来？要往哪里去？如果这三问用之于某地某域，在目力所及的范围内，王志纲恐怕是最好的答题者。”

其态度之真诚、意志之坚定，令我着实难以推托，我当年拜读《吾国与吾民》的激动也仿佛重现眼前，因此答应写两篇关于地域文化的小文。原本我只想聊寄闲情，扬东海之波以注其杯，没想到一发不可收拾，愈写愈多，评议愈积愈盛，竟成为传播一时的热文。私以为，并非文章有多好，只是触抵了每个人心中最柔软的部分罢了。无论身处何方，无论贫穷富有，我们都有自己的“中国”；这些独特的家国记忆，终究汇成了“中国”这部大书。

大半年以来，我陆陆续续写了十余篇，从黄河流域的秦、晋、鲁、豫，写到长江流域的皖、浙、赣、湘、鄂、巴蜀，再到珠江流域别具特色的潮汕、粤港澳大湾区，中间忙里偷闲，又写了我的老家贵州和中华版图上最年轻、“开化”最晚之地——东北，可谓笔耕不辍。但是，依旧有各地的朋友不时联系我，希望我对其家乡稍施笔墨，评述一二。非常遗憾，我着实是顾不过来了，毕竟我的主业并非舞文弄墨。而且，按照我的中国观，支撑中华文明的四梁八柱也基本上在这十四篇中得以呈现。所以，现在应国际文化出版公司邀请，也为了满足读者愿望，将这十四篇文章精修后结集出版，也算是不辜负当初的发愿吧。

本书得以出版，除了正和岛邀约这一契机之外，还离不开智纲智库团队在幕后做的大量工作，也离不开我的助手窦镇钟的长期努力。小窦于本书贡献极大，没有他的全力配合，这本书很难如此顺利地与大家见面。

我的创作想法由来已久，但一直未能系统成书，终究在于缺少一个极其得力的助手。我不是吃文字饭的作家，而是带领团队攻坚克难的策划人，我的长处在于搭建文章的四梁八柱，为区域找魂、塑形、正名，但屋内家具如何摆放，装修风格如何设计，非得才情与毅力兼备之人悉心配合不可。在这个浮躁的社会，很难有人能静下心来查阅卷帙浩繁的资料，一寸寸地掘进、钻探、采集那些隐藏在地底深处的矿石，也很难找到能高度理解、消化并且延伸我思想的人，这都属于可遇而不可求的。

2017 年，毕业于南开大学化学系的窦镇钟加入了智纲智库。说实话，我之前对 90 后有不少先入为主的成见。在我看来，这代生长于蜜糖中的年轻人少有感受过何为“饥饿”，耽于享乐，强调自由，哪有我们当年为目标而不懈奋斗、如饥似渴的精神？没想到一试之下他与我的配合竟是默契十足。

在此书各篇文章创作期间，窦镇钟承担了大量的基础研究工作，整理了我的录音素材，并进行后期的编辑和校对，牺牲了许多夜晚和周末，直到善始善终地完成整本书的内容编辑。他卓有成效的工作，也让我不由反思之前对于新一代年轻人的看法。

08

老一辈总喜欢感慨今不如昔，我也不例外。殊不知一个社会的健康发展，永远是“长江后浪推前浪，一代更比一代强”，否则前进的动力从何而来?

以日本为例，作为战后重建经济腾飞的建设者，昭和一代以其严谨、敬业、拼搏、硬朗的特征成为全日本的骄傲，这种精神也与当时日本在诸多领域领先世界的国际地位高度吻合。与之形成鲜明对比的，是经济飞速发展后成长起来的平成一代。

日本经济学家大前研一曾说，“在日本，当下平成年代的年轻人只关心以自己为圆心、半径三米内的事情”，“没有争取成功的欲望，学习能力低下也不知进取，遇到困难立马退缩，一需要思考就马上放弃，人云亦云，只追随别人的脚步”。

当然，大前研一关于平成一代的种种评价未免过于主观，但昭和、平成两代人之间价值观的断裂却是肉眼可见，这种背离现象的背后，正是日本波折起伏的国运。

日本与中国港台地区殷鉴不远，我们要更加深刻地认识到：国运即是人运，大国方有大民，没有大民支撑的大国也只是一碰即碎的泡影。今日之中国，正面临一场大考——如何从大国走向大民，是从容应对的关键。

90 后正面临着社会各界广泛的质疑，此前 80 后也被这么质疑过，回忆得久远些，当年我们也同样经历质疑。事实证明：伴随着中国的不断前进，每一代中国人都较好地承担起了历史赋予的使命。

今天的 80 后、90 后们已经足以在各行各业独当一面。作为老一辈，我们一定不要敝帚自珍，而是要对年轻人少些苛责、多些宽容，传好历史的接力棒，用更加平和的心态看待年轻人张扬的激情与梦想，这就够了。

“文章千古事，得失寸心知。”对于出身于知识分子世家、幼承庭训的我来说，以知识立身、名世是毕生不变的追求。多年以来，我内心的抱负也从未变过，“穷则独善其身，达则兼济天下”。此处的“达”不是下海入仕，而是能够为社会留下一些真诚的、渗透着自己独立见解的东西，以无愧于时代之馈赠，亦无愧于平生。

古人云“文以载道”，今人言“文若其人”。我既非专门治历史地理的学者，也非卖字为生的职业作家，更像一个行走于世界与中国之间、江湖与庙堂之间、台前与幕后之间的观察者。这本书不是端坐书斋中，或跪思于磐石上，或饮乐于竹林写成的，而是我不断地实践、认识，再实践、再认识，日积月累形成的思考总结。

因此，在本书中，我对“地域与人”的解读并非绝对客观，也很难说有多严谨。但在我看来，《大国大民》的优点、缺点都在于此。恰恰是这段读万卷书行万里路、历万端事阅万般人的独特经历，不仅让文字增加了一分生动鲜活的气韵，更多了一点对世道人心的关照。

今不揣冒昧，把《大国大民》这本书献给大家。我希望，关心中国的人，透过字里行间能看到一个关键时期的复杂中国。至于见仁见智，则请君自便。关于资料、史实、数据上的疏漏，受个人水平所限，虽经精心校对，恐怕仍是在所难免，我亦将怀抱诚惶诚恐的学习态度，以就教于方家。

是为序。

目录
Contents

山东到底错过了什么？ / 055

山东之“魂”在于认大哥，这种大哥文化，对上体现为忠君爱国，对中体现为孝顺父母，对下体现为兄弟义气。“孔孟之道”和“水浒遗风”是大哥文化的一体两面，不管是忠孝义气，还是传统保守，都是认大哥情怀的不同表现。

什么是河南？ / 081

河南是个难写又不得不写的话题，河南人也是一群不好说但又举足轻重的人。河南的辉煌标志着中国的盛世，河南的问题也是民族性的深刻体现与浓缩。河南是中国的胎记。想读懂中国，绕不开河南。

寂寞安徽 / 105

居国之中的安徽，既是地理分野地，又是文化大熔炉。风云于此际会，人文于此闪耀，商业于此兴旺，革命于此燃烧，改革于此开启，创新于此融汇。问题是，如此精彩的安徽，为什么越走越寂寞，越走越透明？

上帝为什么钟爱浙江？ / 133

在中国三十四个省区市中，很难找到第二个地区能像浙江一样有如此多的正面评价，仿佛上帝都对其钟爱有加一般。多年来我几乎跑遍了浙江的山山水水，对浙江下了很大功夫来研究。解读浙江的密码，就隐藏在这种"钟爱"之中。

湖北——中国的丹田 / 211

无论地缘还是文化，湖北都堪称中国的丹田：上下求索，左右勾连，纵向来看有悠久的历史传统，横向来看则有大流通带来的大视野，内能化育精气，外能吐纳天地。一口丹田气，万里湖北魂。

阴阳巴蜀 / 237

成都与重庆，一阴一阳、一柔一刚、一静一动，互相攻讦，却又始终山水相连、水乳交融，最终形成了这幅造化天成的巴蜀太极图。阴阳相济，造化万物，巴蜀双城记的未来也在于此。

日鼓鼓的贵州 / 265

“江南千条水，云贵万重山。五百年后看，云贵胜江南。”三十年间，天翻地覆，王车易位，贵州之变何尝不是中国的缩影？英雄与时势的辩证法充满了永恒的魅力，贵州这块“豆豉粑”孕育了一大批国际级的人才，这批人才又赋予了这片土地更深刻的内涵。一省如此，一国亦如此：最核心的竞争力永远是人。

东北往事 / 289

从文化角度而言，东北可以说是大中华版图上最年轻的区域，是“开化”最晚之地。如果说中原大地如同规行矩步、仪态龙钟的老人，东北则是一个接触社会不久的愣头青。它敢作敢为、敢爱敢恨、不受约束、率性而为，充满了生活的烟火气。它的可爱、可恨、可叹、可敬，都表现在这烟火气中。

潮汕，向何处去？ / 319

作为中国地域文化的代表，潮汕人的鲜明特质却远远超出了地域的界限：他们头脑灵活，精明强干，却又常常是商业秩序的“破壁人”；他们宗族意识强烈，抱团取暖，却又有着浓厚的帮派文化；他们文化底蕴深厚，诗书传家，却又偏偏极信算命风水；他们在外团结，出门便是“胶己人”，可在内却是机关算尽；潮商作为中国一大商帮誉满全球，潮汕当地却是长期发展停滞……

前世今生大湾区 / 337

两千年帆影不绝，一百年风起云涌，四十年天地翻覆。一部浓缩了整个时代风云际会的大湾区生成史背后，是古老国度的艰难突围与新生……

一碗老汤话陕西

提到中国社会转型的重大变革，离不开周、秦；而追溯中国历史的强盛年代，则必称汉、唐。如果说周、秦、汉、唐四大帝国组成了中华文明的上半场，陕西则是上半场毋庸置疑的主舞台。

周礼、秦制、汉习、唐风

厚重和沉重，有时也会是一对同义词。毋庸置疑，陕西是中国底蕴最厚重的地方，陕西人则是一群负担沉重的人。

行走中国这么多年，我从来没有看过哪个地方的人像老陕一样酷爱自己的文化，以至于到了顾影自怜、故步自封的地步。当热爱走向物我两忘，人也就成了"兵马俑"。

不管身份高低，无论天南海北，看起来和时代无缝接轨的现代陕西人们，很多在骨子里依旧是那个两三千年前高唱着"岂曰无衣"的秦人。

有句在三秦大地传播很广的民谣：

南方的秀才，北方的将，陕西的黄土埋皇上。

这句话乍一看好像很有道理。江南可谓人杰地灵，遍地琅琅读书声，多出读书人。朔风劲吹、"铁马冰河"的北国，历来是兵家必争之地；特别是连年战乱的边关，民风好勇斗狠，多出将军也很正常。"秦中自古帝王州。"如果给中国古代帝王排一个座次，最伟大的帝王里，约有一半长眠于陕西这片黄土之下。

但是，如果你把这句民谣讲给唐代以前的人听，估计没人能听懂。它在唐代应该是这样说的：

陕西的秀才，陕西的将，陕西的皇宫住皇上。

三秦之地——尤其关中平原——在纵跨周、秦、汉、唐的长达一千五百年间都是全国的政治、经济、文化中心。陕西可谓英才辈出，论起千古帝王，有周文王、秦始皇、汉武帝、隋文帝、唐太宗……除帝王外，也不乏经天纬地之臣、东征西讨之将、侠肝义胆之士。当时的陕西，曾如日中天地照耀着整个世界。

提到中国社会转型的重大变革，离不开周、秦；而追溯中国历史的强盛年代，则必称汉、唐。如果说周、秦、汉、唐四大帝国组成了中华文明的上半场，陕西则是上半场毋庸置疑的主舞台。

关于周、秦、汉、唐的历史，我认为用这四个词可以高度概括：周礼、秦制、汉习、唐风。这也是陕西给中华文明的最高贡献。

我所说的“周礼”不仅仅指《周礼》这本书，而是周朝对中国人的民族认同、政治制度、文化理念乃至美学等方面一系列的重大影响。夏、商两代是中华民族的幼年史，直到周我们才真正长大成人。

夏代是否存在，其实现在在国际学术界上还存在争议。从目前来看，夏代更像是一个松散的部落联盟。

和夏代一样，商代也是未成熟体。因为史料缺乏，成书于西汉时期的《史记》对商代的记载不够丰富；直至西周的共和元年(前 841 年)，中国才有确切纪年。所以，国际上也曾怀疑过商代的存在。直到 1899 年以来在殷墟出土了大量的甲骨文，才证实了商代的存在。商代甲骨文的内容以祭祀占卜为主，有了初步的国家形态，但还相对原始。

到了周代，历史上才开始真正有了“中国”的概念。相比夏、商而言，周具有极富突破性、开创性的文化。商虽然建立了分封制，但没有相对应的礼法、宗族制度。商王传位一般采取兄终弟及，偶尔是父死子继，因此经常出现严重的内乱，首都也时常迁徙，总之统治非常不稳定。周克商之后，通过天命观的确立，使“中国”这一概念终于正式形成，黄河流域不再是若干个部族竞争的战场，而形成了存续的文化核心。周通过《周礼》把饮食、起居、祭祀、丧葬等方方面面都纳入了礼的范畴，严格地控制着各级诸侯。与黄土地上的农业生产活动相关的祭祀仪式，是周礼诞生的基础；分封、世袭、井田、等级观念等，都是周礼的延伸与拓展。

抛开学术之争不谈，西周也同样是个让人神迷的时代——从商代巫风弥漫、奇异诡谲的神怪世界，步入了坦荡质朴的人文天地。周公制礼作乐，不仅孕育了中国第一个治世，更影响了中华文明几千年。周人用青铜器和农耕文明构筑起一个理想社会的模范，一个东方的乌托邦，一场“郁郁乎文哉”的诗样年华。

被称为“圣人”的孔子，不同于其他诸子百家。他一辈子没有著书立说，只是一再说“吾从周”“述而不作，信而好古”。孔子生于鲁，鲁是周公的封地。孔子一生都在做梦，梦想恢复西周大一统。这个梦叫周公之梦。周公之梦也是中国的第一个梦，以至于日后各种解梦书都是打着周公的旗号。在孔子眼中，他自己不是一个开创者，而只是一个践行者，把周公的道理讲好、做好就够了。到最后，孔子也成了他一直加持的那个“周公”。周礼流传下来的礼教、礼仪、典范，亲亲尊尊、君君臣臣，成了所有中国人的文化基因。

以前我们总是批判“克己复礼”，如今我越来越能感受到“礼”的强大。悠悠万事，唯此为大。周礼背后的规矩、纽带和社会自治传统，不仅奠定了中国人几千年的基本道德规范，对于当今的社会治理仍有很强的借鉴价值。

继周礼之后，陕西给中国的另一大重要贡献就是秦制。所谓的秦制，一是改分封世袭为以战功授爵，二是商鞅实行的田制改革——实质就是土地国有化，大幅增强了国家的执政能力、控制力。从封建分封制度到大一统郡县制，这可能是中国历史上最深刻的一场变革。

如果说从商到周，中华民族褪去了青涩，那么从周到秦的这场“周秦之变”，则彻底让中华民族走入盛年，在接下来近两千年内占据世界文化高峰。关于秦始皇，毛泽东曾写过一首诗：

劝君少骂秦始皇，焚坑事业要商量。

祖龙魂死秦犹在，孔学名高实秕糠。

百代多行秦政法，《十批》不是好文章。

熟读唐人《封建论》，莫从子厚返文王。

尽管秦始皇被称为世界上有史以来最可怕的专制者之一，秦之大旗沾满了六国的腥风血雨，“焚书坑儒”是中国有史以来第一场文化浩劫，秦朝所践行的严刑峻法也最终像一辆失控的战车把帝国迅速拖入深渊，但谁也无法否认，书同文、车同轨、统一度量衡，设立郡县制，实现中央集权这些制度变革，都是秦留下的伟大历史遗产。

我曾经专门到陕西咸阳造访过秦“直道”，这条北起九原（在今内蒙古包头西）、南至云阳甘泉宫（在今陕西淳化西北），纵跨陕西、山西、内蒙古三省区，全长八百多公里的大通道，就像秦王的一把利剑插入草原。这是世界上最早的高速公路。通过“直道”，秦兵三天三夜即可驰抵阴山，出击匈奴，使“胡人不敢南下而牧马”。

现代人无法想象，在没有任何现代化设备的两千多年前，秦人如何用三年不到的时间，在沟壑纵横的土地上，修筑起“直道”这样浩大的工程。也不知道他们究竟是经过了怎样缜密的勘察，因势利导避过丘陵大沟、激流险滩，“直道”一如秦人默默无言，穿越千年时光。

尽管如今，秦制已经和“直道”一同于“万里西风瀚海沙”中、荒烟蔓草间渐行渐远，但是，它留下的统一基因、中央集权、超稳定结构的基础，影响了中国后世几千年。

史学界常有“汉承秦制”的说法，秦、汉常统称为中国历史上的第一帝国，和欧亚大陆另一端的罗马帝国相提并论。秦制伟大则伟大矣，但毕竟太仓促、太冷峻、太残酷，最终“戍卒叫，函谷举；楚人一炬，可怜焦土”。汉朝实际上成了秦制的补锅匠，最终把制度改革的尝试正式确立为习惯，并绵延两千多年。威加海内，令天下始知有汉，这是汉朝的荣光。

秦亡之后，天下短暂回到封建分封制。贵为天子的刘邦也不得不妥协，最初除了大封同姓王（子孙当王），还封了很多异姓王。后来，汉高祖和吕后算是携手干掉了异姓王，但同姓王还在。

到文景时代，轻徭薄赋、休养生息。近四十年下来，国家经济繁荣、人民安康。在繁荣富强的时候，社会的腐败也出现了，这就是人性的特点——“饱暖思淫欲”。社会已经到了腐败糜烂的边缘，内有同姓王作乱——史称“七王之乱”，外有匈奴铁骑一次次地践踏中原。

汉初制度仍承袭秦法，后学黄老，到了汉武帝这个少年天子手里，终于放弃了所谓的黄老之道，内树权威，强化中央集权，外治边患，退匈奴于千里之外，勒石燕然，保证了边境的安全，使中华民族的基本版图得以确立。

提到汉朝的制度改良，离不开“独尊儒术”。但汉武帝的性格，其实和儒家并不怎么合拍，他更像是秦始皇再世，也喜欢巡游天下，修筑宫殿，并且性格强悍，东并朝鲜，南吞百越，西征大宛，北破匈奴。所谓“罢黜百家”所独尊的“儒术”，其实是披着儒家表皮的法家，汉武帝通过董仲舒的手，把孔孟和韩非嫁接在了一起。

汉武帝之后的汉朝，兼用霸、王之道，以温情脉脉的儒家为表，以法家的君王术为里，让原本冷峻的大一统制度变得刚柔相济。这种治国之道，不仅行于汉王朝，也成为后世历代王朝的指导思想。所谓“半部《论语》治天下”，其要义并不是《论语》读一半，而是说用一半，半儒半法治天下。

经过秦汉两朝的积累，长安开始快速扩张，成为世界级大城市。据史料载，靠近长安的七个县，平均人口密度竟然达到了每平方公里四百多人。这个数据相当惊人，差不多在长安周围就形成了一个总人口超过百万的超级人口聚集区。

百万人口对于今世来说就是个三线小城市，但在当时整个地球上估计都找不出第二个人口规模如此之大的城市了。当时长安的土地价格，就是当下北京的房价。日后整个关中地区的生态急速恶化以至于逐渐被废弃，也和人口数量爆炸、土地承载能力失控有直接关系。

享国四百多年的汉朝，不仅在政治制度上走向成熟，更形成了汉民族基本的生活方式和文化特征。文化、饮食、服装、建筑、音乐等在兼容并蓄中逐步定型，产生了强大的民族凝聚力。

站在咸阳原上眺望汉家陵冢，遥想“汉并天下”的雄风。如今汉朝虽已远去，但“汉”作为一个民族、一种文字、一种文明的标志性符号，在世界依旧名声响亮。

与汉并称的另一大帝国，就是唐。唐朝的夜市、诗歌、音乐、歌舞、绘画、胡风等，至今还在世界上传颂。盛唐，是中国人对大国辉煌最生动的想象。

唐风究竟是什么？是“自古皆贵中华，贱夷狄，朕独爱之如一”的胸怀，“九天阊阖开宫殿，万国衣冠拜冕旒”的格局，以及“五花马，千金裘，呼儿将出换美酒，与尔同销万古愁”的风流。这一切的起源和归宿，就是长安。

位于秦川之上的，俯瞰中原、君临天下的长安，是当时世界上最大的国际化都市，人口最高接近百万。前段时间热播的《长安十二时辰》，最吸引人的就是再现了千邦进贡、万国来朝的天下长安。

每个时代都有每个时代的名利场，每个时代都有每个时代的卫星发射台。盛唐最大的发射台、名利场就是长安。李白则是那个时代占领发射台的超级明星。

在中华帝国最为辉煌的那个时代，作为当时世界上首屈一指的国际化大都市，长安的开放性与包容性可谓空前，一个最有力的证明就是，那时被称作“胡食”的少数民族饮食文化曾在长安出现过鼎盛局面。

李白有两首诗还曾描写胡食的盛况——

五陵年少金市东，银鞍白马度春风。

落花踏尽游何处，笑入胡姬酒肆中。

美酒、美食、美女，少数民族开的酒馆、食肆成了春游的绝佳去处。

何处可为别？长安青绮门。

胡姬招素手，延客醉金樽。

三美毕具，长安青绮门少数民族的酒店又成为送别贵宾的场所。

我一直很感兴趣，当年李白诗是怎么写的？他的名声又是怎么传播的？后来直到我参与“大唐西市”的策划项目才搞明白。当年的长安有东市和西市，专职贸易，想要买货物只能去这两处，这也是“买东西”一词的由来。

繁华东西市上的酒肆，就相当于中央电视台。李白在东西市中的酒肆里喝酒，整天醉醺醺，一边胡姬斟酒，一边挥毫泼墨，诗文写罢，歌姬们口耳相传，几天时间就传遍了长安，李白也就成就了“酒中诗仙”的名声。

不止李白，在长安这个舞台上，一茬一茬的诗人陆续粉墨登场：骆宾王在《帝京篇》中写道“山河千里国，城阙九重门”；十六岁的王勃写下“海内存知己，天涯若比邻”；落魄的贾岛写下“秋风生渭水，落叶满长安”；赶考士子崔护失落地写下“人面不知何处去，桃花依旧笑春风”；进士及第的孟郊则兴奋地写下“春风得意马蹄疾，一日看尽长安花”；王翰边塞思乡，写下“夜听胡笳折杨柳，教人意气忆长安”……

遥想当年，多少文人墨客，不辞风尘、跋山涉水来到长安，留下了无数歌咏长安的诗篇。天才的诗人，寥寥几笔就把盛唐气象定格下来。单从某一首诗来看，它只反映了长安的一处风光，但它们汇集在一起，就为我们展开了一幅完整的盛唐画卷。这种气象在中国历史上再没出现过，所以我非常怀念。

不仅是我，许多稍有文化的中国人，内心都有一种情愫，那就是“梦回大唐”。现在的中华大地已经找不到唐朝了，只有文字里依稀保留着“长安一片月，万户捣衣声”的盛景。就像找民国最好去中国台湾一样，找盛唐最好去日本。日本人不仅承认中国是它的文化母亲，而且保留了我们最伟大的民族记忆——汉唐盛世。

日本曾是中国最虔诚的学生，成百上千的日本遣唐使在长安城中学习交流、吟诗作赋，甚至陪着李白一起喝花酒。这一批批留学生归国后把一套完整的盛唐气象也带了回去，宗教、文学、艺术、建筑、民俗风情、政治典章无所不学。当年的日本留学生阿倍仲麻吕曾到长安留学，据说在返程途中船沉溺死，李白长叹写下了《哭晁卿衡》：

日本晁卿辞帝都，征帆一片绕蓬壶。
明月不归沉碧海，白云愁色满苍梧。

诗仙李白提起笔来一挥而就，留下了一千二百多年前中日关系最生动的写照。

我每次去日本，特别是到了关西的京都、大阪、神户一带，都仿佛梦回唐朝，不仅是建筑，还有起居生活、礼仪穿着等种种特色，都是学自古代中国。打坐参禅、茶道酒道、吹拉弹唱、诗词歌赋等，这些在中国式微的文化，都在日本保留了下来。

有一次我去日本考察，主人家专门安排了日本有名的歌舞伎陪我，一饮一啄、吹拉弹唱间尽是盛唐的影子。我们经常讲的“倡伎”——其实“倡”通“唱”、“伎”通“技”——也就是唱歌跳舞的演职人员。“倡伎”在中国慢慢从“人”字旁演化成了“女”字旁，从卖艺变成卖身，但在日本还保留了下来，成了高雅艺术。日本还有一款清酒叫“李白酒”，都成了出口转内销的商品，这也让人不由反思，我们究竟遗失了多少。

盛唐给我们留下来的遗产，不只是政治制度、生活习俗、文艺作品，更是一种融化在血液里的气质。当我行走于全世界，每每抚今追昔，触景生情，这种感受和精神的愉悦是外国人很难想象的。这是中国人最宝贵的精神财富，也是陕西给中华文明最重要的贡献。

如果问陕西人最怀念哪个朝代，不出意外应该是盛唐。唐都长安的绝代风华，也是陕西在历史舞台上留下的绝唱。从“开元盛世”到“安史之乱”，短短的几十年，一个大帝国由盛转衰。如果要写一部唐朝由极盛到极衰的鸿篇巨制，杜甫的那句“正是江南好风景，落花时节又逢君”堪称压卷之作。“落花时节”不只是他个人的绝唱，更是一曲时代挽歌。

生于忧患、死于安乐是人性的弱点，物极必反、盛极必衰是历史的轮回。伴随光荣与梦想的，往往是罪与罚。人们赞美花的灿烂，但总忽略落花以后的凋零。前脚是所谓的大唐盛世，从皇上到民间都是吃喝嫖赌；后脚是“三吏”“三别”，“朱门酒肉臭，路有冻死骨”，一场渔阳鼙鼓，十年离乱苍生。伴随唐王朝王气黯然远去的，还有陕西的背影。

盛唐已经离开很久了，陕西也是。

陕西的三副面孔

“陕西”这个名词最早出现于西周，当时只是一个笼统的地理概念，大致指的就是陕原(今河南三门峡陕县西南)以西的一大片区域。

今天的陕西，是一个由三块完全不同的地貌单元捏合在一起的省份，除了陕北的粗犷豪迈，八百里秦川关中平原的深沉雄浑，也有陕南的钟灵毓秀、南国风情。这也导致了很多人对陕西的印象流于片面。

其实也不怪别人，这个组合的确莫名其妙。白头巾黄土地的陕北、八百里秦川的关中平原，勉强能捏在一起；但一道秦岭横亘全省东西，陕南这块山那边的飞地，怎么能“捏”到一起呢?

这其实要从省域划分的原则开始讲起，中国历代划省都秉承着两个原则：山川形便、犬牙交错。

在宋朝之前，关中、陕北一直没有和陕南“捏”到一起过。但是，陕南——特别是汉中——作为蜀道的核心地带，是秦人入蜀、蜀人入关的必经之所。此外，汉江的浇灌又让汉中成为小型的“天府之国”“鱼米之乡”。因此，无论是作为“咽喉要地”还是“后方粮仓”，汉中皆为兵家所重。为了防止蜀地据险自重，成为国中之国，自元代起，统治者特意把陕南划分给了陕西，形成犬牙交错的省域格局。

话又说回来，关中、陕北、陕南虽然在自然上关系不大，但在人文上渊源很深。当年刘邦被项羽从“关中王”改封“汉王”，就是封在汉中。刘邦靠此沃土休养生息，“明修栈道，暗度陈仓”，迅速打下了关中地区，一统天下,由此才有了汉室基业。

陕南的商洛曾是战国时期商鞅的封地,曾是“商山四皓”的隐居地,曾是李自成屯兵养马、休养生息之处,商於古道也在此地,和关中的联系可谓千丝万缕。

陕南划归陕西之后,也不可避免地带上了老陕的耿介之气,典型案例就是周老虎周正龙。拍虎风波过去十来年了,周正龙从2012年出狱至今也七八年了,他仍未停止找老虎,大约每隔十天去山里一次,陕西人的倔、认死理表现得淋漓尽致;要是换成四川人,恐怕早哈哈一笑,喝茶打麻将去了。从这点上看,陕西还真是一家亲。

2006年初,从西安到成都的高速公路终于通车。当时我参加完“西咸一体化”战略报告会,马上又要赶往成都继续做成都发展战略。春回大地,万物复苏,我在西安突然心血来潮,决定弃空从陆,开车由陕入川。穿越秦岭,由大巴山进入成都平原,沿途既可观赏无边春色,又能体味风土民情,追忆当年古人长途劳顿之苦。

我到了秦岭以后,才发现过去对秦岭的印象和实际简直相差甚远。说到岭,在脑海里出现的往往是横亘天际的长条状或者线状的山脉;但秦岭其实根本不是一条线状的山脉,而是一片山的海洋,是由千山万岩汇聚而成的庞大山系。

开车穿过秦岭隧道给我留下了深刻印象:这边西安还是寒冬凛冽、一片枯槁,那边陕南已经是百花盛开、春色满园。看着一山之隔的强烈对比,感喟古今人物际遇,从不写诗的我也写下一首打油诗《过秦岭》:

一山耸立天地间,切分世象两重天。
秦人猫冬才离炕,蜀花怒放已遍山。
脚踏韩公落魄道,手抚太白豪放痕。
阴阳运转生万物,平顺哪得大人生!

说完陕南，再说说陕北。陕北包括榆林、延安，属于半干旱农业区，是黄土高原的中心部分。

从历史上看，陕北历来都是少数民族的地盘，也是各民族相互征战的战场，鬼方、白狄、匈奴、党项、蒙古，民族大融合一直都在这一地区进行着。这使得陕北地区既有农耕文化的厚重，又有游牧文化的粗犷；既有中原文化的底蕴，又有边疆文化的纹饰。

相比于关中文化，陕北文化更接近晋文化区。与此类似，晋南的运城、临汾一带，也算是关中文化的余响。陕北有句民谣：

米脂的婆姨，绥德的汉。（榆林市有米脂县、绥德县。）

这是说陕北多出美人、英雄。中国古代四大美女之一的貂蝉就出生在米脂。即使到了现在，陕北小伙的英俊刚毅、陕北姑娘的俊美多情，也是很有名的。李自成、张献忠都是陕北走出来的，我想这与多民族融合所形成的剽悍民风不无关系。

陕北虽然称得上人杰，但很难说地灵。连绵的黄土、起伏的山丘、纵横的沟壑和干旱少雨的气候，让这里显得苍凉粗粝。除了一点红色文化的资源以外，被边缘化了的陕北人向来也比较自卑。关中人历来看不太上陕北人。

直到能源经济兴起，地底冒油、山里挖煤，在陕北这块贫瘠的土地上，情况才有所改观，一下子蹦出了许多大款来，但随之也产生了很多暴发户的习气。如今，随着能源经济的回落，陕北应该会步入正常的发展阶段。

陕西最重要的还是关中。

关中平原，位于秦岭与陕北黄土高原之间，北西南三面环山，东边又有黄河为天然壕沟。平原上曾有渭河、泾河、涝河、沣河、滈河、潏河、浐河、灞河等八条河,历史上称之为“八水绕长安”(长安,今西安)。山环水抱,关中犹如一座规模庞大的天然城堡。

关中的“关”字,指的是东潼关、西散关、南武关、北萧关这四座关卡。四关一锁,八百里秦川可谓是“金城千里”。如果说关中是最早的天府之国,那么长安就是天府中最珍贵的收藏。“多少帝王兴此处,古来天下说长安。”

我跟西安的渊源,可以追溯到2002年的夏天。后来的风云人物段先念,当时是紫薇地产的掌门人,他请我们策划一个地产大盘项目。这个人是典型的另类老陕,原来是西安理工大学的老师,在邓小平南巡以后他就跑到南方了。

老段见我说的第一句话:“王老师,我当年可是在你的召唤下跑去广东的。”我说:“你去了哪里?”他说:“惠州。”我很好奇:“你怎么跑到惠州去了?”他说:“你不是发表过一篇文章《80年代看深圳,90年代看惠州》吗?”搞得我哭笑不得。

老段这个人第一不甘寂寞,第二也很有能力。他跟土著的西安人最大的不同是他眼界很开阔,所以当他站稳脚跟以后,敢于到广东去请我做策划,所以才有我们在西安见面时的那番对话。

老段委托我们的项目,几乎所有人都不看好。第一,当时的西安房地产的市场需求仅有每年一百多万平方米,捉襟见肘的市场消化量让人极度悲观,而他一个项目的总开发量就超过西安一年市场需求的总和。如果从常规的角度看,显然是不可思议,太过超前了。第二,很多人都认为西安人基本上都有房子,科研院所、大学老师、机关、事业单位都有房子,所以房地产在西安没有市场。第三个观点觉得高新区太南太偏,并不在所谓的皇城以内,即不在有效的消费范围内。

综上所述，很多人相当悲观。但我的看法完全不同。西安看起来好像没有什么房地产市场，其实潜力无限。当时西安的房子根本不能称之为家，顶多是“人库”，也就是装人的仓库，一个人十平方米，勉强能住。

听完老段关于企业和项目的大致介绍，我特意问了这样一个问题：“是想把紫薇田园都市做成西安第一盘还是西部第一盘？”老段的回答十分肯定，当然是后者。双方一拍即合，开始精诚合作。

我们通过调查以后认为：只要能够给西安人提供新的生活方式，打造出让人耳目一新的产品，消费者自然就会从“人库”里出来，去寻找新的生活。关键你能不能打造出这个开天辟地创世纪的产品。

后来事实证明我的判断是正确的。项目未动工就已是满城争说、万众瞩目，开盘不到半年就实现销售面积近七十万平方米，仅一个项目销售面积就占2002年整个西安商品房销售面积的近40%。这个项目在使西安的城市风貌为之一新的同时，也改变了西安人传统的居住观念。段先念本人，也成了红极一时的明星企业家。

我与西安结缘不久，又迎来了更大的挑战，时任陕西省委副书记、西安市委书记，委托我们进行西安市曲江新区战略策划。

千年黄土，十三王朝故都。从人文历史资源看，西安的旅游业有足以傲视群雄的资本。西安作为中华民族和黄河文化的主要发祥地，是中华文明的象征和图腾。

正所谓“西有古罗马，东有长安城”，西安应该是独一无二的“中华文明朝圣地”。但令人遗憾的是，多少年来，西安老城被淹没在城市化的步伐中，千年古都的风采正日渐黯淡。当时老城十平方公里的土地上承载着一百多万的人口，已不堪重负，如潮水般的现代生活淹没了老城丰富的宝藏。在本应是中国最大的历史文化博物馆里，却难以感受到千年古都的城市形象。

但老城的尴尬，恰恰给老城区东南部的曲江带来了千载难逢的历史契机。曲江地区兴于秦、汉，盛于隋、唐，历史悠久。因其水曲折、形似广陵之江，故有“曲江”的美称。诗圣杜甫笔下的“三月三日天气新，长安水边多丽人”，唐代苦吟诗人姚合的“江头数顷杏花开，车马争先尽此来”，描绘的就是一千多年前曲江的繁荣景象。

唐代时曲江就被辟为皇家园林，引终南山之水、修葺、扩充出千亩水面，建有芙蓉园、杏园、大慈恩寺和大雁塔等诸多景观，亭台楼阁绵延不绝，留下了“曲江流饮”“雁塔题名”等脍炙人口的典故传说，闻名于海内外。如同浦东开发之于上海，曲江很有可能成为西安的新城市中心，成为千年古都“孔雀东南飞”的下一个落脚点。

在和书记见面时，我开门见山地提出：“北京是政治首都，上海是经济首都，中国的文化首都在哪里？就是西安。西安要把文化做大，不跟别人比 GDP。伴随着中国逐渐走上世界舞台的中央，世界上充斥着中国崩溃论、中国威胁论两种说法，如何看待中国将会是世界瞩目的焦点话题。谁能解答这个问题，谁就把握住了最大的天时。洛阳、开封、西安等古都名邑其实都有机会，所以西安一定要及早醒来，反弹琵琶，把千年厚积的文化内存用现代意识和手段来包装，要让人们用全新的眼光来看待西安。西安的复兴，就是汉唐盛世的再现。这是在整个中华民族复兴的大背景下，最有示范意义、最有激励意义的事业。”

就在那次的沟通中，我提出了“皇城复兴计划”。具体来说，就是以曲江新区为核心，以旅游业为抓手，以大雁塔北广场、大唐不夜城、大唐芙蓉园等为支撑，一方面疏导、解放老城的城市化发展需求，实现腾笼换鸟，另一方面通过曲江再现汉唐盛世。届时，西安将是“无韵之离骚，流动的博物馆”，成为名副其实的中华民族文明朝圣地。这个思路得到了书记的全盘接受，一场轰轰烈烈的皇城复兴运动在西安展开。

还记得2002年6月段先念陪我第一次去曲江，那里还是一片乏人问津的荒僻农田。2019年年中，我又一次夜游曲江，重见故人，看到大雁塔下如织的游客、璀璨光影下的皇城气象，真是由衷地感到欣慰。十年一觉长安梦。昨天的策划，今天的传奇。我想这可能是对一个策划人最高的奖赏吧！

文化大省

经济上并不显山露水的陕西，却是名副其实的文化大省，陕西的这三幅面孔映照在文学艺术上，就是为读者所熟知的路遥、陈忠实、贾平凹这三位获得茅盾文学奖的作家。他们三个就分别来自榆林（陕北）、西安（关中）和商洛（陕南）。

很多人对陕西的认识，或许是《平凡的世界》里“连绵的黄土高原”“枯黑的草木”“铺天盖地的大风”和“枯黄的背景色”，或许是《白鹿原》上令人直掉口水的一碗油泼辣子面，或许是《废都》里那座颓唐迷离的西京城……

“一方水土养一方人”，虽然他们三人同属现实主义流派，但在他们的作品中仍然能清晰地辨识出各自的文化底色。从商洛山地走出来的贾平凹，是三人中阴柔色调较浓的一位。来自陕北黄土高原的路遥，来自关中白鹿原一带的陈忠实，则更有沉郁顿挫、忧郁苍凉的西北风情。

他们三人的共同特点就是为文学献身，但走法不一样：路遥用力过猛，英年早逝，用生命和灵魂向缪斯女神致敬；贾平凹才情横溢，算是文坛独行侠；而陈忠实则是在一个短跑冲刺的时代规规矩矩地跑马拉松，一部《白鹿原》写了二十年，最后也算是修成正果。三个人都很了不起。

我在做记者年间，专程到西安采访过陈忠实。当时他暴得大名不久，一群陕西人围着他，把他捧上天。我见到他时，他已经从一个苦作家、熬了二十年的乡村教师，一跃成了厅级干部，但还是保持着朴实的特点。他脸上如同刀刻的纹路跟张艺谋很像，像黄土高原的沟壑一样，是最适合搞木雕的对象。

采访中我曾经问他："当初在整个中国的两支文化军队，一个就是陕军，一个是湘军。它们之前不分伯仲，但是很遗憾，在市场经济的大潮冲击下面，现在湘军已经荡然无存，唯独陕军还能撑得起这个旗帜。这是不是因为这边比较偏僻，市场经济的冲击波还到不了这个地方？还是你们这边本身就具有强大的抵抗能力？"

其实，陕军能扛得住的原因，除了地处偏远、秦人朴拙以外，还和文学的地位之高有关。在陕西，只要你在文学上有所建树，就会获得人们的尊崇，享受很大的特权。这种对文人的器重和对文化的优待，是有历史传统的。

然而，市场经济的滔天巨浪，最终还是摧毁了人文传统的堤坝。姑娘们追求的明星从才子变成了款爷。在这样的大背景下，贾平凹选择用意淫的方式跟社会开个玩笑，所谓的《废都》其实是一声天鹅之死的悲鸣；而陈忠实选择了坚守，一部《白鹿原》也成了文化陕军最后的绝响。

其实，不止文学，陕西在书法、美术、摄影、影视等方面的人才也有相当积累和成绩,但同样受到了市场经济的冲击。

几年前我去陕西的时候,发现了一个奇特的现象:关中平原埋着皇帝的黄土之上,一夜间竖起了数以百计的广告牌,上面不是商品,而是一个个大头像。我很好奇,其他地方卖产品、卖酱油、卖醋、卖酒,这个地方怎么开始"卖人"了?一问全是书法协会的副主席、秘书长之流。

后来才知道,原来当年陕西省书法协会换届,史无前例地选出了六十二人的主席团。三秦大地历史悠久、文化底蕴深厚,这本来是好事;但一大帮煤老板、矿老板的涌现,裹挟着文化走向商品化、市场化,这就不免出现一些令人啼笑皆非的现象。

老板们粗则粗矣,但还喜欢附庸风雅,他们一欣赏水平有限,二也分不清名人字画还是字画名人,只要你在书协混个名堂,这些土豪们就纷纷买账,作品价值翻倍不说,还不愁销路。

苦熬多时的陕西文化人,突然发现书协的名头可以换钱,一下子吃相未免有些难看,最终搞成了一场闹剧。这种文化与金钱的碰撞,在陕西尤为明显。

推陈出新话三秦

在中国诸省区市中,陕西属于特色鲜明的省份。如果说浙江的风中都是吴越春秋,湖南的水里都是霸蛮血性,那么,陕西的每块城砖上刻着的都是穿越千年的沉重。在不久前的七十周年国庆阅兵中,陕西的国庆彩车成为网友打趣的话题,"拉着一车砖"就来了。

要我说,用砖块来形容老陕其实再合适不过。砖块质地坚硬、外表土旧、称量起来压手，老陕的个性也差不多。

第一，陕西人倔，他有他自己的逻辑，你怎么死拽都拉不动。

陈忠实的文章里面讲到关中冷娃，其中的“冷”就是倔强、认死理。对许多老陕来说，关中是最好的地方。这种自我感觉良好到了偏执的程度。

1937年7月，日军全面侵华；1938年3月，日军牛岛、川岸师团兵临山西风陵渡；1938年7月，一支由三万多名“陕西冷娃”组成的队伍夜渡黄河，奉命阻击来犯日军。这支军队在中条山坚持抗战近三年，武器落后，后援匮乏，损失惨重，但一直死守阵地，被称为“中条山铁柱”。它先后粉碎了日军的十一次大扫荡，使日军始终未能越过黄河。其中八百个“陕西冷娃”与日军白刃肉搏后，走投无路，不愿受辱，宁愿赴死，朝西北方向的老家拜了三拜，纷纷跳入黄河。“冷娃”再一次用血与火印证了执着不回的秦人精神，这种精神之滥觞其实就是段先念投资的电视剧《大秦帝国》中“血不流干，死不休战”的老秦人精神。

第二个特点说好听叫传统，其实也就是土。

在春晚上，奸商说的是广东话，小男人说的是上海话；如果一个人土得掉渣，一般说的就是陕西话，尤其是关中话。陕西话成了土的IP。

张艺谋算是陕西的一张名片，也称得上是艺术大师，但骨子里其实还没有离开那片黄土地。我一位做餐饮的朋友曾经请张艺谋吃饭，精心准备了一桌山珍海味。张艺谋最后的结论是：“东西的确好，但你别给我这么吃，整一碗面就行了。”面要宽，碗要大，最好背靠墙“圪蹴”着吃，能晒太阳更佳。

《废都》也充分地体现了陕西土的一面，可以说是一本乡土气很浓的都市小说。庄之蝶表面上是个风流才子，其实骨子里还是农民，他的梦想就是做当代的西门大官人，把睡别人家的女人当作最大的荣耀。

也为难贾平凹了，在“废都”西安写洋生活本来就够难了，更何况他还是从商洛走出的小镇青年。本来想写风花雪月，写最美人间四月天，结果写成了小保姆的仪态和精神气质。

其实，陕西本来不土的。自西周开始，以陕西语音为标准的关中方言就被称为雅言，也就是官话。雅言，指发音优雅，是所有官员必须要学习的语言。就连孔子讲课，用的都是陕西话——“子所雅言：诗、书、执礼皆雅言也”。现在陕西话里的很多用词还相当典雅。随着地位逐渐衰落，陕西才逐渐变得土了起来。

第三，陕西人厚重，换种说法是保守，毕竟承载了太过于厚重的历史。

述及过往的荣光，陕西人总是如数家珍。但历史无情，宋代以降，陕西的荣光开始暗淡，皇城成了废都，土地愈加荒凉。经济、文化的重心逐渐自西向东移动。陕西从昔日的昂扬刚健、纵横捭阖，变得沉郁下来。周故原、秦“直道”、汉宫阙、唐三彩，乃至老陕们吃面时捧着的海碗，都带有某种落寞的意味。历史的风华与现实的贫瘠交错，给人以穿越时空的苍凉感，这就是下半场的陕西。

自近代以来，陕西作为辐射西北五省区的桥头堡，迎来了重要的发展机会。抗战时期，山河沦陷，大量企业和学校内迁，陕西迎来了先进的生产技术和大量熟练工人，也使得西安成了北方第二强的人才中心。随着 20 世纪 60 年代中苏交恶，陕西在“三线建设”中再度获益，形成了拥有航空、兵器、卫星、核工业的国防工业格局，甚至成了中国走向现代化航空大国的摇篮。西交大、西工大中走出了很多人才，在中国现代化建设上发挥了重要作用。

2018 年我在硅谷访问，遇到了很多华人，一问都是清华、北大的优秀毕业生，尤其以清华为多。他们告诉我，这些年陆续有两万多名清华校友到硅谷落脚，以至于前些时间清华校庆，在美国的校友比在中国的还多。和移民硅谷、享受阳光沙滩的天之骄子相比，这批投身国防、建设祖国的“陕军”不知道杰出了多少倍。我想，这和陕西人沉郁顿挫的性格特质不无关系。

行文至此，先荡开一笔，讲讲陕西的一锅老汤。受食材所限，满汉全席在陕西是做不出来的，但小吃颇有可取之处：羊肉泡馍、水盆羊肉，以及各种做法的面条，面食有上百种之多。对于这些美食，上至王侯将相，下至贩夫走卒，还有乡绅秀才、文人墨客，都津津乐道。

我多年来走遍全世界，一直秉承着一个原则，叫作“嘴尝市场”。每到一地，都要品尝当地最具特色的小吃。当年我在西安做城市发展战略时，他们带我去了一处号称最正宗的羊肉泡馍——“老孙家羊肉泡馍”，结果一尝，盛名之下其实难副，平淡无奇。

不止“老孙家”，兰州的“马子禄牛肉面”也是如此。任何城市的名小吃一旦被指定为接待用餐，生命就停止了。英雄只能出于草莽，最鲜活的东西永远是在民间。因此，我有三不吃：第一，大规模连锁不吃，尤其是不吃酒店早餐；第二，官方指定、推上神坛的不吃；第三，门口没有老百姓排队的不吃。

那么，还有什么值得吃的呢？随行者随口说出一大堆，什么岐山面、裤带面、酸汤面、肉夹馍、灌汤包……但我觉得都不满意。于是，我毅然决定“自己动手，丰衣足食”，带着他们四处去找。

终于，在一条老街的一座破门楼下，我发现了一个不起眼的小门脸，阵阵肉香自店中飘出很远。走近再看，原来卖的是水盆羊肉，虽然简陋，但食客盈门。我马上意识到这里一定有料，就是它了。果然不出所料，一顿饭吃下来，连几个西安人都纷纷叫绝。

汤鲜肉嫩，配伍精致，白饼酥软，蒕头出味，再佐以关中特有的油泼辣子,真叫一个回味无穷,终生难忘。吃完我问这个老板,这道水盆羊肉为什么这么好吃。不料,老板的一席话却引出了一段故事——西安的一锅羊肉汤,超过了整个美国的历史。

这位老板姓马,叫马尕娃。他说,除了用料讲究之外,主要还是因为家传的一锅老汤,已经有几百年的历史。话说,当年左宗棠平西北,从陕西打到宁夏,再到甘肃,对西北回民来说,这是一次空前未有的大变动。

在这个变动发生以前,陕西各县,特别是渭、泾、洛三河流域,是我国回民的一个主要集中区或杂居地。但自这以后,改变了历史上陕西民族成分的原有面貌。马尕娃讲,那个时候他们家作为回民四处逃难,大户人家背的是金银细软,而他们家的革命传统则是什么都可以舍弃,唯有那锅熬了数百年的羊肉汤不能丢掉,因为他们始终坚守一个朴素的道理:民以食为天,有人的地方就要吃饭,要吃饭就不愁没有生意做。

后来,动荡终于过去,人们开始安定下来,城市慢慢开始恢复繁荣的景象,饭馆的生意也随之兴盛起来,他们家的水盆羊肉因为有这锅老汤的神助,很快便吃客云集,远近闻名了。

时隔数年,我再一次去到西安,想再次寻访这家经营水盆羊肉的饭馆时,遗憾的是因为城市拆迁,已经难觅踪影了。他们便带我去了回民街另外找了一家水盆羊肉店。吃过以后不禁感叹,已经找不到当年马尕娃家那种的感觉了。

马尕娃的老汤让人难忘,今日之陕西,不也正是那锅老汤吗?千年的凋敝反而让这锅老汤浓缩到了极致,随便舀出一勺,都能震惊世界:十多年前我们舀出一勺,变成曲江新区、大唐芙蓉园、皇城复兴计划,打造了闻名天下的曲江模式；四五年前咸阳市礼泉县的村民舀出一勺，成了风行全国的袁家村美食；今天抖音舀出一勺，一场“西安年·最中国”的活动，让西安一夜间成为人们竞相追逐的网红城市……

如今，西安人口正式突破千万，西安已经晋升为超大型城市。它是“一带一路”的起点与枢纽，也是大西部战略的支点，无数机会纷至沓来。国家中心城市、“一带一路”等利好政策，正是国家对西安的无限期待。

与此同时，西安强大的虹吸效应使其他市相形见绌，这当然也正常，西安作为省会、西北的中心城市，一城独大是其历史地理发展的必然；但是，如何让满天星斗不至于淹没在一轮明月的光辉之中，既是西安引领、带动陕西发展的责任，也同样是值得其他地市乃至省里思考的课题。

尽管已经多面开花，但一个区域的发展还是要讲究唯一性、权威性、排他性。陕西真正的长板还是文化。

所谓阅古而通今，最能代表昨天中国辉煌成就的，绝不是文化灿烂但弱不禁风的宋，也不是市民生活丰富、经济发达但宦官专权、党争纷起的明，更不是蒙满政权入主中原的元和清。

能代表昨天中国成就的到底是谁呢？很简单，就是周礼、秦制、汉习、唐风。多少年来，陕西一直是灰头土脸的代表。今天的中国聚焦了全世界的眼光，但谁也说不清中国到底是什么，从哪里来？又要到哪去？

正如文章开头所言，千百年周、秦、汉、唐的积淀，压得陕西人喘不过气来。但越是沉重，越要推陈出新。

2019 年国庆期间，西部三市——西安、成都、重庆——均受到热捧，游客人次均有上千万，旅游收入也创新高。其中，西安接待游客 1736.74 万人次，收入 151.87 亿元。

我们有幸深度参与过这三座城市的战略策划，也对于这种火爆有更加深刻的认识。这个现象再鲜明不过地宣告着大消费时代的到来,也标志了中国经济强大的内生性。

今天西安的火爆,更是陕西的缩影。这片黄土之上,有写不完的文章,做不完的课题。皇城复兴,不再是昔日自娱自乐的过家家,也不是赔本赚吆喝的买卖,而是明天的奶酪。

陕西这锅沉淀千年的老汤,还有太多故事可以挖掘,随便舀一勺,就足够生猛鲜活,震惊世界。关键在于,陕西,究竟准备好了吗?

发现山西

　　四十年看深圳，一百年看上海，一千年看北京，三千年看陕西，五千年看山西，看的不是帝王将相，也不是亭台楼阁，而是文明的生发。小则来看，山西是民族融合的熔炉；中则来看，山西是中国人文的重要孵化器；大则来看，伴随中国的快速崛起，西方世界急需重新认识中国。认识中国的最好途径，就是发现山西。

落魄山西

在今天中国的舞台上，山西的身影很模糊，既不是龙头，也不是枢纽，甚至算不上网红。如果说江西是南方的山西，山西就是北方的江西。两者均有过极为辉煌的光荣岁月，并且经历了漫长坠落，成为“无所谓中国”（在《寂寞安徽》中有详细论述）的典范。

仔细来看，江西和山西的失落还不大一样：江西是失魂，山西是落魄。失魂是小透明，落魄是老封建；失魂是没头绪，落魄是不好搞；失魂是乏善可陈，落魄是灰头土脸……总之略有不同。

与山西相比，江西前景显然更好一些。夹在长三角、珠三角这两个世界级城市群之间的江西，是“吴头楚尾”“粤户闽庭”，周围都是富亲戚，它们强大的溢出效应决定了江西未来不可能差到哪里去。

反观山西，西望陕西，东邻河北，南接河南，北连内蒙古，拔剑四顾，兄弟们日子都挺难。这也就罢了，偏偏山西还几乎完美避开了所有的国家重大战略。每每念及此事，不免让人叹息。

国家重大战略是地方发展的助推器。历数各大国家战略，从“东部开放”“西部大开发”“东北振兴崛起”，到十八大以来的“京津冀协同发展”“推进长江经济带发展”“一带一路”等重大战略，与山西基本关系不大。即使在包含山西的“中部崛起”战略中，山西也没什么存在感。

更何况细究起来，“中部崛起”本身就是硬捏起来的概念，其内部发展严重分化。其中，安徽投靠长三角，已经被国务院接入“长三角城市群”规划中。湖南、湖北、江西则构建了“长江中游城市群”，且已经成为国家级城市群。飞速扩张的大郑州,将来甚至可能成为全北方仅次于北京的枢纽级中心城市。唯有山西,顶着“家里有矿”的名头,东张西望,一脸迷茫。

山西印象

小时候,山西给我的印象很美妙。

1966年前后,社会的管制已经趋严,各类书籍大多被当成毒草收缴,当时十来岁的我,只好偷偷翻窗户跑到被尘封的图书馆读书,间或偷出来几张木胶唱片听。其中一大盘《小二黑结婚》的唱片给我留下了深刻印象,郭兰英银铃般的歌声,像流水一样,清澈甘甜,响遏行云。之后我又听了电影《我们村里的年轻人》中的《人说山西好风光》,到现在我都会唱:

> 左手一指太行山,右手一指是吕梁。站在那高处望上一望,你看那汾河的水呀,哗啦啦啦流过我的小村旁……

在这些歌谣的熏陶下,山西在我脑海中形成了一副很清纯的形象:高天流云,溪水清冽,民风淳朴善良。日后接触多了以后,虽然觉得山西的清纯形象不再,但对山西在艺术领域的地位却认识得更加深刻。从编成于春秋时期的《诗经》中的“唐风”“魏风”十九篇——包括极负盛名的《伐檀》《硕鼠》等,到今天山西籍音乐家辈出,如郭兰英、关贵敏、阎维文、谭晶等,还有无数的民间艺人,山西可谓弦歌不绝,尤其晋北更是民歌的海洋。

关于山西的第二印象,就是“农业学大寨”。那时候全国上下一盘棋，在中央精神的指导下，我的家乡贵州山区同样在轰轰烈烈学大寨，“三战狼窝掌”等故事我们都耳熟能详，因此我对山西的印象又多了一条：极度贫瘠。

在当时，大寨的名声比山西还响，山西只是大寨的陪衬，以至于后来我到山西，第一愿望就是拜访大寨，也曾与大寨时任掌门人郭凤莲有过两面之缘。当时大寨想往工业化的路子上走，我很诚恳地提了一些建议，可惜没能深入合作下去。

这些模糊的印象，是一个贵州大山深处的孩子对远方的遥遥一瞥。令我遗憾的是，在十年新华社记者生涯中，我长期从事宏观经济报道，可以说是几乎走遍全国，但竟一次都没有到过山西。最接近的一次是，我从陕西采访归来，站在壶口瀑布上眺望，黄河滔滔，山峦起伏，随行者说对岸就是山西，可惜始终缘悭一面。

我真正踏足山西，是下海从事策划行业几年之后了。20 世纪 90 年代末，山西当地一位生意做得很大的金融业老板，辗转邀请我前往考察。我去的时候，发现他麻衣素履，居士打扮，一副看破红尘的模样，合作自然无从谈起，但对方还是很尊重我。在这位居士老板的陪同下，我仔细地走了一遍山西，从阎锡山故居，到五台山，再到平遥古城，也看了名噪一时的话剧《立秋》。

在和话剧创作人员交流的过程中，我非常感慨：在野心时代里，人心往往被物欲驱使，山西的能源经济更是典型，但偏偏是山西这片土地上出现了《立秋》。

> 天地生人，有一人应有一人之业；人生在世，生一日当尽一日之勤。

这种对传统与变革、国运与人运的深切反思，除了山西我还想不出中国哪里能演绎得这么到位。

彼时的山西，小煤窑已经兴起，一路上灰尘漫天，两边拥塞着一辆辆拉煤的卡车，路面凹凸不平，空气中弥漫着煤灰味，文化也压抑得厉害。但就在这晦涩沉闷中零星闪现的一点火花，让我意识到：山西绝非某个无足轻重的省份；某种深埋于煤层之下的璀璨，有待发现。

人文滥觞，山河激荡

这么多年来，我走遍全世界，一个天问总伴随着我。叩问文明兴衰，其他三大古老文明都消失在了历史的尘埃之中：金字塔下行走的人们已经不是当年法老王的子孙；两河流域至今仍然炮火连天，成为恐怖主义的大本营；看似延续至今的印度，实则也经历了无数次的文明中断与消亡。只有中华文明能够绵延至今。在智能化、信息化的今天，我们的孩子依旧在诵读着两千多年前那些老人家的文章，华夏文明血脉历数千年而不断，原因何在？

中国威胁论、中国崩溃论已经不合时宜，全世界都在寻找打开中国这扇大门的密匙。其实，这把密钥不在繁华的北上广深，而藏在看似无足轻重的山西。

美国著名政治学家、汉学家白鲁恂曾说过这样一句话：

> 中国不是一个民族国家体系内的国族。中国是一个佯装成国家的文明。

这句话，窃以为相当有见地，精准点出了世界认识中国的一大误区。中国并不是西方话语体系中常见的主权民族国家形态，而是一个长达数千年的古老文明与一个超大型政治载体几乎完全重叠发展的文明型国家，文明的传承与帝国的延续互为表里，互相支持，使得中国具备了极其罕见的政治文化双重属性。理解了这一点，对于认清今天的中国问题都有着极其深刻的意义。

关于中国“文明型国家”的特质，很多学者有过精彩论述，我在此不多赘言。我想着力指出的是，不管是“文明记忆”的起源与流变，还是“天下观”的塑造与阐释，山西都是极为关键的坐标。

“人事有代谢，往来成古今。”治乱循环本是常事。但是，山西古今盛衰间的落差之大，可以说无出其右。今天的山西有多落魄，历史上的山西就有多辉煌。只有理解山西几千年来的辉煌、动荡与沉沦，方能穿越浮华，抵达文明的深处。

在煌煌上古史中，山西扮演着极为重要的角色。

从考古学来看，中国文明最早诞生于河东，即今天晋南襄汾一带的陶寺遗址。它是中国新石器时期的遗址，年代为公元前2500—前1900年。

从1978年陶寺遗址首次发掘至今，城墙、宫殿、宗庙、王陵、作坊、大型仓储区、普通居民区乃至天文台陆续出土，深埋于地下的古中国逐渐露出真容，举世皆惊。考古实证表明，在四千多年前，陶寺就已经成为区域性的政治、经济、军事和宗教中心，这一切都指向了遥远传说中的尧都——中华文明的起点。

“卿云烂兮，糺缦缦兮。日月光华，旦复旦兮……”三皇五帝久远缥缈，但晋南毫无疑问是这首《卿云歌》中所描绘的上古华夏族历代领袖人物的核心活动舞台，古华夏联盟的盟主国所在地。在陶寺文明结束后，华夏文明的核心区域才跨过黄河转移到河南，诞生了更为成熟的“二里头文化”。后者是夏商时代的重要遗址，年代为公元前1900—前

1600年。

在考古学昌明的今天，华夏文明发轫于黄河流域基本已经成为共识，但究竟源起何处，却是争议纷纷，晋、豫、陕、甘各执一词。但我认为最站得住脚的，应该是山西的古河东地区。丁村、陶寺、炎帝陵、盐池、历山、尧庙、蒲坂、禹王城……这片土地上，随处可见三皇五帝的模糊身影和文明的斑斑印记。

时间再往后推移，西周初年成王剪桐封弟，将其弟唐叔虞封在山西，改国号为“晋”。在很长的一段时间内，晋国都是黄河流域的霸主，率领各中小国和长江流域的霸主楚国相抗衡。战国初年，韩、赵、魏三家瓜分晋国之后都能跻身“七雄”行列，昔日晋国之强可见一斑。尽管晋国已经灭亡两千多年，但直至今日山西人对于“晋”这个字都有着很深的情结。

伴随秦始皇一统天下，改封建为郡县，恢宏的中央大一统帝国正式出现。与此同时，在北方草原上，雄才大略的冒顿单于“鸣镝弑父”，挟控弦之士三十余万，快速建立起南起阴山、北抵贝加尔湖、东达辽河、西逾葱岭(今帕米尔高原)的强大匈奴帝国。

汉朝建立以后，高祖亲自挥军北上欲破匈奴，却在山西遭遇“白登之围”，只能屈辱求和，这也正式标志着中原帝国、草原帝国的对抗就此拉开序幕。这场旷日持久的斗争延续了近两千年。

从诞生、征伐到融合，中原帝国、草原帝国经历了极为深刻的相互融合与促进的过程。从狭义的天下观来看，从文明源头到春秋天下霸主，再到边关军镇，山西在不断地边缘化；但如果放弃汉民族中心论的思维定式，从更广阔的视野来看，作为农耕－游牧过渡区的山西，在这场漫长民族融合的过程中，扮演了十分重要的角色。

中国历史上有一条很重要的线——400毫米等降水量线，这条线以北，干燥多风，宜耕地极少，而且十分分散，只能以放牧为生，因此这条线也成了农耕、游牧两种文明的分野。不同的气候条件、地形地貌，使得两种文明的生产、生活乃至生命哲学都截然不同。在这条线上众多山脉绵延，形成两大文明之间的天然屏障，但山脉的走势与降水量线毕竟并不完全重合，这条防线上最大的漏洞就在山西。

被誉为“表里山河”的山西，东依太行，西界黄河，山河相间，是一个半封闭的地理模块。其内部是多个山脉交夹而成的一连串断陷盆地。由于地形原因，山西与外界之间——甚至山西内部几大盆地之间——的交流都相对困难，这也使很多盆地形成了独立性很强的人文风貌。

如果说晋南是传统的农耕区，那么晋北就是游牧民族的天堂，雁北地区在历史上一直处于中原农耕文明、北方游牧文明的交汇处。广为人知的雁门关，是中原王朝抵御北方游牧民族的第一道屏障。而雁门关之外，水草丰美的大同盆地常年门户大开，中原帝国强势时，尚可派大军驻守于此；一旦中原王朝衰微，游牧民族南下，以此为据点，将会对中原帝国的统治产生严重威胁。因此，两千多年来，山西北部一直是中原王朝和北方游牧民族相互攻伐的最前线，也是北方游牧民族南下牧马、问鼎中原的重要通道。

在这些问鼎中原的游牧民族中，建立北魏的鲜卑族跟山西关系最深。

多年以来，我对魏晋南北朝史——特别是北魏史——非常感兴趣。在中国历史上，北魏是一个不受人关注但是意义重大而且耐人寻味的王朝。它在五胡十六国的大混战之中神秘地崛起，在汉、唐两座中国封建文明高峰之间的漫长低迷岁月中掠过历史的天空，并逐渐使北方各族融入中华文明之中，开启了通向隋、唐帝国的大门。

我这种兴趣的萌生，跟我当时在新华社内蒙古分社工作有很大关系。翦伯赞先生的《内蒙访古》中提出了一个命题：

> 秦汉时期或者更早，匈奴人就以一个强劲的形象出现在草原上。以后，鲜卑人、突厥人、回纥人，更后，契丹人、女真人，最后，蒙古人，他们像鹰一样从历史掠过，飞得无影无踪，留下来的只是一些历史遗迹或遗物，零落于荒烟蔓草之间，诉说他们过去的繁荣。他们从哪里来？最后又去了哪里？

当时年轻的我同样对这个问题充满兴趣，我甚至打算写一本关于游牧民族的书，名字都想好了，叫作《走上那高高的兴安岭》，为此我阅读了大量资料，也跑遍了内蒙古各地。

我去了鄂伦春自治旗的首府阿里河镇，拜访了闻名已久的嘎仙洞。1980年，文物考察队员在嘎仙洞中布满苔藓的岩石上，发现了密密麻麻的祭文。嘎仙洞石壁铭刻的发现，其权威性和原始性在全国产生了巨大的轰动效应。

经过考证，石洞中的铭刻与《魏书·礼志一》中的记载“遣中书侍郎李敞诣石室，告祭天地，以皇祖先妣配”高度相似，这证明嘎仙洞就是著名的“鲜卑石室”——拓跋鲜卑的祖庙所在之地。鲜卑族的祖先从呼伦贝尔转东南，出大兴安岭南段东侧的辽河支流乌尔吉木伦河流域，从而进入“匈奴之故地”，最终建立北魏，定都山西大同，完成了前秦苻坚之后的统一北方霸业。

中国有这样一个说法：秦、汉、隋、唐看西安，宋、齐、梁、陈看南京，钱越、赵宋看杭州，燕、元、明、清看北京……那么，北魏、辽、金看大同，也是理所当然的。

大同承载着两千多年的文明史，叠加着数十个古代民族的文化。

历史上,鲜卑人走了突厥人来,契丹人走了女真人来,蒙古人、鞑靼人、沙陀种、瓦剌部走马灯似的在这块土地上生活与征战,你来我往,一派多民族的聚散离合景象,大同独特的城市文化也便由此而来。

在研究北魏文化的过程中,我最大的遗憾就是没有到过大同,直到很久之后才得以一偿夙愿。

提起北魏,最出名的应当是北魏孝文帝。魏孝文帝二十四岁亲政后,延续冯太后的改革,文化上全面禁胡语,改汉姓;经济上实施均田制、三长制,最后甚至提出迁都动议,并且一力推行,把北魏的首都由平城(今大同)迁到了洛阳。

应该说,魏孝文帝的汉化改革是经过深思熟虑的,也是风云激荡、蔚为壮观的。在魏孝文帝看来,草原民族的统治方式难以适应疆域横跨草原、中原的大型帝国,五胡十六国的一百多年间,既是血腥残酷的黑暗时代,也是人种、文化、生活、地域、政治、社会、语言、风俗及习惯大融合的时代,更是草原民族政权走马灯轮换的时代。游牧民族在入主中原之后,往往短短几十年政权即陷入混乱,天下分裂,其核心原因是,草原的治理手段根本不适合于疆域广阔的中原帝国。

举个最简单的例子,草原上的王位传承往往采用兄终弟及制,因为在草原部落联盟中,维系凝聚力的基础就是大汗个人的绝对强势。草原之上征伐频繁,如果采用父死子继制,常常会出现少儿皇帝的情况,主少国疑,很快分崩离析,因此兄终弟及实属不得已而为之。然而,兄终弟及最大的矛盾点在于,兄弟间都是同一辈分,按照最乐观的情况来假设,一代人也不过区区百年。本代最后一位汗王过世之后,留下的是无数虎视眈眈的皇子皇孙,除非有极强势的人物横空出世,否则一场席卷草原的大分裂将不可避免,这也是草原帝国的国祚通常不满百年的重要原因。这样一套政治体制随着胡马踏过阴山，问鼎中原，混乱自然不可避免。

魏孝文帝正是清晰地认识到了这一点，因此致力于打破民族间的藩篱，形成一君万民的政治格局。但是，这一系列改革带来了严重的后遗症：魏孝文帝太轻易地放弃了胡汉二元的政治架构，导致了很多鲜卑军事贵族的强烈不满，改革遇到了极大的阻力。迁都后不久，魏孝文帝本人英年早逝，而北魏帝国也在其身后三十年分崩离析；鲜卑这个古老的民族，作为一个独特的文化整体，也在不久后彻底消失在了历史中。

于身、于家、于国、于民族，魏孝文帝的改革都难说成功。年轻有为的统治者，波澜壮阔的政治理想，最终带领帝国走上了一条灭亡之路。

如果站在更宏大的历史观上来看，我们在观察到游牧民族汉化的同时，也应当注意到汉人的少数民族化。富庶的中原帝国，往往在高度发达后走向腐烂，统治者穷奢极欲，官僚体系效率极度低下，帝国走向衰朽。这种时候游牧民族的大举入侵，看似是国难，实则是涅槃。游牧民族的刚健、血性和某些极富想象力的制度创新，如同当头棒喝一般，为衰朽中原文明注入了活力。

从世界史角度看，游牧民族并不仅仅是我们的北方邻居，他们广泛地分布在欧亚大陆的中间地带。他们的生活极端不稳定，夏季有大旱或草原大火，草地瞬间荒芜；冬季寒流或大雪侵袭，险境环生之下，甚至有可能导致整个群体灭绝。因此，游牧文明会周期性地向欧亚大陆边缘的文明发动入侵。“上帝之鞭”与“万里长城”其实是一个故事的不同侧面，这个故事就是游牧文明、农耕文明的战争。

中原大地上的“五胡乱华”和罗马帝国的“蛮族入侵”，这两件大事大致就发生同一个时间段，欧亚大陆的两端重新陷入了两三个世纪的混乱，但两者的结局却迥异。承载了希腊文明、罗马文明的帝国就此陨落，欧洲分裂成无数个小国，至今都没有形成一个统一的国家；中国又重新回到了大一统，并延续至今，其中北魏起到了至关重要的作用。

公允地说，自秦一统中国以来，南北朝是中国最有可能陷入彻底分裂的时期。当时，中华民族的集体认同感尚未完全形成，再加上南北朝间江河阻隔，胡汉相异，甚至一度在风俗、思想、文化方面也越走越远，更关键的是，长江、黄河两大流域互相无法控制水源与粮食，这给分裂提供了条件。

中国得以统一的功臣，就是以北魏孝文帝为代表的那一批少数民族政治家。在他们或小心或大胆、或成功或失败的尝试下，胡汉二元的政治制度得以形成，期间盛世离乱相继，免不了阴谋诡计、国破家亡、流离失所，但正是在北魏孝文帝乃至无数失败者的尸体之上，中华文明完成了涅槃。日后的隋文帝、唐太宗，都是高度鲜卑化的汉人，他们在无数血与火的经验中，融胡汉之所长，成就了气象万千的伟大帝国，让包容并汇的中华文明走向了成熟期。

四十年看深圳，一百年看上海，一千年看北京，三千年看陕西，五千年看山西，看的不是帝王将相，也不是亭台楼阁，而是文明的生发。

晋南的临汾是尧舜舞台，晋北的大同是北魏皇都，晋中的太原是李唐龙城，文明在这里从肇始到激荡，再到成熟包容，最终走向世界。小则来看，山西是民族融合的熔炉；中则来看，山西是中国人文的重要孵化器；大则来看，伴随中国的快速崛起，西方世界急需重新认识中国。认识中国的最好途径，就是发现山西。

晋商兴衰

宋元以降，全国的经济中心逐渐南移，南方愈加繁荣，再加上国家一统，山西逐渐沦为中游。在元末明初的天下大乱中，山西曾获得过短暂的喘息机会，当时两淮－中原一带是主战场，杀得血流成河，而朱棣的"靖难之役"使得华北到华东硝烟密布。彼时的山西，表里山河，易守难攻，不仅独善其身，而且吸引了大量难民，成了离乱年间的乐土。

然而好景不长，明朝统一后，其他各地经济凋敝、人烟稀薄，躲过一劫的山西成了全国最大的人口迁出地，累计外迁十八次，百万山西人从洪洞大槐树出发，走向全国，山西也成了很多姓氏的寻根问祖地。

鄙人这个"王"姓与山西同样渊源极深。我常常自我调侃说，王姓虽然是中国有数的大姓，人丁遍及四海，可惜在历史上文韬武略不彰。王姓的人才之寥落与人口之众多形成了鲜明的对比，仅有的一个皇帝王莽，还是个半吊子皇帝。

唯独一件令我们王家颇为自豪的，是唐代诗歌界的五大王姓才子：王勃、王翰、王之涣、王昌龄、王维，从初唐到盛唐，从边塞诗人到田园诗人，个个文采风流。我在深入了解后才发现，这五位本家兄弟居然都是山西人。不由让人感慨：天下王氏出太原，诚哉斯言！多年前我到晋祠参观时，拜访了传闻中的王氏祖祠，虽是第一次到，但香火缭绕间竟也心生戚戚之感。

多次官方组织的大移民使得山西在造福天下的同时，自身经济实力却受到严重削弱。多次的人口外迁，使得山西人口数量在明清两朝持续下跌长达六百年之久。有清一朝,山西的经济实力仅在东北、西南诸省之上,其间仅存的亮色就是晋商。

从历史上看,北方游牧民族与中原统治者的冲突几乎从未间断过。晋商的辉煌,客观上得益于明清王朝边疆政策的变化。明朝弘治年间,设“九边”(九个军区)压制边疆,八十多万军队、三十多万匹战马的物资需求给政府造成了极大的压力,促进了晋商的崛起。“九边”最重要的作用,就是把山西从作战第一线拉到了第二线,让山西从战场变成了商场。

作战军队的后勤供应,不仅为长袖善舞的晋商提供了发财的商机,也促进了他们与皇权、官府的结合,为他们成为具有垄断特权的皇商奠定了基础。这是晋商崛起最重要的天时。

山西所处的独特地理位置——北邻蒙古草原、南接中原腹地——则为晋商的崛起提供了最重要的地利。

在晋商崛起的地利因素中还有一个重要方面,那就是山西恶劣的自然条件——“无平地沃土之饶,无水泉灌溉之益,无舟车渔米之利”。山西不但土地贫瘠,而且自然灾害频繁。当一方水土不足以养活一方人时,山西人只能选择“走西口”。西口,即山西与内蒙古交界的一处长城隘口——杀虎口。从这里走出去,有些人成了富商大贾,更多的人却由此走上了不归之路。

清代初期,晋商的货币经营资本逐步形成,交易的辐射及聚合半径就迅速扩大了:向内,扩展至内陆全境;向外,延伸至远东、贝加尔湖,直至欧亚大陆广袤的内陆地区。庞大的市场,巨大的吞吐量,使原本只具有地方意义的晋商,能量迅速放大,成为一支国际商业劲旅。

然而,回顾一部晋商史,可谓“其兴也勃焉,其亡也忽焉”。晋商几百年间积累下的基业在短短十数年烟消云散,其兴衰都充满了历史的必然。

在分析资本主义经济结构时,马克思就指出,商品经济的发展必然经历从初级形态、中级形态到高级形态的递进阶段。初级形态发生在流通领域,可以称之为“商业资本”。先有相互的需求,才会产生交换商品的行为,进而形成商业活动;贸易的高级形式是国际贸易。商业资本发展到一定的阶段肯定会进入“产业资本”,再进化到“金融资本”。纵观世界市场经济的发展,大都逃不掉这个规律。

但是,晋商的发展情况不太一样。他就像一个侏儒,长到一米二就不长了,说他是大人,他的身体是小孩;说他是小孩,他却有一颗大人的脑袋。坐在桌子上是个大人,站起来只是个孩子。

晋商之所以会成为侏儒,原因很多,诸如资本主义的发端不是中国历史内在逻辑的必然结果。在封建帝制的卵翼之下,不可能出现产业革命,以及与之相匹配的法律制度、宪政意识、产权关系。即便是近现代的中国资本主义,也是在巨大的民族危机压力下产生的。

“根”在流通领域的晋商,没有形成完善的产业资本。晋商主要做盐业、票号,兴于官商合作的“开中法”,盛于官商勾结的税收银,繁荣的背后是官僚经济巨大的泡沫,主流农民、手工业者并没有被惠及。因此,晋商的繁荣可以说是一种工商业的“伪繁荣”,与近代西方的资本主义乃至金融市场的诞生,看似失之毫厘,实则谬以千里。

黑金的盛宴

伴随着工业文明席卷世界，大变革时代风雷隆隆。战马远去，刀剑入鞘，游牧文明、农耕文明几千年的纠缠，迅速退居幕后，埋入故纸堆中。曾经显赫一时的晋商，也只能在一栋栋深宅大院中，在对封建皇权尊贵气派的追忆中走向没落。工业时代的山西，发现了自己新的价值所在——煤炭。

时至今日，"煤老板"一词，成了很多外地人对山西的刻板印象；"黑"与"金"这两种颜色，也在很长一段时间里成为山西的代表色。

这种刻板印象，源于话语权的极度不对称。煤老板的挥金如土掩盖了山西的整体滞后，从没听说过哪个工人靠挖煤挖得又多又快成了老板。一个豪掷万金的煤老板背后，可能有成百上千个在幽暗矿井中讨生活的矿工，他们沾满煤灰的双手，他们的破败与绝望，全部被消解在煤老板盖大房子、娶小老婆的招摇形象里。

我很欣赏山西籍的导演贾樟柯，也颇为认同他的理念：

> 用电影去关心普通人……尊重世俗生活。在缓慢的时光流程中，感觉每个平淡的生命的喜悦或沉重。

从《小武》到《山河故人》再到《江湖儿女》，贾樟柯的叙事对象，一直是面对巨变之下无所适从的小人物，以及隐藏在其人生际遇中的真实中国。他的这个角度，我认为比讲述买豪车、买豪宅、千万嫁女等煤老板故事更贴合山西的时代本质。

山西这场黑金盛宴,大致可以分成三个阶段。

第一阶段是计划经济阶段。如果说煤炭是工业的粮食,那么山西就是中国工业的粮仓。大量山西浅层优质煤炭的发现与开采,为20世纪后半叶新中国的重工业发展做出了难以磨灭的贡献。

几十年来,一辆辆卡车、一列列火车满载山西的煤支援了北京、天津,支援了上海、重庆,支援了全国其他绝大多数省区市。然而,山西煤炭由于市场和计划错位造成的经济损失,却至少在上万亿元以上。山西在给全国工业输送粮食的同时,留下的却是"黑大粗"煤炭重化工业基地的泥沼地,以及"一煤独大"的产业困局。

中东地区的石油王国、美国的俄克拉荷马州、德国的鲁尔区等都是资源密集型地区,相比之下,坐拥巨大煤海的山西,三十多年发展居然落后于绝大多数省区市,在相当长一段时间内人均收入都是全国倒数第一,甚至还落得个灰头土脑的印象。

山西有煤,这毫无疑问是国家之福,但对山西来说是福是祸却很难说。应该有不少山西人思考过:如果脚下无煤,山西的今天会是什么光景?

2002—2012这黄金十年,是山西煤炭发展的第二个阶段。2001年12月中国加入WTO后,经济飞速发展,煤价正式放开,再加上山西省推行煤矿产权明晰政策,第一次明确可以把矿出售给个人,大小煤矿遍地开花,无数煤老板一夜暴富。在山西这片古老的黄土地上,到处是煤炭改写命运的例子。煤老板成了那个财富狂飙年代的典型缩影;但除了大量财富之外,伴随黑金而来的,还有如附骨之疽般的诅咒。

这十年是山西腐败发酵最严重的时期。煤炭的利润之高、操作之简易、门槛之低,仅次于抢劫。高昂的煤价,支撑着一场场权钱交易的盛宴。

在“挖就能赚钱,挖多少赚多少”的情况下,煤矿利润的天花板就在于领导的一张嘴和兄弟的一双拳头。长此以往,靠山硬就挖得多,拳头硬就挖得多,权力寻租,黑恶势力横行愈发严重。

在很多文化不高、思维模式朴素的煤老板眼中,他们拿着大把金钱送给领导,并不是行贿,只不过是在按生产要素进行分配。毕竟领导金口一张,矿上就能开工,多开工一天,就多挣一天钱,所以领导手中的权力是重要的生产要素,是要按天给钱的。

从 2012 年到现在,是山西煤炭发展的第三阶段。煤炭产业的一家独大会导致严重的产业结构畸形,这已经成为山西全省共识。从上至下整个山西开始了漫长的转型期。大量私人煤窑退出历史舞台,国家力量开始合纵连横,优势整合,成为主导。但随之而来的新能源时代依旧让整个煤炭行业遭遇寒潮,而且从长期角度看,煤炭需求总收缩会成为主要趋势,同时山西当地的煤炭工业在环保与节能领域也遭到了前所未有的挑战。既要去产能,又要稳增长,还要调结构,可谓道阻且长。

在转型升级的路上,山西面临的严重问题在于大政府、小市场,以及随之导致的经济结构不平衡。在山西百强企业中有八十家是四大传统支柱(煤炭、焦化、冶金和电力)企业,百强企业营收的 90% 是国企贡献的。

在政策、资本都向国企倾斜的情况下,民营经济缺乏活力,很多只能带枪投靠。当其他地方的年轻人摩拳擦掌地在大数据、人工智能、区块链等领域一展拳脚之时,山西的父母们还在想方设法,乃至花几十万把孩子送进矿务局或煤炭集团,以求一份安稳的铁饭碗,这在其他发达地区是很难想象的。

然而,这一切还只是表象。环境污染并不可怕,经济失衡也可以想办法，人心蒙尘才是黑金真正的诅咒。三十年的黑金盛宴，影响更多的是人心。生态可以修复，经济可以转型，而人性共通的贪婪、虚荣、侥幸，就像癌细胞一样，在利益的驱动下无限恶性增殖，分布极广，荼毒极深。想要实现这一层面的净化，绝非一朝一夕之功。

山西向何处去?

文章写到这里，很多山西的朋友读起来可能会有些压抑。山西已经混到五千年来最落魄的地步，如果未来还是希望渺茫，那真要无颜面对祖先了。山西究竟该向何处去？这是所有念兹在兹的山西人都会思考的一个问题。

我认为有三方面需要重视。

第一，山西要认清、接受并尊重现实。

今日山西的重要性远不如昔，这不是人力所能改变的。

在高铁时代，省域的概念将会弱化，枢纽的重要性会得到极大凸显，北京、郑州、西安作为北方的三大枢纽，均匀地分布在山西周围，大同、忻州向北京靠拢；长治、晋城与郑州打通；临汾和运城，无论是经济实力还是区域定位，基本算是西安的辐射范围。新“三家分晋”局面正在形成，而这种趋势从未来五到十年来看几乎无法避免。

现实如此，认清、尊重并接受是山西最明智的选择。其实这很正常，历史的舞台上谁都有机会成为主角，也终将迎来谢幕时刻。世上哪有万世不熄的香火？当大而强已经成为过去式，山西的未来一定要立足精品，发现特色，打造有识别度的区域名片。

第二，山西需要一批有所为的官员。

在2010年左右，一位不速之客去北京拜访我，邀请智纲智库为他主政的城市进行战略策划。这个人就是时任大同市市长。

半天交流下来，他说得唾沫飞溅，但其实我只听懂了四成，剩下六成要靠猜，因为他那一口山西话真是难懂。但就是在连蒙带猜中，我发现了这个市长有点能耐：其一，极度倔强，认准的事情几头牛都拉不回来。其二，眼光非常长远，他提出的大同古城修复计划极其宏大。智纲智库在中国操盘过太多城市区域项目，虽然中国正处于高速城市化阶段，但我一眼就看出了这件事情的难度远超他的权力范围，别的不说，单单财政压力就能把人压死。其三，我发现他是个精于谋事、拙于谋身的愣头青，也就是俗话说的不会“做官”。

我曾经认识一位相当高级别的领导，在他退下来之后某一天，他的秘书突然联系我，说他身体快不行了，希望我去见见他。那次我远赴海南和他聊了两三个小时。“人之将死，其言也善”，他讲到，政治人物最怕的就是半渡而击，事情做到一半的时候被调任，老百姓不知道原委，只看见你留下的烂摊子，所以把脏水都泼到你身上。而政治人物最喜欢的就是“功成在我”，这是人性，无可厚非，谁都只想生娃娃不想当保姆。一为自保，二为政绩，因此很多官员都只考虑两三年见成效的项目，频繁创新，打一枪换一个地方成为常态。

频繁创新倒没有问题，可怕的是短期行为。真正重大的项目，没有十年之功几乎不可能，但这么长周期的事情只有两种人会干：一是背景深厚、有政治抱负的人杰，二是他这样不会当官的愣头青。这种现象从全世界看都概莫能外。西方的政治人物为讨好选民，急功近利是必然，相比之下中国的制度延续性还更好一点。

尽管我判断他的委托难度很大,但他真的打动了我,我们的团队随后跟进了整个大同古城开发总体战略策划方案。虽然由于种种原因,后来合作没有向纵深推进,但我内心还是很认可这个人的。

这段时间以来,大同古城遭遇了非常严厉的官方批评,这很正常。他一直是个争议人物,四平八稳反而不是他的风格。但是,我反倒认为看似愣头青的他,实则有大智慧,他也图名利,但计的是天下利,求的是万古名。

在他去之前的大同,背负着煤都的沉重名声,一只脚踩在悬崖边上:

> 垃圾基本靠风刮,污水基本靠蒸发,游商基本没人抓,市容基本没人夸。

他看似急躁和愣头青的大兴土木背后,是殚精竭虑为这一座濒临枯竭的城市寻找突破口。正如他所说:"中国高速城市化的窗口即将关闭,大同将不会再有第二次机会。"作为中国这几十年来城市化的深度参与者,我可以负责任地说:这绝对是大实话,也是极富战略眼光的预判。

榆次老城、常家庄园、大同古城、云冈石窟、华严寺、善化寺……他一路走来,留下的很多作品可能短时间不被理解,但长远来看,这些建筑不仅是当地招牌,更是山西乃至中国的招牌,价值无限。

他离开大同时,万民送行,盛况空前;他卸任太原时,一篇普通的离职公文刷爆朋友圈,网友广泛怀念。这只说明一个道理,公道自在人间。很多权倾一时的名字被人尊重,掌权者自我感觉良好,殊不知别人尊重的只是权力本身。当年晋惠帝在龙椅上发表"何不食肉糜"的高论时,百官山呼圣明之声同样不减。这种官当得再大,于青史无足轻重。

2019年我又一次走访山西,最令我欣慰的就是太原、大同两座城市的崭新格局。

太原多少年建不起来的立交桥拔地而起，再加上原本就有的大山大河，整个太原眉清目秀；大同，这座千年古城也从悬崖边上拉了回来，不见兵荒马乱、乌烟瘴气，重现北魏皇城气象。尤其是大同的美食，取自农耕、游牧两大文明之所出，揉造品鉴于王公巨富之口，沉淀至今，可谓绝品。

平心而论，时任市长的工作有不少败笔，也不乏靡费公帑之举，但我相信他是真想给百姓、给家乡做事的。为官一任，造福一方，这句话对于他不是说说而已。几十年来，仕途的波折与事业的昭彰互为因果。如今他年满退休，也算是一种成全。

借由他，岔开聊几句山西人的性格。如果把各省的中国人比喻成一个班级，那么山西人就是那个不捣乱也不突出、不聪明也不太笨的，默默待在角落里的，不太显眼的那个人。

表里河山的封闭体系使得山西人总体偏保守，两山夹出的一连串断陷盆地更弱化了内部交流，曾经横跨农耕、游牧两大文化区让山西人性格更加多元，且难以说清。

山西人既保守也激进，“百度”的李彦宏很保守，“融创”的孙宏斌很激进，“乐视”的贾跃亭更激进；山西人既抠门也豪爽，“九毛九”的故事让人忍俊不禁，煤老板的豪爽也让人诧异不已；山西人既恋家也敢于闯荡，如今山西人外出打工极少，但当年晋商的足迹踏遍欧亚大陆；山西人既活在过去也活在未来，封建思想严重者不乏其人，也有像刘慈欣那样的怪人，坐困愁城的小工程师，笔下却是光年之外的浩瀚文明……

这些形形色色的老西儿，让人很难看清山西人的性格特质，但背后还是有两点共性。

一是乡情，山西人乡土观念极重。尽管当年晋商汇通天下，流寓四海，但最终一定要叶落归根，建起一座座深宅大院。我曾听老辈描述过

“西商”（即晋商）的样子，他们穿着过时，面黄肌瘦，单身在外，从不吃喝嫖赌，一心想着赚够钱回家盖宅子，他们的想法也很简单，富贵不还家如锦衣夜行。时代在变化，“乡情”是山西人不变的情结。

二是较劲。从宁死不出山的介子推，到千里走单骑的关羽，再到武则天、于成龙、陈永贵，直到今天的这位前大同市市长，甚至是《又见平遥》里面那位虚拟人物赵东家，耗尽家财与二百三十二名镖师远赴沙俄，一去七载无人生还，只为保住分号王掌柜一条血脉。

再比如说署晋三十八年的阎锡山，历经数次政权更迭，却始终能牢牢把握山西政权，将山西打造为独立王国。整个民国时代的山西，在阎锡山的治理下，于疮痍满目的神州大地上保持相对的富庶、平安。阎锡山尽管毁誉参半，甚至被矮化为修窄轨铁路的守财奴形象，但其近四十年如一日的保境安民之举，让山西人到现在都还很怀念他。

这样的“一意孤行”在其他地方很难理解，但在山西太多了。

山西人的较劲，与陕西的倔强、湖南的霸蛮、贵州的日鼓鼓都不太一样：山西人不善言辞，主意又正，不仅敢想还敢做，明知不可为而为之，常常越走越孤单，以至于变成孤臣孽子式的坚守。

别的不说，近四十年来，大大小小官员我见过上千个，像这位前市长这样一路死磕、不留后路的官员从来没见过，真是山西这片黄土地上孕育出的怪才。

由于较劲对象不同，山西人较劲的体现形式很多：有时候是气节，有时候是忠义，有时候是清廉，有时候是诚信，有时候是一诺千金，有时候是造福一方，总之就是憋着一口气，用“虽千万人，吾往矣”的态度干好一件事。

如果说乡情是山西人心灵世界的最终归依，那么较劲就是隐藏在山西人略显木讷外表下的精神源动力。这是山西人复杂性格的两条主线。

讲完山西人的性格，我们言归正传，讲山西向何处去的问题。

第三，山西的未来，离不开以文化旅游抓手的发展模式。

为写好这篇文章，我特地再访山西。一路走来，跨黄河入晋，纵览三晋大地，访“武圣”故里，古槐寻根，晋国溯源，吕梁踏青，河边诉阎，大同探魏，真是令人感慨！千年的时光遇见的都是厚重，山西有很多全中国乃至全世界绝版的资源，山西的国家一级文保单位在全国三十四个省区市中高居第一，70% 以上的元明古建筑都在山西。

过去山西旅游业欠发达，一是因为煤炭大省名声在外，令人望而却步；二是因为僵化的管理体制，导致软环境太硬，硬环境太软。

不过，得益于近年来的煤炭产业转型，山西的大气状况有了极大的好转，我儿时印象中那个高天流云的山西正在成为现实。山西省内也高度重视文旅的发展，这条路是很有远见的，但一定要重视市场的作用。文旅是面向消费者、面向未来、面向美好生活的产业，在快速迭代的时代，需要非常敏感的触角才能感知到细微的变化，而这正是市场的长处。

山西做文旅还有一大优势——煤老板多。

在煤炭黄金十年中，让煤老板来做文旅几乎不可能，要知道文旅不是“养猪”，而是“养闺女”，需要花时间、花精力、花财力去“富养”。不管是谁做文旅，都需要有耐心、有信心、有定力，能细心去养好文旅这个“闺女”。过去，习惯了赚快钱的煤老板们，根本安不下心来慢慢做文旅。然而，如今煤炭黄金期已过，一代煤老板也慢慢老去，他们的子女面临着重大接班考验。

煤老板多，意味着钱多。我把世界上的钱大致分为三类：对于花钱享受生活的人来说，钱是财富；对于用钱投资做生意的人来说，钱是资本；对于德不配位的人来说，钱是浮财，而浮财是会砸死人的。

煤老板们积累了一辈子的钱，究竟会成为财富、资本还是浮财？要看下一步二代的选择方向。这批二代们通常接受过高等教育，喝过洋墨水，大致了解未来行业发展趋势，对简单粗暴的煤炭产业也没有兴趣，而文旅恰好是一个周期长、投入大、需要精耕细作的行业，两者间一拍即合。如果说过去的山西是为了一个黑色产业而牺牲其他产业，那么现在到了用一个健康的黑色产业来孵化培育其他产业的时候了。

山西发展文旅的优势，还有一点很重要：山西位于中国地形第二级阶梯上，平均海拔一千五百米。对于华北平原来说，山西是夏天绝佳的避暑胜地：不仅凉爽，而且文化底蕴厚重，环境日渐改善。在通达性日渐好转的今天，抓住京津都市圈的四千万气候移民，是山西可以好好打的一张牌。

山西，不要着急

纵观历史，山西是一个不安分的省份，承平年代往往不见身影，但每逢时代重大的变革，总能找到出路，一展身手。今日之中国乃至世界，激烈的变化正在上演。

以贵州为鉴，山西一可充分发挥比较优势，以能源革命促进产业升级，以文化旅游打造全新形象；二可瞄准新产业机会，实现边缘突破。

当然，以上云云只是"术"，真正的"道"还是在于心态。不管是官场还是市场，千万不能着急。一旦被焦虑和功利所裹挟，被吹糠见米的短期行为所迷惑，山西将会重新掉回黑金的诅咒之中。

所谓的诅咒不是环境恶化，也不是经济滞后，而是人心的离乱仓皇。“净化人心”才是山西最大的生态保护工程。

当然，“不要着急”不是怠工怠政，而是指战略擘画时的大局观、战术执行时的节奏感，其中有很大的学问。从微观而言，发展文旅和培育新兴产业，都不是一朝一夕之功；从中观而言，能源时代发展模式的不可持续已经成为共识；从宏观上来看，中国的 GDP 挂帅期已经结束，从高速增长时代进入了稳定高质量增长的时代。

我常说一句话：“这个世界上不是缺少美，而是缺少发现。”今天之世界，目光正在聚焦中国；今天之中国，文明已经开始回归。让中国发现文明，让世界发现中国，这是山西的使命。今日之山西，缺的正是这样一场发现。

脱离野蛮增长的山西，不妨缓一缓狂奔的脚步，休养生息，打磨精品。用最充分的准备，来迎接中华民族这场期待已久的“魂兮归来”！

山东到底错过了什么？

山东之“魂”在于认大哥，这种大哥文化，对上体现为忠君爱国，对中体现为孝顺父母，对下体现为兄弟义气。“孔孟之道”和“水浒遗风”是大哥文化的一体两面，不管是忠孝义气，还是传统保守，都是认大哥情怀的不同表现。

山东是块金字招牌

多少年以来，山东人在全国的总体形象都很不错，可以说是块金字招牌。求职也罢，升官也罢，交友也罢，只要自豪地说句“俺是山东人”，别人往往会高看一眼。连我们智库招聘时，有山东人前来面试，我总会多留意几分。

我对山东的感情同样很深。来自山东的策划业务委托，有条件我都会亲自去一趟，算下来前前后后去了几十趟山东；再加上我二十多年前曾经在胶东驻扎半年，拍摄了一部纪录片《北方的躁动——胶东纪实》，期间也认识了很多山东的好朋友。

为什么大家都偏爱山东人？我想主要和山东人忠勇、靠谱、说一不二的性格有关。

20 世纪 90 年代初，我作为新华社记者采访时任省委书记，他介绍完山东的基本情况后，突然话锋一转，拿出一个小本子，郑重其事地说：“王记者啊，俺们山东人忠厚仗义，全中国都知道。你看这本子上的数据，山东人在中央警卫团有多少，在国旗护卫队有多少，国家领导的秘书、司机有多少，这都是俺们山东人靠谱的证明啊！”堂堂日理万机的省委书记，对于这些数字如数家珍，让我哭笑不得的同时，也更加坚定了山东是块金字招牌的印象。

山东这块金字招牌，同样体现在璀璨的文化上。“一山一水一圣人”：泰山迎日出、播云雨、镇天下；黄河填陆地、丰物产、化苍生；山东作为儒学发源地，儒家三子——孔子、孟子、曾子——均诞生于此，以稷下学宫为中心，诞生了蔚为壮观的“百家争鸣”。

在天下交兵、礼崩乐坏的时代里，山东依旧文风不辍。《史记·儒林列传》记载：秦汉之际，“及高皇帝（指刘邦）诛项籍，举兵围鲁，鲁中诸儒尚讲诵、习礼乐，弦歌之音不绝”。鲁儒为天下所称颂。

山东的历史名人灿若群星：周公、姜太公、管仲、颜真卿、王羲之、刘勰、李清照、戚继光、蒲松龄……如果说中国的地上文明一半在山西，地下文明一半在陕西，那么说纸上文明一半在山东绝对不算夸张。

除了灿烂的文明以外，山东还有总长度达三千多公里的海岸线，占全国海岸线总长度的六分之一。自从明代以来，运河经济日渐衰落，以打鱼和煮盐为生的沿海荒僻之地开始勃兴，海上山东也露出雏形。

一百七十多年前，英国的坚船利炮轰开了中国的大门。当其他列强都把目光投向南方时，德国却一眼认准了胶东这块宝地。1898年3月，李鸿章、翁同龢在总理衙门与德国公使海靖签订了《胶澳租借条约》，德国租借胶澳地区九十九年，一座名为青岛的城市在荒凉之地从无到有地迅速崛起，欧风美雨和文明教化在这条绵长的海岸地带深度碰撞与融合。

尽管青岛经历了殖民统治的屈辱、伤痛与掠夺，但伤口愈合之后，红屋顶、樱花和法国梧桐留了下来，德国人的严谨精神也留了下来。正如青岛啤酒那句经典广告词所说，“3分钟的泡沫细语，从1903年开始醇酿”，从海尔、青岛啤酒等很多青岛企业身上，都能看到德国工业文明和儒家精神相融合的影子。

改革开放四十多年间，山东也没有缺席，与时代同频共振，山呼海应的发展机遇喷薄而出，山东引领着北方的躁动。山东东明联产承包比安徽凤阳还要早半年；山东村镇集体经济快速崛起；海尔张瑞敏成为当时的商业神话，甚至海尔曾多次作为成功企业案例走进哈佛课堂。而且直到今天，山东GDP总量几乎没有跌出过前三；甚至在1982—1985年，山东更是连续四年GDP总量称霸全国。

除了GDP高居榜首外，彼时山东的其他数据也很亮眼。1990年山东省交通部门公布数据显示：全省公路已达三万九千公里，其中一、二级公路六千公里，居全国之首；已建成港口二十五处，各种泊位一百四十一个，港口密度为全国第一。农村集体经济能人涌现；制造业企业不断引进先进技术，各种硬件建设走在全国前列。新观念、新思想更是层出不穷，雄心勃勃的山东更提出了“海上山东”的概念，一场跨越世纪的海洋开发潮在山东半岛掀起。风起云涌的大山东，一度是北方诸省中当之无愧的金字招牌。

齐风、鲁韵、曙光胶东

山东这块金字招牌是怎么炼成的？在我看来，三股力量塑造了山东。众所周知，山东古有齐、鲁之分；伴随“海上山东”的崛起，胶东也成为山东版图中的重要一极：齐、鲁、胶东撑起了山东的文化版图。

虽然山东号称“齐鲁大地”，但齐、鲁实则并非一体，而是两个完全不同甚至相反的文化源头。

从某种意义上说，齐人很像现代人：好功利、美姿色、重享受、通商工、便鱼盐。齐人的理想也很世俗，或是驰骋沙场建功立业，或外出冒险闯荡江湖。和正襟危坐的鲁国人相比，齐人有着更为开放的世界观，愿意接受新鲜事物，容忍看似离经叛道的怪异思想，这也是稷下学宫能形成百家争鸣盛况的重要原因。

齐风的源头，或许和开国的姜太公有关。他是佐周灭商的首功之臣，而且出身微贱，曾“屠牛朝歌，卖食盟津”，不属于传统意义上的贵族，因此给齐国留下了好功名、善言辞、尚变革的传统。再加上他初封齐国时，与当地东夷少数民族相融合，“因其俗，简其礼”，导致齐文化中有很强的东夷文化色彩。

齐国作为一大强国，出过很多政治家、军事家。春秋时代，齐国人管仲曾辅佐齐桓公称雄一方；战国时代，孟尝君门客三千，名满天下；明代抗倭英雄戚继光的军队，也主要是由山东齐地人组成。齐人在政治、军事和经商活动中也慢慢锻炼出来了特有的好战、健谈和敏锐等特质。

中国还有一个很有意思的典故叫“齐人之福”，典出《孟子·离娄下》中“齐人有一妻一妾”的记载。虽然齐人有经邦治世之雄才，但我认为齐国最吸引人的文化其实是世俗文化，可以用“饮食男女”四个字来概括。

历史上的齐国国力强盛、商业发达，齐人不仅善于治国，更善于享乐，可以说是引领中国休闲文化之先的祖师爷，这可能和东夷遗风有关。

在重农抑商的春秋战国时代，唯齐重商。在我看来，中国的第一个经济学家就是春秋初期齐国的管仲。他提出“仓廪实则知礼节，衣食足则知荣辱”，这两句话把人性看得清清楚楚，把家国天下讲得明明白白，到今天都很有借鉴价值。在这种重商思想下，齐国可以说是春秋战国最富庶的国家。

伴随经济发展而来的是享乐文化的发达，齐国历史上的很多重大事件都离不开“香艳”这个特点。除了千古流传的“齐人之福”以外，这里还是中国最早出现娼妓的地方，中国历史上性文化最发达的也是山东齐地。

明清山东文学的明珠，是欲望恣肆的《金瓶梅》与神鬼怪谈的《聊斋志异》，这二者都与山东的传统标签完全不沾边。西门大官人和潘金莲其实就是后世版的“齐人之福”。我前段时间去了一趟聊城，《金瓶梅》的故事背景就发生在今天聊城的临清市，临清古街中的许多地名、街名、馆名、店名等都与《金瓶梅》里的描述吻合。

《聊斋》中书生与狐仙的怪谈，到了今天依旧在山东籍作家莫言的笔下可见一斑。不论是写人还是记事，莫言都写得来无影去无踪，鬼神难辨、灵异莫测，这种魔幻主义色彩也是齐地的一大特点。

与齐人相比，鲁人有明显的不同。齐国出战绩显赫的功臣，鲁国出的却是道德圣贤和文章圣手。这和两国开国君主的身份有关，分封到齐地的是西周开国重臣姜太公，分封到鲁地的则是道德模范周公。

西周建立之初，新旧王朝的斗争非常激烈，周公身负天下重担，必须在原殷商中心地区坐镇，只好派长子伯禽率部属前往封地建国。当时的鲁国被称为“东周”，即东方的周室政治中心，也是推广“周礼”的东方文化中心，因此，鲁国保留了仅次于周天子的礼器法物和史册典籍。《诗经·鲁颂·閟宫》中的一节道：

> 泰山岩岩，鲁邦所瞻。奄有龟蒙，遂荒大东。至于海邦，淮夷来同。莫不率从，鲁侯之功。

就是鲁国在当时极高政治地位的最好说明。

由于鲁侯与周王室的亲密关系，导致鲁国长期恪守西周建国时周公制定的那套“尊尊亲亲”的礼仪制度。因此，鲁人好道义、重文章、讲教化，相对较为保守，鲁国文化伟人无与伦比，但一流的军事家、政治家却寥寥无几。这也导致了鲁国在“礼崩乐坏”的时代快速落后，最终在楚国的入侵下灭亡。

虽然自春秋以来，齐国国力长期凌强于鲁国，且齐国在文化上也不逊色，产生于齐地的成语甚至比鲁地的还多，但今天山东简称依旧是“鲁”而非“齐”，关键就在于鲁国奠定了整个中国的道统文化。鲁国虽然式微，但其代表的礼乐文化却没有消亡，反而在经历了时代的大变革后，通过吸收其他学派的新鲜血液，形成了绵延两千多年的儒家文化，而其中起到关键发展和演进作用的是“圣人”孔子。

“登东山而小鲁，登泰山而小天下。”在中国历史上，孔子的地位是独一无二的。他所创立的儒家，尽管像混杂泥沙的黄河一样含有不少糟粕，但它依旧浩瀚肃穆、大气醇和、奔流不息，可以说儒家文化以其坚韧的凝聚性团结着中华民族，使它虽历经苦难而终不被征服，最终形成了影响世界的儒家文化圈。这可以说是山东给中华文明做出的最大贡献。

齐和鲁两者，一个把世俗营造到了极致，一个把伦理约束到了极致，两者在各展风姿的同时，也朝着融合的方向发展。孟子在齐国居住时间长达十几年，他的学术思想也受到了稷下道家的熏陶。而一向文质彬彬的鲁国，居然是废除井田制、实施初税亩制度的先驱，这场改革标志着国家执政能力的第一次大幅增强，可以说是由封建转向郡县的先声。

战国初期，齐国攻打鲁国，鲁国想任用吴起为将，但因他妻子是齐国人，所以心怀猜忌。结果吴起回家，直接手起刀落，砍下妻子的人头求得大将，大败齐国。这个故事也多少从经世致用的角度体现了齐鲁合流的影响。

齐鲁两地的合流，还表现在齐人的求功仅限于为臣，鲁人的求德也仅限于辅王，所以山东在历史上没出过皇帝。在这点上，齐人和鲁人可谓是殊途同归，齐人总希望做的是体制内的豪杰，鲁人追求的则是循规蹈矩的圣贤。各具特色又互相影响的齐鲁文化，构成了山东人性格的基本面。

讲完齐、鲁，山东的另一重要组成部分——胶东——不得不提。历代以来，中国人民其实都在远离海洋，在文学上也是如此。除了曹操的一首《短歌行·观沧海》，中国鲜少有直接描写海洋的诗篇；不论是李白的“海客谈瀛洲”，还是苏轼的“江海寄余生”，更多是诗人的浪漫想象。波诡云谲的海洋往往意味着灾难和变化，所以在农耕文明的传统语境下，中国人对海洋一向敬而远之。

相比之下，在传统中国的“九州”天下观中，山东是离海洋最近的。在古代中国（从夏商周到秦汉这两千多年），山东的沿海区域——胶东——主导着整个中华民族的海洋观。

胶东的定义其实很模糊：有广义的胶东，有狭义的胶东，有大范围的胶东，有小范围的胶东。2009 年，山东省出台《省发展和改革委员会关于建设胶东半岛高端产业聚集区的意见》，从经济发展方面明确了胶东的定义及概念：

> 胶东半岛主要包括青岛、烟台、威海、潍坊四市。

这个界定突破了传统的地理范畴，跨越了胶莱河界，将四市全部区域划为胶东。虽然还有分歧，例如青岛人不太愿意自称胶东人等，但总体而言，这一片区域离齐鲁远而离海洋近，走出了独特的发展道路。

近代以来，西方叩开国门，胶东半岛乘风崛起，烟台、青岛先后成为山东明星。

烟台曾经是胶东半岛的老大。历史上烟台受制于地理位置，偏于一角。烟台在 1861 年开埠后三十年左右，迎来了发展的黄金时期；当时青岛还是个小渔村，济南也相当破旧，整个山东省的经济都围绕烟台展开。

进入20世纪后，青岛崛起，迅速成为山东新的龙头，烟台被边缘化，但一直没有被打倒。1978年改革开放以来，来自日韩的产业转移浪潮使烟台再度迎来腾飞的契机，并且十分顽强地继续占据着山东第二城的位置，其经济长期强过省城济南。直到济南合并了莱芜，才把烟台挤到了第三。放眼全山东，胶东出来的干部很多，这跟胶东的经济发达有很大的关系。

20世纪90年代初，我曾经在胶东进行了大范围采访，与时任烟台市委书记也交道颇深。平心而论，此人还是很有水平的。他阐述的整个烟台和大胶东发展战略，有高度、有广度、有逻辑、有思路，战略也很清晰。很难想象他是从大队党支部书记走出来的干部。可惜他的欲望太强烈、功利心太重，后来出事也在所难免，但总归还是令人遗憾。

采访过程中还有一个精彩的故事。1992年邓小平南巡，全中国掀起开放热潮，当时的山东省领导为了思想解放提出了一个大胆的口号："只要不装错口袋，只要不上错床，啥都可以干！"没料到后来，胶东走私迅速地猖獗起来。当地一些百姓拉拢官方人员走私韩国汽车，一卡车、一卡车地往外拖。我去山东时，好多村支部书记开着"现代"车来接我，一问都是走私车。我很奇怪，别人走私都是偷偷地进村，胶东却是明火执仗地搞。哪知道村支书同样理直气壮："不是都在讲发财致富吗？俺是给集体干怕啥？又不往自己口袋装，又上不错床，有啥不行！"

采访结束后，当地宣传部的常务副部长礼节性地请我吃顿饭，虽然他也不知道我是谁，毕竟归口管理。临行前，双方很客气地寒暄两句，突然他看到墙上挂的电视里中央电视台正在播一档节目。他看一下我，看一下电视，眼神中充满狐疑："诶！那个人长得好像你啊，说话声音也很像，那是你吗？”原来电视上正在播的是我为广东拍摄的纪录片《大潮涌珠江》。1992年，小平南巡引发了全中国对广东的高度关注，而我有幸参与了这个过程，并拍摄了这部专题纪录片，全面展示了改革开放给广东带来的天翻地覆之变。

这个老兄一看总策划、总导演、总撰稿、制片人、采访人都是我，态度一下子一百八十度大转弯，一把逮住我，然后使尽浑身解数劝我留下。他说：“南方看广东，北方看山东，山东又看胶东。王记者呀，你把长三角模式、珠三角模式、温州模式都总结了，就剩北方黄河以北的胶东模式没总结，这太遗憾了。你应该来做这个事啊，我们全力配合。”

他的真诚把我打动了，最后我留下一句话：“我非常愿意做这个事，但毕竟在体制内，我做不了主，如果你们能把我借调出来，我们可以一起来做。”他当时信心满满地说，保证能借到。我也没放在心上，没想到半年不到，他们真把我从新华社里“借”出来拍片子了。

在山东的半年，对我这一辈子来说都获益匪浅。我几乎把胶东每个县市都跑遍了，采访了成百上千人，最后在烟台的养马岛上把剧本写了出来，就叫《北方的躁动——胶东纪实》。我现在还记得片子的开头语，其实是对整个北方农村的诠释：

> 十三亿人口，九亿农民，这是中国的国情。奔市场，亿万农民从田间怎样走向市场？带着这个世纪话题，我从市场经济已经掀起撼天嚣声的南方都市广州，来到了北方农村，来到北方日益隆起的经济高地——胶东。

这部片子首先在山东电视台播出，而后在中央电视台两次播出。中央台审批小组对片子的评语是：

> 此片是多少年来不可多见的，关于北方农村商品经济的大片。看了发人深思，催人奋进。不可多得。建议台里面专批特殊时间播出。

《人民日报》也不惜版面刊登了解说词。它还获得了当年的纪录片大奖。

我下海后去胶东做项目，山东老乡们的热情真是没说的，他们开了句玩笑："你知道吗，你走了以后，你采访过的官员全升官了，做企业的全发财了。"以后我每年只要有条件，都会去一次胶东。但是非常遗憾，当时力邀我的那位宣传部干部的仕途之路让人惋惜。

这位老兄和我年龄相仿，也自诩为策划高手，可惜囿于体制，难以展示才华。他对我很敬重的同时，也不太服气。1994年左右，我下海创办"王志纲工作室"，他也成了主政一方的领导。他专门跑到深圳请我为他那里做策划，但在邀请的同时也不忘强调："你不帮我，我也会策划好的，但首选是你帮我。"我说："我帮你可以，但现在我已经下海了，要按照市场规律办事，你不出钱不可能。"事后虽然没有合作，但我们还一直保持不错的关系。

这么多年来我和官场打交道，一贯是"君子之交淡若水"，有事偶尔见一面，平时从不主动联系。这十多年来，我们又陆续见过几面，大多是我去胶东时，他请我吃顿饭，聊一聊对于当地发展的看法。他能力的确很出众，也给当地做了不少贡献：大力推广葡萄种植和葡萄酒生产标准化，还提出葡萄海岸的概念，为当地发展葡萄酒产业打下良好基础。

几年前，我和他在成都偶遇，我请他在智纲书院吃了顿饭，席间还有一帮簇拥着他的山东企业家。那时候他不知为何，已经调到了某个大学当党委书记。他平生喜欢给老板出谋划策，老板们也是言听计从。但他不知道的是，官场的策划讲究支配资源，市场的策划却是整合资源。我用了十多年才补上了市场这堂课，而他却一辈子都处在官场的话语体系中，而且一唱一和之间他和那些老板走得有点过于近了。当时我就替他捏了把汗，后来果不其然。不久后听说他出了事，真是让人非常惋惜。

平心而论，这个老兄能力的确很强，也勇于任事，要不然当年他也不会在没半点好处的情况下，忙前忙后把我“借”来拍片。但能力出众也让他逐渐自视甚高，导致官运不济，最终身陷囹圄。我深知这种“二律背反”的宿命，这么多年来也见过太多类似的故事，这些人都对社会有过贡献，可惜造化弄人，多以悲剧收场，这也算是大变革当中的代价吧。

山东之魂——认大哥

和很多面目模糊的省份不同，山东人的性格特质非常鲜明。从好的方面来说，山东人厚道、豪爽、讲义气、好交友、讲礼节；当然封建保守、重男轻女等负面评价也不少。

无论夸赞山东人厚道还是批判山东人封建，许多人都会指向一个万金油答案：“千年礼乐归东鲁，万古衣冠拜素王。”俺们大山东是千年“孔孟之乡”，礼教悠久，在千年儒教浸染下，忠信厚道、封建保守都是题中应有之义。

孔子说过“学而优则仕”，所以山东人热衷于仕途；孔子说过“举国上下交争利，则国之殆矣”，所以山东人瞧不起商人；孔子信奉“中庸之道”，所以山东人墨守成规，凡事不愿出头……山东的问题怪不得父老乡亲们，要怪就怪孔夫子影响太深，着实没办法。

这些话乍听上去也有几分道理，就连很多山东人都信了，以至于现在只要一说“山东人保守”，立马就有人说“谁让山东是‘孔孟之乡’呢”，好像山东从春秋战国一直保守到了现在。

但仔细推敲之下，这种说法很难站得住脚。历史上的山东人，曾长期让历代皇帝备感头大。曾经十余次视察山东的乾隆皇帝就说过：

朕闻山东有“不欠钱粮，不成好汉”之恶谚。

翻开史书会发现，号称“孔孟之乡”的山东，实则匪患严重，壮士满地走，占据了中国古代农民起义的多半。赤眉军、黄巾军、瓦岗寨、黄巢起义、梁山好汉……历朝历代的叛乱，山东人都是主角。到了清朝，叛军更是像雨后春笋般一茬茬猛长，捻军、大刀会、白莲教……就连轰轰烈烈的义和团也起源于斯。这些恐怕不是“孔孟之道”能解释的。

也有人认为，真正影响山东的不是“孔孟之道”，而是梁山泊文化。他们解释道：很多山东人相信“生死之交一碗酒”，所以才会重视酒场，而且山东人重视兄弟感情，酷爱排座次，这和《水浒》何其相似！

在我看来，给山东找魂，无论是“孔孟之道”还是“水浒遗风”都有些道理，但不全面；山东真正的魂是认大哥。

除了山东外，东北也盛行大哥文化，但山东和东北的大哥貌似相同，骨子里面却是截然相反。东北的大哥文化是一种对自由、个性和江湖义气的追求，而山东则是源自骨子里对权威的崇拜和追随。

山东的大哥文化，对上体现为忠君爱国，对中体现为孝顺父母，对下体现为兄弟义气。“孔孟之道”和“水浒遗风”是大哥文化的一体两面，不管是忠孝义气，还是传统保守，都是认大哥情怀的不同表现。

在这种认大哥文化的熏陶下，山东人在正确路线下是模范，在错误路线下也是模范。为什么？就是因为认大哥，大哥说什么都对。

山东最大的大哥当然是孔圣人。1925 年，山东土生土长的张宗昌统治山东后，聘请以保守著称的晚清状元王寿彭担任教育厅厅长、山东大学校长。在王寿彭的就职典礼上，张宗昌说得很直白：“俺山东是孔圣人之邦，尽管别的地方有人不敬孔圣人，不读圣贤书，要把线装书抛到茅厕坑里去，俺山东可不准行的……小妞大姑娘到头嫁人做媳妇，不读经书倒也罢了，男学生不饱读圣贤宝训那怎么行？人人照着孔圣人的道理办，准没错。”

水泊梁山也是如此。大哥说“替天行道”，兄弟们路见不平一声吼；大哥指哪，兄弟们就打哪；大哥说大秤分金、大碗吃肉，兄弟们就一块干；大哥说要讨个封妻荫子受招安，尽管李逵、武松这些人心里面不舒服，但大哥已经说了，咽着眼泪也得走，因为大哥总是对的。

认大哥情结到了现代，最直观的表现就是山东人重贵不重富的观念。没有条件创造条件也要走仕途，经商赚钱往往被人看不起。山东人对当官的痴迷，本质上是对权力的崇拜；家里有人当官，全家跟着沾光。

20 世纪 90 年代前后，临沂的王廷江把价值六百万的白瓷厂捐给了集体，企业戴上了红帽子，自己也摇身一变成了村支书，被推举成社会主义教育的典型。一时之间，全山东突然冒出了很多小“王廷江”。我对这种现象很感兴趣，特地采访过一个“小王廷江”。

他跟我讲：“虽然工厂捐给集体了，但还是掌握在我手里。这就是不求所有、但求所用，但我从个体户变成了村支书。之前我虽然有钱，但没有安全感，直到当了村支部书记才有安全感。”我当时不理解，问他什么是安全感，他拿起喇叭给我表演了一段烽烟戏诸侯：“乡亲们！十分钟之后到操场集合，不得有误，不得有误哈，有急事！”他一喊，全村村民立马甩开手上的东西，从田间地头、屋里炕上开始集合，就像平原游击队和地雷战里的人一样埋头蹭蹭猛跑。几分钟以后，乡亲们全都在操场集合，他又说：“乡亲们，没事了，来了个大记者，想看下大家，都回去吧！”众人散去后，他说：“王记者你看，这就是权力的重要性呀，这就是我为什么要当书记呀！”这段经历深刻反映了山东人对贵和富的看法。

山东重贵不重富，还有一个典型案例。山东省阳谷县的一位老兄，从街头混混、民办教师、科仪厂厂长起步，一路拉关系买官和谋取荣誉，从草莽英雄一步步变身为副部级干部。最有意思的是，这位老兄还极为特殊，“十八大”以来有一百多名副部级以上老虎落马，其他人落马的罪名繁多，其中基本都有受贿这一项，他却只有行贿一条罪名。而且，在年龄、入党材料、工作经历、学历、家庭情况等全面造假的情况下，他还敢买官买到司法部，真是老鼠钻到猫窝里，令人啼笑皆非。其实，我很能理解这个老兄的想法：家财万贯不如官帽一顶，奋斗半生，就想混个官当一当。

在经济活动中，山东的政府影响力依旧很大。山东是“大政府小市场”的典型。这也是今天山东的企业缺乏质的突破，只追求量的扩张的重要原因。企业的发展离不开专业化和相关多元化两条路，一些山东企业最喜欢做的却是无关多元化，通过做大块头来彰显体量。更有个别山东商人乐意和官员勾搭在一起，他们在公关上为了达到目的，不择手段，什么都送，因此一度形成了非常严重的官商勾结现象，直接体现就是好勇斗狠、好大喜功和轻率冒进，一出问题就是雪崩。

当年的秦池就是一个典型的例子。1995年，秦池用近0.7亿元夺得了中央电视台的广告标王，企业大出风头。经过新闻界的炒作，秦池一下子变成了全国知名品牌，销售网迅速向全国扩张，生意做得风生水起。而在1996年，秦池居然用3.212118亿元卫冕了央视标王，让全国震惊。当时中央台记者采访秦池的厂长姬长孔说：“你花了那么多钱来投标王，得到了什么？”他说：“建议大家都来抢标王，自打我抢了标王以后，从前门开进一台桑塔纳，从后门就开出一台奔驰。这就是标王的意义。”当时有记者问及：“3.212118亿元这个投标金额是怎么计算出来的？”姬长孔回答：“这是我的手机号码。”

后来央视来采访我，问我怎么看待秦池现象，我当时说：“秦池不亡，天理难容。”这个话可能有点难听，可是为什么这么说呢？因为秦池的所作所为已经违背了基本的经济学规则和常识。另一方面，秦池是被中央台给“绑架”了。中央台为了自己的利益，把广告拍出高价，让一两个企业来竞拍，热捧央视广告，结果最后的广告成本大大超过了这些企业的经营能力。这些企业只想用炒作的方式来获得未来，最后肯定会受到市场的惩罚。这一点，中央台也难辞其咎。结果不幸被我言中——在天价延续央视标王之后，秦池被曝光了一系列商业黑幕，销售一落千丈。

每个企业的发展，都有其固有的规律。企业家一定要尊重这些规律，就像农民兄弟说的：

人欺地皮，地欺肚皮。

如果农民不好好地伺候土地，到了秋天颗粒无收，你就会饿肚子。这就是常识。但是，这些年的市场经济让很多人不相信这种常识，他们只相信暴富，只相信投机，只相信捷径，不想脚踏实地。这样的话，虽然在短时间看不出什么后果，但是长期肯定会被规律冲垮。秦池也好、三株也好，很多山东企业都犯了这个毛病。

这就可以解释为什么今天的山东企业从辉煌逐步走向衰亡：当老板，最在乎副部级待遇，关心政治地位，讲究见官大一级的排场。企业早期可以维持一时，但肯定违背市场规律，最后走衰是必然的。

在浓厚的认大哥的情结下，跑关系、攀老乡、喝大酒成了山东人的三大绝活。

山东人跑关系堪称天下一绝。我 20 世纪 80 年代跑中国采访的时候，有一句流行的顺口溜：

广东靠南洋，山东靠老乡，北京靠中央。

山东的那些基层干部和老板，钻营关系的能力也超出想象。一个山东老板想要找我，他一定能找到；就算完全不认识，几天后他也能到我家里坐着，这点我亲身领教过。二十多年前，临沂的一帮老板去广东找我，不知道通过什么渠道接上线，说想在临沂模仿碧桂园搞一所贵族学校。当时交通非常不方便，从广东到临沂，飞机、火车、汽车要折腾个两三天才能到，所以我完全没有兴趣。结果他们中一个说："王老师在哪，我们在哪。不影响王老师的行程，给我十分钟就行了。"

那时候深圳机场新建，航班还很少，我通常都取道广州乘飞机，在上飞机前十五分钟见到了这群人，他们已经在机场等了两个小时。一行七八个人，说了半天我听不懂的山东话。反正大概意思是，他们也不知道谁是王老师，但书记说让他们一定要找到王老师，所以他们就来了。在我马上登机前，其中一位老板突然拿出一个箱子，一拎至少有一百斤，打开一看全是各种造型怪异的石头。我很好奇："为什么要送石头给我呢？"他说："这是俺们沂蒙山的石头，俺们从山东背过来的。"之后，他们花了半小时给我讲临沂的石头多么了不起。石头倒是其次，只是这帮人的蛮劲、憨劲和诚意真的把我打动了。

说起攀老乡，山东人也是一把好手。很多省份的老乡见面之后，往往人情寡淡，寒暄两句告罢，山东人可不一样。当年我拍纪录片时，摄制组的摄影师就是一个烟台人，他把老乡情谊发挥得淋漓尽致。从陕西、甘肃一路到新疆天山南北，只要是汉族，经他嘴一说，十个人里至少五六个是山东人，再一问发现都是胶东人，仔细一攀都和烟台有渊源。我当时开句玩笑说，"湖湘子弟满天山"怕是要改成"胶东子弟满天山"了。但他的老乡情结和热情，的确给拍摄带来了不少方便。

上次我和另一个山东籍朋友到广州时，恰好遇到了他，两个山东人像“天王盖地府，宝塔镇河妖”一样接上头，那种他乡遇故知的亲热劲，我从来没在其他省份的人身上见过。

山东人喝酒也是一绝。原来我以为中国喝酒最厉害的是东北人，但在全中国闯荡了个遍后我得出了结论：要说喝酒，喝得最厉害的还是山东人，山东人里面最厉害的是胶东人，胶东人里面最厉害的是文登人。

文登有种六十多度的“文登学酒”，当年在文登做项目，我们北京公司总经理亲自出马，三天之后，人不是接回来的，而是抬回来的。我等他醒过来后问他：“这个项目怎么样？”他说：“做什么项目？一下车就接过去喝酒，一喝就喝了三天，主陪、副陪，然后‘三中全会’（先喝白酒，再喝红酒，末了喝啤酒漱口），水陆杂陈，喝得是天昏地暗，干脆被抬了回来。”我说：“项目没做成不是耽误了人家吗？”他说：“人家说没事。宁伤身体不伤朋友，先用喝酒表明诚意，项目以后再说。”我问：“那些当地客户呢？”他说：“他们也喝倒了。”山东人喝酒还讲究个身先士卒，带头冲锋，最后全部撂倒。

我在山东有很多老朋友，有时去山东，打听老友下落，旁人说走了。我问怎么走的，了解到很多是喝酒喝死的，让我不禁有“访旧半为鬼”之叹。山东人舍命陪君子，酒桌上宁伤身体不伤感情体现得非常典型。

跑关系、攀老乡、喝大酒的背后，其实都是认大哥。跑要跑大哥的关系，认要认大哥当老乡，大部分酒局也是权力的游戏。大哥用喝酒彰显权威和控制力，手下用敬酒表白忠诚和服从。就算谈生意喝酒，也要讲究个“制度建设”，必须到位。时移世易，可能很多做法都会变，但认大哥的文化基因还是深深地刻在了山东人的骨子里，从经济、文化、政治、社会等方方面面深刻地塑造了山东。

山东之弊在不作为

讲了这么多，好像没看出来哪有问题，其实问题正隐藏其中。

2009年，盘踞中国各省区市GDP排行榜第二名五年之久的山东，被江苏一举反超。排名上的变化，当时并未让稳如泰山的山东有所警觉；直到近十年后的今天，山东人才猛然发现，后面的追兵越来越近，前面的标兵越来越远。虽然唯GDP论受到越来越多的诟病，但排名变化背后，经济实力此消彼长的现实不容忽视。现实引发思考：2009年后十余年来，山东到底错过了什么？

网上有很多分析山东症结的文章。言辞之间，不乏一些非红即黑、极端化的表述。其中有人指出，山东就是被强烈的小农经济意识给耽误了。

我倒觉得山东的问题没那么简单。中国本身就是农耕文明的集大成者，从更加宏观的视野上来看，小农意识是北方经济整体较南方逊色的共性问题，而不是山东的个性问题。北方的晋、冀、鲁、豫诸省，哪个没有深厚的农业基础？

山东的滞后，是多种因素共同导致的。

从客观上来看，粗放式发展的时代已经结束，在全球产业结构的调整与发展浪潮下，许多产业结构偏重工业的地区都面临动力不足的问题，从德国鲁尔区，到美国五大湖区，再到中国的东北地区，概莫能外。资源化、重型化的产业结构，奠定了过去山东经济腾飞的基础。但在新的时代下，面临陡增的转型升级压力，山东发展速度变慢很正常。

从主观上而言，山东最大的问题在于不作为。山东历来有重贵不重富、重官不重商的传统，大政府小市场的局面根深蒂固。放眼全国，怠政并非山东的特色。但在山东，主要领导作为不够，后果尤其严重。山东讲究认大哥，在政府主导的经济模式下，大哥不作为，下面自然无所作为，像没头苍蝇一样。因此，人浮于事成了常态，山东随之走向了“失落的十年”。

到了现在，刘书记重锤响鼓，好戏连台，不换思想就换人，逼着大家干活，明显要做一番大事。这对山东而言毫无疑问是件好事，但也要注意不能操之过急，防止出现“萝卜快了不洗泥”的现象。

日前，几张山东临沂给灶台贴封条的照片火了。其中一张照片里，一口大锅上贴着印有“蒙阴县大气污染防治工作领导小组办公室　封”的封条，封条上日期空白；另一张照片中，几名工作人员正在给一个住户自制的露天土灶贴封条。生态环境部调查组在调查后表示，当地存在平时大气污染治理工作滞后，被约谈后病急乱投医，搞环保“一刀切”的情况。这真是典型的山东现象。

山东人一旦认了大哥，执行力很强，有力拔千钧之势。例如，当年陈毅说，“淮海战役”就是山东人用小车推出来的。但前提是别把路指错。一旦路错了，山东人只能越走越偏。

山东要向深圳学什么?

经历阵痛的山东,的确应该深刻反思,以认大哥为核心,衍生的官场文化、裙带关系、等级关系、论资排辈,已经渗透到社会角角落落。各地主政官员轮换太频繁,新官上任要出政绩,另起炉灶,搁置上任留下的摊子,造成大量投资分散,效益低下……面对这样的局面,很多人认为山东已经全面落后,唯一的药方是甩开膀子努力学深圳。

我倒觉得也不尽然。关于山东的发展,大家深刻反思也是好事。但全盘学习深圳,一则学不来,二也没必要。

举个简单的例子,有人说山东人喜欢夸大,经济数据常常带有水分,而广东人宁可少报也不多报,很多人夸赞广东谦虚的美德,并以此来攻讦山东。其实这完全是偏见:是夸大还是隐瞒,与道德无关,只跟价值追求有关。山东的价值追求就是升官,广东的价值追求是发财,导向不同结果自然不同。

深圳崛起的密码很简单,第一,举全国之力,携香港之便,顺应世界产业转移之浪潮。这是时代和国家赋予深圳的特殊使命,山东根本学不来。

第二,深圳是一个大熔炉,不断地淘汰和吸纳。就像筛子一样,米往哪里走,糠往哪里走,沙子往哪里走,最后各归其位。所以,深圳才能汇聚四海之人才,刀口舔血,在皇冠上夺明珠。这也和深圳特殊的地位有关,不是想学就能学得来的。

第三,山东不仅有坛坛罐罐,有妻子儿女,有左邻右舍,还有礼义廉耻、忠孝两全，年轻的深圳没有任何负担。每个人到深圳去目标都非常明确，就是去发财的，就像到当年美国西部的淘金潮一样。从经济角度来讲深圳很单纯，虽然没什么深度，但也没什么负担。

换个角度看，深圳在经济上是有效率的，但在其他方面并不一定值得歌颂。如果说山东像一个睿智的老者，深圳就像个二十多岁的小伙子，缺点很明显。在深圳不谈忠诚，连司机的压力也很大，他要安家买房子，要供子女读书，动辄几百万，怎么办？所以，深圳这地方，人情淡如纸，大家都疲惫不堪、惶恐不安，没什么情分礼节可讲。如果山东人要以深圳为楷模全面学习，那真是邯郸学步了。况且，即使要学，山东的基因也不可能改变。真把基因都丢了，山东也就不再是山东了。

那么，山东应当学深圳的产业结构吗？也不完全可行。

常有人抨击山东自身产业结构偏重，但我认为这恰恰是山东的优势，新旧动能转换并非一定要追求互联网、大数据等最前沿项目，因为山东已经错过了最佳的介入时期，倘若强行而为，反倒容易舍近求远。

相反，山东在装备制造、重化工等行业具有深厚的底蕴，还有强大的海洋经济基础，稍加改变，就可以形成更具有竞争优势的产业链。稳固根基，再谋求突破，这或许是山东新旧动能转换中的一条捷径。

一个经济体的腾飞，不单单是互联网、新经济就能支撑起来的。以和山东有着千丝万缕联系的德国为例，德国也没有诸如苹果、微软、谷歌等顶尖的新型科技公司，但在工业制造、通信软件、科技互联网、零售消费、日化用品、生物制药、航空航天、金融等领域都有行业知名企业或隐形冠军；德国工业和经济在国际上有极高声誉，德国产品质量更是被人称道。

中国不仅需要华为、阿里巴巴、腾讯这些众人耳熟能详、呼风唤雨的明星企业，更需要无数默默无闻的，但在各自领域拥有独门绝技的企业。

山东要做的不是商业明星，而是国之重器。

山东本身就具备这样的产业基础，拥有一大批低调而影响举足轻重的“隐形冠军”。我们智纲智库正在服务的泰山集团就是典型案例。它在体育器械领域已经做到了行业冠军，从家庭作坊手工缝制体育垫子做起，一步步地发展成为制定国际标准的世界知名品牌，成为全球各大赛事体育器械服务商。

这样的企业山东还有很多，它们在各自领域内已经崭露头角。这些瞄准专、精、尖的，在全国乃至全球的各类行业和产业领域内竞逐“隐形冠军”的企业，才是山东崛起的资本。这四十年来，从出口拉动、投资拉动转向消费拉动，中国已经成为全球最大的统一市场。在这个大消费时代下，山东还有很多优势可以挖掘。

山东真正要向深圳学习的，是要补上市场这一课。

就像潍坊市委书记发表的“万字长文”所说：

> 政府对民营企业最大的支持，就是不干预。

在嘉兴、宁波、泉州、苏州、南通等五个南方城市，企业家们普遍反映平时感受不到政府的存在，政府有求必应、无须不扰。不干预的背后，是政府主导的经济模式让位于市场，是重贵不重富思想的彻底转变。

这种转变的确不容易。山东企业格外迷信政府，政府同样热衷于插手企业经营。由于缺乏制度的规范，政府的角色定位模糊，企业家也常常游走在灰色地带，起高楼和楼塌了都不过转瞬之间。只有当政界、商界和民间都认识到市场才是资源配置的决定性力量，以市场为导向、以需求为准绳，彻底激活市场的活力，山东才能真正走出停滞。

从休闲时代的角度而言，山东也大有文章可做。山东的精神内核非常坚实，其资源禀赋在黄河流域首屈一指。但山东旅游资源总体是耗散的，满天星斗独缺一轮明月。其实，山东是可以作为一个非常完整的中华文化体验地的，从纵向到横向，从内陆到海洋，从平原到山区。民风民宿、世俗传说、美食美酒，从《水浒传》到《金瓶梅》《七侠五义》，还有《打登州》《封神演义》，以及蓬莱奇观，这都极具杀伤力。如今，只是喊出了一个“好客山东”，就让央视挣得盆满钵满。如何“开模具，找抓手”，打开一幅锦绣画卷，是整个山东急需破解的难题。

20世纪80年代，我在对比山东和广东时曾经说过：广东相当于一辆日本小轿车，一点就走，不用费劲，很灵巧，但是，能走多远、能负重多少这是另外一回事；山东相当于一辆黄河牌的超级重卡，重卡启动的时候很缓慢，但是一旦启动起来，就是力拔千钧。

很多问题，不是解决不了，而是没人解决。不过，好在为时未晚。

马力再强的重卡，也经不住在断头公路上来回奔波。启动之际，山东更要清晰地认识到战略的重要性，回答这些问题：“我是谁？我从哪里来？我到哪里去？”

只有真正找到区域和企业发展的魂，统筹好市场与官场，做到政府、老板和老百姓的三重满意，山东才不至于走偏，奔向星辰大海的未来。

如今大哥已经鸣笛，山东的启动指日可待。

什么是河南？

河南是个难写又不得不写的话题，河南人也是一群不好说但又举足轻重的人。河南的辉煌标志着中国的盛世，河南的问题也是民族性的深刻体现与浓缩。河南是中国的胎记。想读懂中国，绕不开河南。

毛尖、烩面、胡辣汤

河南是个难写又不得不写的话题，河南人也是一群不好说但又举足轻重的人。河南的辉煌标志着中国的盛世，河南的问题也是民族性的深刻体现与浓缩。河南是中国的胎记。想读懂中国，绕不开河南。

在大农业时代，河南是中国最有代表性的区域之一，是星汉灿烂的文明高地、数千年的粮仓、风云变化的古战场，甚至可以说是整个中华民族的超级IP。河南前省委书记徐光春说：

> 一卷河南志，半部中国史……数千年来，这一地区的政治安危关乎天下兴亡，经济起伏关乎国家强弱，文化盛衰关乎民族荣辱。

小时候，我对河南的全部印象，来源于一句俗语：

> 水、旱、蝗、汤，河南四荒。

其中的“汤”，当代治史者往往把它与抗战期间驻守河南的国军将领汤恩伯画上等号。后来也有人考证说河南人民叫土匪为“老汤”，因此“汤”灾应为匪患。无论是天灾、兵燹还是匪患，苦难是我对河南的第一印象。

长大后的很长一段时间里，我对河南的印象成了信阳毛尖。多年来我尝遍了各种绿茶，至今还认为信阳毛尖是绿茶之冠。爱屋及乌，我对于信阳也很有好感。

信阳可以说是最没有“河南范儿”的城市，信阳人甚至连河南话里最典型的“中”“弄啥嘞”都不太会说。处于中国南北地缘的分界，信阳很难逃脱“过渡”的命运。不过，“过渡”身份固然尴尬，但北人南相同样也使得信阳具有交织融合的“混血”之美。

和河南接触多了以后，我对河南的印象变成了一碗百吃不厌的烩面，以至于每次去上海，都会一大早去一家河南人开的面馆吃碗羊肉烩面。

我对烩面的深刻印象源于一次考察。几年前，我带一帮企业家去中东考察，但没想到大家对当地饮食十分不适应，全队精神不振。这时一位河南老板站了出来，他居然随身带了一箱烩面，再加上贵州的“老干妈”，一下子成了来自五湖四海的老板们争先抢食的美味。这一碗烩面为考察增色不少。

在多年的记者与策划生涯中，我不下几十次到过河南，并且深度参与了河南很多区域、企业的发展。郑东新区、空港经济区、郑汴一体化、洛阳、许昌、漯河、新乡……甚至基层的沟沟坎坎，我都有去过。

更加深入地走进河南后，我才发现，河南人最喜欢的还不是烩面，而是胡辣汤。我到过河南很多县市做项目，每次都希望他们带我去吃当地最有特色的早餐，结果每次都是胡辣汤。开始的确吃不惯，吃多了以后，我不禁思考：为什么河南人这么中意胡辣汤？

我与很多河南朋友聊起胡辣汤时，他们无不眉飞色舞、垂涎三尺。甘肃人提起牛肉面，四川人讲起火锅，固然也很自豪，但似乎都没有河南人这么痴迷于胡辣汤。

五味杂陈、苦辣酸甜的胡辣汤里，熬着一部千年河南史。

改革开放四十多年来，沿海区域在外向型经济的主导下扶摇直上。相比之下，很多内陆省份则显得默默无闻，成了狂飙突进中的看客，身处中原大地的河南尤为落寞，还成了市井中很多地域黑的主角——就像很多西方人看中国，看到的只是积贫积弱，而忽视了她曾经的辉煌。今天伴随着中国的崛起，世界需要重新认识中国，河南这片中原大地同样需要用全新的眼光来审视。

在我看来，河南的兴与衰、利与弊、好与坏，都离不开一个“中”字。

天下之中

河南是中国的胎记。中华文明的第一声啼哭、第一次开蒙、第一场冠礼，都肇始于此。风云变幻，日月经天，在很长一段时间里，河南都是中华文明史上当仁不让的主角。

仔细研究中华文明史，我们会发现，河南并不是中华文明最古远的发源地，但它是最重要的孵化地。中华文明正是通过它的孵化，才走向全黄河流域、全中国乃至全世界。

文明的起源有赖于河流不羁的流淌，民生也有赖于河流定期泛滥带来的肥沃温床。纵观人类四大古老文明，无一不是沿河发祥。文明追溯到最初，都有一条原初母亲河。我个人认为，中国的原初母亲河，是黄河支流之一的渭河。

植被丰茂、水土丰美的渭河两岸，孕育了最初的华夏文明。翻开史书，周礼、秦制、汉习、唐风，四大王朝皆兴于关中，这里面有着历史的某种必然性。关中地处北纬34—35度附近，海拔五百米左右，四季分明，气候温和，群关环绕，也是著名的“天府之国”。千年过后，如今的渭河两岸却是沟壑纵横、落后贫瘠，时移世易，令人感慨。

渭河归入黄河继续流淌，河南也逐渐走上了历史的主舞台。黄河在河南境内流经七百多公里，把最精华的部分留给了中原，也为河洛文化的诞生创造了条件。《易经·系辞上》云：

河出图，洛出书，圣人则之。

《论语·子罕》上讲：

凤鸟不至，河不出图。

河洛文化，顾名思义，是指存在于黄河中游洛河流域，以伊洛盆地（亦称洛阳盆地、洛阳平原）为中心的区域性古代文化。

河洛文化的出现，标志着中华文化从 1.0 渭河阶段进入到 2.0 黄河阶段；它逐渐覆盖整个黄河流域，标志着中华文明进入到 3.0 阶段；之后南北纵横，东西跨界，南蛮、北狄、东夷、西戎汇聚一体，标志着中华文明进入到 4.0 阶段，乃至更高阶段。在中华文明的扩张中，河南是重要的孵化器。

人们通常说讲浙江出人才，如果说浙江出风流才子，那么河南出的就是王侯将相。在中国历史上，河南的宰相数目是全国之最。所谓宰相，宰执天下，权柄极重。河南历来是名相的摇篮。商初的奴隶宰相伊尹、开周名相姜子牙、佩六国相印的苏秦、奇货可居的一代权相吕不韦、两千年封建王朝的奠基之相李斯、精于谋事又精于谋身的汉相陈平、汉室中兴第一相邓禹、挽狂澜于既倒的东晋宰相谢安、开唐功相长孙无忌、“救时宰相”姚崇、半部《论语》治天下的赵普……河南宰相真是数不胜数。

河南名人多，名都也多。“中国八大古都”，河南就有洛阳、开封、郑州、安阳四个。此外，河南的濮阳、汤阴、淇县、沁阳、新郑、禹州、许昌、商丘、南阳、邓州等十个城市在历史上都曾做过都城。中原大地汇聚了最密集的古都群。

作为中华帝国长达千年的政治文化中心，河南这片大地，有太多的陈迹可供凭吊，有太多的故事可供遐想。就连那里的民风民俗，也会有一种古老而悠长的韵味。

2019年我又去了一趟河南，到了新乡下辖的两个县——延津和原阳。原阳号称“宰相之乡”。在原阳时，我特地去了古博浪沙遗址，它给我留下了深刻的印象。很多故事在史书上只是简短记载，却能够传唱千年。秦始皇东巡，同是见到皇皇天家仪仗，三个年轻人各自的反应却大不相同。楚国的流亡贵族青年项羽，发出了霸气的宣言：

彼可取而代也。

混混出生的刘邦，则充满了对锦衣玉食的羡慕：

大丈夫当如此也。

河南人张良则实施了极其危险的致命刺杀，伙同力士在博浪沙伏击秦始皇。虽然最后铁锥误中副车，但张良一击惊天的气魄还是刻在了史书上。

在原阳古博浪沙遗址徜徉，我不由想起了周恩来。周恩来给人感觉多为鞠躬尽瘁、温文尔雅的形象，其实他还有另一重身份：中共特科的创立者、隐蔽战线的直接领导人。他身手矫健、擅长易容、精通密码学。此外，他也精通诗赋。他平生写诗的确很少，但他的几首诗都堪称佳作。例如：

中原方逐鹿，博浪踵相踪。

短短两句让我印象深刻。眼光、气魄、格局已经全部显现，一幅中原乱世图也在这十个字里徐徐展开。

在古代中华文明的巍峨大厦里，所有地域都是不可缺少的组成部分，但重要性却各不相同。很多省份只是家具、盆景或者装饰，美则美矣，却不关键。只有陕、晋、鲁、豫少数几个省才是四梁八柱，其中又以河南这根顶梁柱最为关键。

什么叫顶梁柱？简单来说，顶梁柱一断，房子就塌了。自古以来，很多省份受灾，往往是癣疥之疾，一旦灾难蔓延到河南，立刻就成了心腹之患。

在中国古代的传统政治观里，只要河南不乱，江山大局还稳得住；一旦河南陷落，席卷天下的祸乱就为时不远了。东汉、西晋和北宋这些定都河南的王朝，伴随着王朝没落的，是中华民族无尽的屈辱和混乱。历史上很著名的“八王之乱”“五胡乱华”“靖康之耻”都发生在豫州这片大地上。尽管时而涌现冉闵、岳飞这样的英雄人物，但不过是血雨腥风中的一道道孤单身影。

天下治乱兴衰的根基，还在中原。

治乱中原

河南除了在文化上居于“天下之中”，更是地理位置上的中原，因此也成了中国历史上治乱兴衰、成王败寇的主舞台。

若问古今兴废事，请君只看洛阳城。

司马光的这句诗，一语道出了河南洛阳在中国五千年文明史上的地位和价值。西周成王时期的青铜器何尊的铭文，记述了成王继承武王遗志，营建成周（今洛阳）之事。铭文中的“宅兹中国”是“中国”一词的最早记录，这个“中国”便指洛阳。

自夏朝肇始，至清王朝结束，先后有十三个王朝建都于洛阳。武则天尤为喜爱洛阳，把这个“东都”更名为“神都”，着力营建。由此，冠盖如云、气象万千的洛阳，正式步入巅峰。

在周、秦、汉、唐的一千五百多年间，整个华夏文明的政治、经济、文化重心都在黄河流域，天下格局也便以关东、关陇两大片区为重心。其中，长安（今西安）、洛阳是我国古代中前期绝对的统治重心。

西安、洛阳这两个城市我都很熟悉，也深度参与过城市发展的策划。真是不比不知道，一比吓一跳，我深刻地理解了武则天为什么要做强做大洛阳。

同为帝都，洛阳与长安在文化上有着本质上的不同。自汉武帝罢黜百家、独尊儒术以来，长安就成了儒家思想的中心。长安城内无论士庶，皆以孔孟为尊；而洛阳却恰恰相反。自汉明帝建白马寺以来，洛阳便逐渐演变为佛教重地。北魏时期，拓跋氏皇族迁都洛阳，并且极力尊奉佛教，数十万佛像的龙门石窟便于此时建成。

唐太宗驾崩后，武则天曾削发为尼，遁入空门。这段非比寻常的经历，使武则天对佛教充满好感，而洛阳的佛寺数量要远远多于长安，钟情佛教的武则天自然偏爱洛阳。

除了个人偏好外，作为政治家，武则天还有更深一层的考虑。虽然长安是唐朝名义上的治所，但实际上关中的土地承载力已经严重不足。虽然有轮耕、休耕制度，但长安城毕竟太大了。据现当代学者估算，当时长安城的人口达到八十万至一百万。如此高的人口数量，给粮食供给带来了巨大的压力，关中根本无力供养。为了满足长安城的粮食供给，朝廷不得不从产粮较多的洛阳调粮。即便如此，仍然常有粮食短缺，以致饥荒横行。

为了解决粮食问题，武则天和其前几个唐朝皇帝曾经亲自垂范，带着长安的大批臣民前往洛阳。唐朝开国百余年，皇帝待在洛阳的时间长达五十多年，以至于皇帝都戏称自己为“逐粮天子”。

政权东迁的另一个重要原因，就是长安缺水。虽然历史上有“八水绕长安”之说，但其流量并不大，而且多年战乱一次次摧毁了“八水绕长安”的体系。每当统治者夺回长安，他们发现了比城郭破坏更严重百倍的是，长安最基本的水利系统受到了严重的破坏——缺粮尚可通过漕运纾解，缺水真就问题大了。

相比较之下，河洛文化滋润出来的洛阳，水资源非常丰富。伊、洛、涧、瀍、黄，五水绕洛阳。古人说洛阳“万家流水一城花”，水月风花，优雅浪漫。此外，广义上的洛－郑－开一带，山川翕集，形胜万千，是绝佳的风水宝地，也是中国农耕文明的集大成者。

时至今日，河南依旧是中国名副其实的大粮仓、大餐桌、大厨房。农耕文明的发达，加上历史悠久、王气荟萃，使得河南的美食还是相当有水准的，毕竟调和五味的厨师“祖师爷”伊尹就是河南人。关于河南的美食，除了前面所述的烩面与胡辣汤外，洛阳水席、开封小吃也让我印象深刻。

我在洛阳吃过二十四道菜的水席正宴，全跟水有关系，而且几乎每道菜品都飘着胡椒味，炖的、蒸的、煮的、勾芡的，还有牡丹燕菜，汤汤水水，非常讲究。

洛阳重场面，开封重风情。开封小吃堪称一绝，品类繁多，色香味俱全。尤其是晚上夜市，风雨无阻，夜夜笙歌，充满了人间烟火气。现在的浙江小笼包，其实都是北宋末年开封人南迁时的文化记忆。

然而，自北宋灭亡后，河南持续衰落。其主要原因在于政治、经济双中心的迁移。

作为塞外民族政权的金、元，其本质是跨越中原－草原的二元制帝国。在它们的统治下，作为传统中原的河南，政治地位逐渐衰落；沟通塞内塞外的北京逐渐开始崛起,经济重心慢慢向东转移到京杭大运河沿线。再加上黄河于1194年(金章宗明昌五年,南宋光宗绍熙五年)向南决口,夺淮河入海,河南原有的漕运系统被彻底摧毁,富饶的豫东平原成为“黄泛区”,从此京杭大运河干脆不走河南,改走山东的济宁、临清。这使得河南的地位一落千丈,加速了自北宋灭亡后开始的衰落之路。

河南的兴与衰,都离不开王权。我国帝王的权势之大在世界上实属罕见,但“皇帝轮流做,明年到我家”的农民战争也同样屡见不鲜。帝制绵延两千余年,“王侯将相,宁有种乎”的观念也延续了两千余年。可以说,敬君是表面,畏权是实质。于是,为君者自然擅权,为臣者自然逢迎,而胸怀问鼎之志的野心家们,时刻准备着逐鹿天下。改朝换代之时,群雄逐鹿不免杀得尸山血海。然而,英雄的对手戏在台上,台下百姓面临的只有连年兵燹和疮痍。

我国改朝换代带来的巨大破坏性、灭绝性灾难,在人类历史上前所未有。据史载,西汉末年中国人口将近六千万,王莽之乱十几年间就使人口死亡三分之二,致使到东汉光武帝建国前人口只剩下两千一百万。百年生息后,汉桓帝时人口又恢复到五千六百多万。但是,更严重的黄巾之乱、军阀战争——三国交兵——随之到来,就像曹操诗中讲的“白骨露于野,千里无鸡鸣”,很多地方变成了无人区。重归一统于西晋时,原本的魏、蜀、吴三国人口加起来只有七百六十万。

这样大规模的人口灭绝,日后同样屡见不鲜,八王之乱、五胡乱华、永嘉之乱、隋末大乱、安史之乱、五代十国……每次大乱,人口死亡率都在70%以上。作为主战场的河南,一次次被严重摧毁。

近代以来,河南受创更是极为严重。虽然北洋军阀的祖师爷袁世凯是河南人,但河南却是中国中东部地区唯一没有军阀作为根据地的地方；正因为没有长期稳定的统治者，使得河南成了各路军阀跑马逐鹿的战场。

从历史上看，中原大地不仅战争最多，自然灾害也最频繁。“赤地千里”“饿殍遍地”说的就是中原的旱涝灾害。

这不得不提黄河。黄河在哺育和滋养中华文明的同时，也成了一条害河。对于河南人而言，黄河既是母亲河，也是头顶的一盆水。

可以说黄河造就了河南。大约十五万年前，在河南三门峡群山之西，曾经存在一个超大型的古湖，不断吸纳上游来水。愈来愈大的古湖最终切开山体，湖水奔涌而出，喷薄而下，直至大海。由此，现代意义上的黄河才开始形成。

冲出三门峡的黄河，在西北太行山、西部秦岭余脉、南部大别山共同组成的怀抱中肆意奔流，时而北夺海河、时而南侵淮河，每年携带的泥沙多达数亿吨到十多亿吨。数万年后，一个大型的冲积平原诞生了，这就是如今包含京、津、冀、鲁、豫、皖、苏七省市的华北平原，其中河南部分更是膏腴之地。站在河南这块土地上，你才能切实感受到黄河对于塑造中国的伟大意义。

如今，伴随着中国的崛起，世界都在探讨一个问题：人类四大古老文明中的另外三个都已经夭折，为什么唯独中华文明能够浴火重生、绵延至今？

关于这个问题，解释有很多，我在前文《发现山西》中也讲到了游牧民族的重要性，但从地缘角度而言，我认为黄仁宇先生的说法很有见地。中国作为典型的农耕民族，水（主要指的就是黄河）的利用至关重要。然而，黄河经常淤塞河床、决堤泛滥。中央集权必须要有威望能动员所有的资源，也能指挥有关的人众，才可以实现有效的全流域管控。所以，当分裂时间过长，中央集权衰微时，环境上就会产生极大的压力，呼唤大一统的再度出现。

我在河南大地上徜徉时，更是深刻地感受到了这一点。就像曾经的美苏之间的恐怖核平衡一样，春秋战国时期的各国也围绕着黄河形成了最早的恐怖平衡。水一旦被卡住，谁都活不了，而以邻为壑的事情又时有发生。《春秋公羊传·僖公三年》记载：

秋，齐侯、宋公、江人、黄人会于阳谷。

传曰：

齐公曰："无障谷，无贮粟……"

公元前657年（鲁僖公三年，周惠王二十年），周王力不能及，齐桓公乃召集有关诸侯互相盟誓，不得修筑有碍邻国的水利，不在天灾时阻碍谷米的流通。兴修水利涉及每个人的利益，小道理服从大道理，集中力量才能办大事，因此，尽管大家有很多矛盾与争执，但分裂还是要让位于统一。大一统的中央集权也就逐渐从应急和需要，变成了传统和惯性，一直延续了两三千年。这也算是更大尺度上的"一方水土养一方人"的阐释吧。

出三门峡后，没有了峡谷的束缚，黄河开始慢慢沉积下携带的泥沙，河床逐渐抬高，在开封彻底变成了地上悬河。开封得以繁华，正因为滚滚东向之水的便利。然而，开封因黄河而兴，也因黄河而衰。

开封城，城摞城，地下埋有几座城。

这个顺口溜说的正是被黄河淹没的一座座的历史上的开封城。在大规模战争冲突中，黄河多次被决开，开封古城也一次次被裹挟而来的泥沙吞没。现在的人们很难想象，已经沦为寂寞中小城市的开封，早在千年前"汴京富丽天下无"是什么样的情形了。

泥沙俱下，再加上支流众多，黄河的水文情况十分复杂；而且受季风气候的影响，黄河流域夏季多暴雨，因此，黄河在历史上以“善淤、善决、善徙”而著称。黄河在下游左右横扫，制造出了中国人曾经唯恐避之不及的“黄泛区”，令人闻之色变。根据黄河水利委员会的统计，黄河在公元前602年至1938年间，下游决口次数可达1590次，比较大的改道有26次。

“黄河直北千余里，冤气苍茫成黑云。”黄河泛滥是中国北方自宋、元以后的一场噩梦。不断泛滥改道的黄河让定都于北方的历代王朝焦头烂额，成了皇帝们的一块心病。清初，康熙把三藩、河务、漕运作为治国的三件大事，黄河的重要性由此可见一斑。

记录河南的灾难，冯小刚导演的电影《一九四二》最为典型。这部电影改编自河南作家刘震云的小说《温故一九四二》。我们最近为刘震云的老家延津做战略策划，延津人常把刘震云挂在嘴边，津津乐道。可以说，刘震云是当代批判国民性较为犀利的作家之一，文风平实幽默，很见功力，对人情世故有着超人的洞察。《温故一九四二》同样如此，教科书上的金科玉律和来自个体微不足道的苦难“记忆”之间对照，形成强烈的反差。

导演冯小刚有着京油子特有的圆滑世故，多年来也拍了很多应景的电影，但唯独这部沉重、不讨好、不讨巧、花了心血的《一九四二》让我印象深刻、心怀敬意。

1942年，正是战火燎原之际，军事家和政治家的目光聚焦在一城一池的征伐劫掠上，几乎鲜少有人注意到古老的中原河南正爆发一场惨绝人寰的大旱灾。

如同河南史上的众多灾难一样，这场旱灾给河南人民带来了极其严重的损失；但也如同那些埋葬于历史深处的灾难一样，这场旱灾也伴随老一辈人的逐渐离开，成为遥远而无关痛痒的故事。而《一九四二》

这部电影，重新把我们拉回历史的尘埃中，去反思人性的真相——如何面对生死、面对灾难，也用艺术的手段重现了苦难深重的河南。

河南这块土地上有繁华，有辉煌，也有整个中华民族最深重的苦难。

我并不是一个戏剧爱好者，但我去河南时总要去听一下豫剧。河南人对豫剧的痴迷，也许只有关中人对秦腔的酷爱才能与之媲美。“八百里秦川黄土飞扬，三千万老陕齐吼秦腔”，那是一种怎样恢宏的气势和场面！豫剧则截然不同。秦腔是吼出来的，但这种吼里面没有悲，只有壮；而豫剧从旋律、唱腔到妆容，都凄惨悲凉。《铡美案》《三上轿》《泪洒相思地》《秦雪梅吊孝》这些豫剧名段，大多声泪齐下，偏偏很受民间欢迎。我想，这种热爱，可能是因为“风流总被雨打风吹去”，磨难与沧桑才是河南人生命的底色！

河南人，中不中？

行文至此，我不由产生一个疑惑：战争频仍、灾害不断的河南，为什么历来都是中国人口最多的地方之一呢？

我想，这和中原本身的特性有关。一方面，中原是刀光剑影的战场，是洪水滔天的灾区；但在没有战争、灾害的年代里，中原气候温暖、雨量适中、沃野千里，是农耕文明时期的宝地。伴随着灾难与盛世的轮转，人口的聚集和流散也在河南周期性地发生着。在这种聚散离合的周期里，隐藏着解读河南人性格的密码。

从个体的角度来看，战争、灾害无疑是不幸的；但站在文明的尺度来看，和平时期的文明传播速度，远远不如战争期间快。利用战争、灾害作为动力，中原文明得以更加广泛地向外传播。

有一种很流行的说法叫作“老家河南”。作为“老家”，古之河南与今之河南可谓差别极大——永嘉之乱、安史之乱、靖康之变后，中原文化南迁，甚至民族南迁，早已此地非此人了。但作为中华文明孵化器的河南，中国的许多姓氏都能在这里找到起源。据统计，在今日三百个汉族姓氏大姓中，起源于河南的有一半多。

最近我们为号称“广府之源”的广东南雄珠玑巷做战略策划，那里走出了七千万全球各地的广府人，然而继续刨根问底，珠玑巷的先人大都来自河南。潮汕人也同样如此，“一封朝奏九重天，夕贬潮阳路八千”的韩愈就是河南人，韩愈在潮汕所受到的尊重和敬仰，不仅是文化的认同，更有一种乡贤来了的亲切感。客家人同样来自中原，中原的每次大规模战乱，几乎都造成了客家人的大迁徙；很多客家人的族谱清清楚楚地记载着，祖先来自河南某地。

三十多年前，我曾在广东走访过几户叶家，先去了惠州惠阳的叶挺故居，又到了梅州雁上村的叶剑英故居。翻阅两家叶氏族谱时，我发现这两支都来自河南叶县——叶公好龙的故事所在地，叶家的祖先也是因“封河南叶县”而得名。

说到中国的大规模移民，有民间自发的山东人闯关东、闽粤人下南洋、山西人走西口，也有官府组织的湖广填四川、山西洪洞大槐树移民等。但像河南这样，长达千年，一次次规模宏伟、时间长远、走遍全国的移民潮，是前所未有的。

移民有时是和改朝换代联系在一起，但更多的时候是在逃荒。平原地区无遮无拦，稠密的人口遇到大难，只能四散奔逃。

在电影《一九四二》中，那些没有饿死的幸运逃荒者们，大多顺着“陇海铁路”，过了函谷关，在西安落脚下来。当时西安火车站往北是一大片荒地，逃难的河南人就搭棚子住了下来，号称“道北区”。由于以流民为主，道北区治安长期不佳，拾荒、绺窃、碰瓷、抢劫稀松平常，我2003年左右做西安战略策划的时候，当地人还对道北区域心有余悸。如今，随着棚户区改造，地铁通车，“道北”和“道北人”已经成为历史，当年流落聚集的河南人逐渐繁衍生息，一直生活到现在，成了西安人的一部分。现在的西安人寻根溯源，很多和河南有关系。

河南人一路往北走，走过陕甘宁，最后到了新疆。我在新疆、青海一带做战略策划时发现，河南人和河南生活方式，几乎延伸到了整个天山南北。

2005年8月，由于项目原因，我受邀去新疆天山考察，当时接待我的是新疆天山本地的首富。此人十分豪气，把直升机直接开到了乌鲁木齐的地窝堡机场。飞机把我们一行人员空降到了一片空地后，我们又匆匆转乘几辆汽车直接奔向了南山牧场。一进毡房，68度，被称为“新疆茅台”的伊力特，像炮弹箱一样放了五箱。

老板自称不会喝酒，专门请了一个外号叫“天山酋长”的家伙来作陪，他是一个哈萨克人与河南人的混血儿，四方脸，鹰钩鼻，满脸横肉，走起路来像蒙古人摔跤一样，酒量四斤伊力特，号称“醉了不醉，多了不多”。当时年轻气盛，那场酒喝得真是天昏地暗。最后眼看着不能力敌，只能智取。于是，我们两个开始划拳。

划拳这个东西易学难精，其实就是找概率，抓破绽。当一个人云淡风轻充满自信的时候，都很会藏拙，但当他手忙脚乱、特别是内心慌张的时候，常常是欲盖弥彰，破绽频频出现，因此，一定要懂得怎么给压力。靠着划拳，“天山酋长”喝得酩酊大醉，而我终于走出了毡房。彼时已经晚上十点，但夕阳还挂在天边，天还没有黑尽，稀疏地亮着几颗星星。那真是我人生中最精彩的一次喝酒故事。

根据河南省统计局的数据显示，截至2017年末，河南有一千二百万人流向全国各地。

有人的地方就有江湖，有江湖的地方就流传着酒的传说。七八年前我在郑州也喝过一次大酒，一位大佬在私家会所宴请我。一进房间，我吓了一跳，怎么有个老外？这位老兄神似电影明星徐锦江，再加上一把白胡子，典型的老外长相。一张嘴却是满口的河南话。我问："你究竟是老外还是河南人？"他说："百分百河南人。"我问他："你是不是开封人？"他很惊讶："你咋知道我是开封人？"我说："我甚至怀疑你是犹太人。"为什么我这么肯定？背后其实有一段公案。

我们通常只关注河南人的外流，却没有看到河南辉煌时的包容与接纳。唐宋年间，河南是世界文明的中心，西域各国甚至远及地中海的很多老外，都来到了河南。在明清前的中外交流史上，凡是外来的，特别来自西域的，我们都喜欢用"胡"来代称，例如胡姬、胡虏、胡琴、胡笳、胡萝卜、胡瓜等。

在中原人看来，胡人不懂礼仪，是蛮夷之邦，于是用"胡"造了很多词语。例如，"胡来"的意思就是像胡人一样乱来，"胡说"就是像胡人一样乱说，"胡闹"就是像胡人一样瞎闹，"胡思乱想"就是像胡人一样思想混乱。除此此外，胡搅蛮缠、胡言乱语、胡说八道、胡作非为，都不是什么好词。我们也通常不会关心那些高鼻深目的老外具体是哪个民族，用一个胡字概括了事。这批聚集在河南的胡人里，就包括犹太人。

两千多年前犹太民族被罗马驱逐出耶路撒冷，其后在全球流浪。犹太人饱经苦难，经久不息，但他们坚持不被同化。可以被消灭，而坚决不会妥协。1948年犹太人复国——建立以色列——后，绝大多数流浪的犹太人都回到了故乡，这也是人类文明史上的传奇。

然而，犹太人引以为豪的独立性，在中国却遭到颠覆，因为有一支流落开封府的犹太人消失了。消失不是消亡，他们只是消融在河南这碗胡辣汤里。在黄河滩上生活了千百年后，被称为“一赐乐业人”的犹太人——亚当夏娃的儿女们——变成了炎黄二帝的子孙。

广义上的胡人，不仅包括犹太人，还有阿拉伯人、波斯人、粟特人等。

1992年邓小平南巡时，我陪时任新华社社长穆青在广东采访了一个月。穆青就是河南开封人，他那个大鼻子越看越不像汉族人，所以我判断他有可能是犹太后裔。有一天，我跟他聊了起来。

我说：“老头（穆青为人随和大气，社内同事亲切地称其为老头），我冒昧地问你一个问题，你是回民吗？”

他幽默地说：“是啊，我是开封杞县人，杞人忧天的那个县。”

“我有个大胆的假说，你可能就有犹太人的血统。”

穆青很好奇：“此话怎讲？”

我和穆青讲了上述发现和对胡人来历的猜想。穆青听了以后没有说话，但若有所思。几年前酒席上的那个河南老兄，也从侧面验证了我的猜想。究竟是不是如此，有待方家考证，但可以作为一个有趣的发现与大家分享。

从古至今，河南人深刻地融化在了中华民族的血脉里。不过，大规模的流动也给河南人带来了一定的困扰。

河南人喜欢说“中不中”，但是河南人的名声却是“不太中”的。关于地域黑，河南人感到很冤枉；但实事求是，这种印象也不完全是空穴来风。

从河南内部来看，我们常说的中原地区，其实就是洛－郑－开一线。真正被黑比较多的，其实是商丘、周口、驻马店和信阳。这里经济发展水平相对落后，农村人口相对较多，城镇化水平低下，社会问题相对突出，在官方的说法中被合称为"黄淮地区"，而在民间有更形象却不忍直视的称呼——"豫东南塌陷区"或者"黄泛区"。

近两年来，河南高速的增长基本集中在最狭义的"中原"概念里，也就是洛－郑－开这一线。其能量还不足以辐射省内的偏远地区，更别说吊车尾的"黄泛区"了。然而，长期以来这一地区名声不显，以至于地域黑也没能搞清楚这是什么地方，把河南当成一个整体来黑，没黑到点子上。

河南骗子、安徽乞丐、苏北苦力、山东强盗，这四类是现代中国人之间最流行的地域歧视的受害者。指控对不对且不说，巧合的是，引发地域歧视的这四个地方——河南的东部、安徽的北部、江苏的北部、山东西南部——不但在地理上接壤，而且同属"黄泛区"，也就是国民党当年炸开黄河花园口段，造成严重洪涝灾害的豫皖苏一带。

"黄泛区"可谓古已有之，其得名自黄河频繁改道所带来严重水患的地区。"黄泛区"带来最致命的问题，不是贫困与流离，而是不稳定。

河洛大地的文明史烙印在黄河摆动的轨迹上，正是因为不知道明天和意外究竟哪个先来，"黄泛区"的人们一直不太热心自家房屋的建设，人们时刻准备着逃难，自然不会在装修和布置上花费力气。直到今天，豫东南农村的房屋和家具摆设还能看出凑合的味道。

《孟子·滕文公上》说：

> 有恒产者有恒心，无恒产者无恒心。苟无恒心，放辟邪侈，无不为已。

这句话真说到了点子上。灾害让"黄泛区"的河南人很难有"恒产",甚至连最基础的生存保障都没有。在这样的环境下,"放辟邪侈"再正常不过,坑蒙拐骗、舞刀弄枪都无所顾忌,说到底还是那句"无恒产者无恒心"造成的。

河南人的性格弱点中,灾难带来的不稳定性是一面,另一面则是高度发达的农耕文明造就的小农意识:春种秋收导致的精明,自给自足导致的保守,格局所限导致的愚昧……

无论是"放辟邪侈"还是小农意识,河南的问题都是中国民族性的深刻体现与浓缩。人穷志短,马瘦毛长,整个中华民族又何尝不是如此呢?

河南人身上浓缩着中国最典型的民族性:大忠大奸,大善大恶,大悲大喜,大俗大雅。柏杨的著作《丑陋的中国人》打开一看,对号入座,骂的几乎都是河南人。

曾经显赫的河南经历了漫长的、断崖式的衰落,中国的近代史又何尝不是如此?

如今河南的GDP总量高居全国第五,而中国的GDP总量位居世界第二;与庞大总量对应的,则是同在中等以下的人均GDP。

近年来,河南的发展走上快车道,中国也在快速地崛起。就连河南人面对的地域黑,和中国人面对的地域黑都如出一辙:损人不利己的精明,自以为是的保守,骨子里的愚昧……无论说好说歹,不管优点缺点,河南就是中国的缩影。

河南，向何处去？

我在多年前曾经说过一段流传很广的话：

> 农耕时代平原最值钱，工业时代沿海最值钱，休闲时代山岳最值钱。

如今沿海、山岳都显示出了强劲的发展潜力，平原地区的机遇究竟在哪里？

最重要的就是交通。纵观河南郑州近百年来的整体发展，交通是始终绕不开的一条主线。

在高铁带来的强时空收缩效应下，中原地区正面临着千载难逢的大发展机遇。

说起河南，大郑州不能不提。郑州在河南的地位既重要，又略显尴尬：河南的名城古邑实在太多，神都洛阳、汴京开封在历史长河中可谓是风华占尽，而商丘、安阳、南阳等城市也各有风骚，郑州则显得有些默默无闻。

然而，人类科学技术不断突破，特别是火车的产生，直接改变了很多城市的命运。如果没有“京广线”和“陇海线”的开通，就谈不上郑州的崛起。从北往南看，石家庄、郑州、武汉，可以说是“茫茫九派流中国，沉沉一线穿南北”。

火车时代的到来，对中国几千年来农耕文明所形成的城市格局，进行了一次重新分工和重新排列。“京广线”上一个大城市出现了，这就是郑州。

近二十年来，郑州经历了衰而复兴的过程。中国最大的糖烟酒博览会曾经在郑州举行，大规模的博览会是人流、物流密集的直接象征。20世纪90年代的郑州，火车隆隆，九州通衢，承办这种大会自然不在话下。然而，后来糖烟酒博览会却搬到了成都。为什么呢？因为人类到了航空时代，大家都改坐飞机不坐火车了。在这样的大背景下，郑州难以抑制地滑向了衰退。

任何区域的发展，都离不开一个战略机遇期。今天，伴随着高铁时代的到来，郑州因为交通而兴的优势会重新显现。大铁路系统再度成了中国经济发展的血脉，再加上铁路、公路和基础建设的遍地开花，拉近了河南大片腹地和郑州乃至外界之间的联系。郑州的“虹吸效应”会逐渐转化成效益、效能的外溢，将给整个中原地区带来发展动能，这只是时间的问题。

在这样的背景下，中原地区也会随之产生许多前所未有的机遇。工业化、高速城市化、互联网化、人工智能化、立体交通化将会重塑郑州。现在很多大企业都开始抢滩郑州，特别是供应链和物流产业，他们对交通运输成本的依赖非同一般，郑州在这方面有着其他城市不可比拟的优势。

除了高铁四通八达外，郑州已经成为中国的“天空之心”。郑州的新郑国际机场是全球货运增长最快的机场。2012年郑州机场货邮吞吐量同比增长47.07%，2013年同比增长69.13%，2014年同比增长44.86%。此外，从郑州出发一个半小时的飞行航程内，可以抵达全国近三分之二的重点城市，覆盖全国五分之三的人口：飞行距离短、覆盖人口多。

航空、高铁并举，中原再度爆发出超强的能量。供应链和物流产业聚集后，未来科技、教育、总部经济、金融等高端服务业的兴起也都不难预见。从省会城市到国家中心城市，郑州的野心越来越大。

未来以郑州为核心的大都市圈，甚至可能与北京大都市圈分庭抗礼，成为北方第二极，拉动中原城市群的崛起。

所以说，河南这个地方，落后只是暂时。下一步的河南，除了硬性的东西要继续做之外，还要做柔性的东西，把中部崛起、天下之中有机地结合在一起，以及展现千年农耕文明沉淀所形成的文化、艺术和生活方式。

福地和战场轮转，沃土和灾区互换，文明与劫难交织……中部崛起、天下之中、"中不中"的乡音，一起熬成了河南这碗饱经风霜、历久弥香的胡辣汤。

前不久，联合国教科文组织颁给了河南一个大奖——天地之中。虽然获奖的是登封古建筑群，但我认为整个河南都可以打这张牌。可惜的是，这么大气磅礴且有历史感的一张好牌，没人能说清楚究竟是什么。我曾经和河南的领导聊过，谁有本事把"天地之中"变成看得见、摸得着的东西，谁就赢得全球，代言中国。

"天地之中"的核心究竟是什么？就是河南高度发达的农耕文明，包括天文历法、民风民俗、天干地支、奇经八卦……我们老祖宗认识世界的这些工具与手段，也成了民族共有的精神食粮和文化基因。

如果有魄力、有能力把几千年"天地之中"沉淀下来的精气神，风雅颂到将琴棋书画、诗词歌赋全部变成看得见、摸得着、可体验的产品，这才是河南最大的价值所在。即便它们散落在断壁残垣、寻常巷陌，沉沦于街头，蒙尘于市井，这才是真正的厚重河南。

寂寞安徽

居国之中的安徽，既是地理分野地，又是文化大熔炉。风云于此际会，人文于此闪耀，商业于此兴旺，革命于此燃烧，改革于此开启，创新于此融汇。问题是，如此精彩的安徽，为什么越走越寂寞，越走越透明？

“三个中国”

在当今中国，好像只有在评选哪个省最没存在感的时候，安徽才有那么一点存在感。安徽存在感之低，和兄弟省份江西堪称难兄难弟。

改革开放四十余年，在以经济建设为中心的时代主题下，全国上下各显神通：沿海开放，中部崛起，西部开发，东北振兴……只有安徽远远地站在聚光灯之外，茕茕孑立，踽踽独行，寂寞地守着江淮大地。

这其实很不合理。

论经济，虽然安徽常年在长三角吊车尾，但放眼全国来看并不算穷，起码比很多中西部兄弟省区市强不少；论人文，徽州文化、皖江文化、淮河文化各占胜场，“徽”字可以说是中国面向世界的一大名片；论人才，江浙出人才有口皆碑，殊不知安徽也一点不差。安徽人才之多灿若星汉，古代不用多说，近代就有李鸿章、段祺瑞、陈独秀、胡适、戴安澜等一大批杰出人物。新中国成立后，政界、军界、商界的安徽人更是数不胜数。古往今来，论人杰地灵，安徽算得上个中翘楚。

如此精彩的安徽，为什么越走越寂寞，越走越透明？在我看来，可能和“三个中国”的定位有关。

十多年前，一位从中央退下来的老领导来广东考察，我有幸叨陪末座。席间谈及执政者面对偌大中国各省区市发展参差不齐现状的应对方略时，我放胆妄言：“中国这么广袤的土地，怎么实现有效治理？这在历朝历代都是一个难题。优秀的执政者们，其内在逻辑往往趋同，一要高度抽象，二要抓主要矛盾。我把这种逻辑总结为‘三个中国’：第一个叫‘关键中国’，第二个叫‘敏感中国’，第三个叫‘无所谓中国’。”

治大国如烹小鲜，首先就是要宰执天下。“三个中国”的区域划分从古至今可能有所不同，但划分思路则是一致的。对于执政者来说，“关键中国”“敏感中国”和“无所谓中国”的区别，就是心腹之患和肘腋之患的区别。

什么叫“关键中国”？比如说北京、上海、广东、江浙，它们或是首善之区，或是国际都会，或是开放前沿，最起码也是钱粮大省，牵一发而动全身，这都是执政者时时刻刻关注的，必要时亲自抓的地方，这叫“关键中国”。

什么叫“敏感中国”？比如新疆、西藏，虽然地处边陲，但牵涉到我国的核心利益，战略地位很高，这也是执政者高度重视的区域。这种地方的干部，身膺稳疆重寄，非得能力与魄力并重的干将不可。

什么叫“无所谓中国”？我的老家贵州就是一个。它不能说不重要，但相比之下没那么重要：好也好不到哪儿去，坏也坏不到哪儿去，总之过得去。从用人角度而言，是过渡人、检验人、锻炼人的地方。

当时那个老领导对“三个中国”的说法非常感兴趣，一定要深入聊聊，可惜我俗事缠身，只好约下次见面细谈。没想到短短两年不到，斯人已经驾鹤西去，无果而终，但他的好学、博闻和宽宏给我留下很深刻的印象。

“风水轮流转，明年到我家。”各个区域的地位并非一成不变，“无所谓中国”也有轻重之分。在大旅游、大数据、大扶贫的加持下，曾经的“无所谓中国”贵州，未来一片光明。但总有一些长期游离于大众视野之外的区域，堪称“无所谓中国”里的翘楚，比如安徽。

忆“江南”

说出来很多人不信，安徽也是江南的一部分。

江南好，风景旧曾谙。日出江花红胜火，春来江水绿如蓝……

江南忆，最忆是杭州。山寺月中寻桂子，郡亭枕上看潮头……

江南忆，其次忆吴宫。吴酒一杯春竹叶，吴娃双舞醉芙蓉……

——白居易《忆江南》

在中国人的心目中，“江南”是个很特殊的名词，我们在形容某个地方富庶时往往用“江南”来形容，“江南”成了中国人的一种情结。

除了文化属性外，江南还曾经有过政治属性。

在中国历史上，曾经有过一个异常强大的省份。它不仅是钱粮大省，更是风流俊赏荟萃、冠盖如云，在朝为官者的数量也堪称全国之冠，可以说一个省之力抵得上半个中国。这个省就是江南。

江南省源于明朝。安徽凤阳的朱元璋夺取天下后，在中国的东海边画了一个圈，这就是江南省——明朝时称“南直隶”，清朝顺治二年（1645 年）改称“江南省”。明朝的江南既是京畿重镇，也是龙兴之地，还是钱粮大省，可以说是明朝的“关键中国”。南直隶每年上缴赋税占了明朝总赋税的三分之一，每年参加科考的人才也有一半来自南直隶。

然而，地域广袤、物华天宝既是优点，也同样会坏事，随着王权更迭，江南从“关键中国”摇身一变，成了“敏感中国”。对于江山甫定、内忧外患的清廷来说，江南省的存在本身就是重大的政治隐患。

一方面，江南省离京师较远，再加上地域广大，清廷难以进行有效管理。另一方面，富裕的江南省很容易诞生一方诸侯，如果谁拥江南而自立，朝廷根本难以对付。江南省的赋税在清王朝的总赋税占比已经达到了一半之多，江南不稳，则国家不稳。所以，把江南省一分为二自然是当政者的首选。

清康熙六年（1667年），江南省被拆分为“江南右”和“江南左”。一年之后，“江南右”取江宁府、苏州府首字，改称为“江苏”；而“江南左”则取安庆府、徽州府首字，改称为“安徽”。江苏、安徽之名称，由此而来。

康熙这一刀，没有采用划江（或淮）而治的横向切法，而是跨江一刀，纵向把江南劈成了两半，导致江苏和安徽都纵跨了淮北、江淮和长江以南三大地貌区，从而有效地消除了地方割据的隐患。

朝廷固然是安全了，但却苦了安徽。如果说江南省是整块丰美的火腿，一刀割开后，最好的五花肉给了江苏，剩下的才是安徽，肥瘦之间，高下立见。本是同根生的江苏、安徽，从此大道朝天，各走一边。江苏既有沿海之利，又有运河之便，在“关键中国”的路上越走越远，而安徽则委屈地沦为“无所谓中国”。

康熙切得固然粗暴，当年朱元璋捏得也很简单，基于政治因素考虑的分分合合，让安徽内部山头分立，皖北、皖中、皖南就像三个省，其方言、风俗、饮食乃至发展程度都大相径庭。由此观之，今天的安徽，存在感弱很正常，毕竟存在感的前提是认同感。

黄河流域的省份，认同感相对强烈，齐鲁、燕赵、中原、三晋、三秦、甘陇，行政板块就是文化板块，而且早在春秋战国时期就已经基本定型了，各有疆界，传承至今。

像安徽这样因为政治原因被拆分或者硬捏到一起的省份，则自然没什么认同感可言。先有康熙一刀两断，后有皖北、皖中、皖南三家分皖。堂堂安徽省甚至没有“安徽话”，有人说吴侬软语，有人操北方官话，所以省内不同地域的人最好用普通话交流。“八大菜系”之一的“徽菜”，和皖北人也基本上没什么关系。在这样的大背景下，认同感弱点再也正常不过。

如果说黄河流域的省份像一块块坚硬硌牙的石头饼，那么安徽就像一盆大锅饭，你是土豆，我是白菜，他是萝卜，相互不搭界，唯一的共同点就是都在安徽这口大锅里。不过，土豆对锅哪有什么认同感？

怀故人

谈及我和安徽的缘分，我的故交曹征海先生不得不提。2012年，时任安徽省委宣传部部长的曹征海先生，委托智纲智库进行安徽省文化产业发展战略的制定，那也是我第一次系统地了解安徽。

20世纪80年代，我在新华社内蒙古分社做记者时，接触到了一个神奇的组织，叫作“内蒙古党委研究室战略处”，挂靠在区委研究室下面。很难想象，在内蒙古这样偏僻的地方，居然有这么前沿的组织存在，我也就此认识了这批战略研究处的年轻俊杰。他们大多是名校毕业的内蒙古籍子弟，郭凡生、曹征海是其中的杰出代表。那时候曹征海年仅二十五岁，也是内蒙古最年轻的处级干部，正是风华正茂。

当时的中国，沿海地区风起云涌，在经济发展上，内地和沿海的差距越拉越大。为了解释这种现象，学界引入了“梯度推移理论”，即整个中国一部分人先富起来、一部分地区先富起来是可行的，也是必然会经历的过程，只有沿海先发展了才能带动中部，中部带动西部。这帮内蒙古战略研究处的年轻人们天不怕地不怕，提出了“反梯度推移理论”，除此之外，还提出了自然资源转换、金三角、劳动股份制等，一时风头正劲。

当时我采访完他们以后就很感慨：他们精神可嘉，但学术不能太情绪化，毕竟规律比人强，从沿海到内地、从东部到西部的经济发展规律不以个人的意志为转移。不过，这帮人的热情和激情，还是让我印象很深。

他们中的郭凡生后来下海创业，成为中国互联网时代早期的风云人物；另外一个就是曹征海，没想到阔别二十多年以后我们又一次碰面，我已经成立了智纲智库，而他则官居内蒙古呼伦贝尔市市长。

大家偶然相遇之后，曹征海很兴奋地一把就拽住我说，希望我们帮助呼伦贝尔做战略。我还开玩笑说："二十多年前我当记者采访你的时候，你们是中国第一家做战略的，为什么现在还请我们做战略呢？"

他说了一句非常深刻的话："王老师啊，正因为我是做战略的，我才知道战略的重要性；正因为我是做战略的，我才希望有一个第三方的智库来给我做战略。一个再好的医生也不能给自己开阑尾，这就是战略机构作为第三方的重要意义。"

后来我们一拍即合，那是2005年。我带着团队把整个呼伦贝尔全走一遍，最后制定了一个非常具有前瞻性的呼伦贝尔发展战略，他也严格地按照战略做。今天的呼伦贝尔经济与生态并重，游人如织，曹征海功不可没。

曹征海调任安徽后，与我们再续前缘，他委托智纲智库进行整个安徽的文化产业战略策划。也就是在那一次策划工作中，我跑遍了安徽全省。

曹征海是我见过的少见的有抱负、有远见也懂战略的官员，而且极其聪明。前些年突闻他因病早逝，着实令人扼腕。他既是能吏，也是廉吏。作为一位久居高位的省部级干部，他在病重赴美治疗时，甚至需要变卖房产才能凑足医疗费，各方面也是一省再省，一切从简，其寒酸可见一斑，人品也可见一斑。虽然曹征海天不假年，但我始终认为，造福一方、清风两袖的他，是共产党高级干部的真正楷模。

虽然曹征海于安徽仅是过客，但我还是希望通过这篇小文聊作纪念。

风流皖南

从历史角度看，皖南、皖中、皖北分属不同行政区管辖的时间，远远超过它们同属一地的时间，其风物、人文各有不同气象。

在某种意义上说，皖南是最传统的江南。所谓“安徽”之名，即从安庆府、徽州府中各取一字得来，安庆是水陆码头、长江重镇，既是政治中心，也是清代文学流派“桐城派”的发祥地；徽州虽然地处山区，却是“贾而好儒”的徽商故里，人文蔚盛，是支撑整个江南文脉的重要力量。

我去过徽州若干次，每次感受各不相同，不过一入徽州就能感到物华天宝、人杰地灵。十多年前，黄山市（由徽州更名而来）请我们做发展战略。那次我在徽州流连许久，在欣赏自然风光的同时，我更看重的是徽州的人文底蕴和文脉流散。

中国现当代有很多城市改过名字。湖北的荆州改荆沙，襄阳改襄樊，还有安徽的徽州改黄山，都是典型例子。当时为了借名山黄山的东风发展旅游，“徽州”被“黄山”取而代之。在这种吹糠见米的短期营销下，人们一步到位奔去看黄山，极大浪费了古徽州的韵味和价值。

这是典型的买椟还珠。且不说“徽文化”的内涵远超“黄山”，单是“徽”字就已经深刻地烙印在文化基因中,是中国面向世界的文化IP——“徽学”被誉为是与“敦煌学”“藏学”并列的中国走向世界的三大地方显学之一。

有“安”无“徽”,这不仅仅是在符号化上的缺失,更是对徽州文化的极大打击,是吃祖宗饭、造子孙孽的行为。

如今,襄樊、荆沙已经悄然退场,襄阳、樊城、荆州、沙市各归其位;徽州复名之事,也值得当局好好思考。

写徽州首先要讲“徽商”。这里首先要澄清一个误会,当下“一生痴绝处,无梦到徽州”这两句诗在网上火了起来,尤其受年轻人追捧。这句话乍一看是在说徽州之景令人痴绝、魂牵梦绕,但其实并非如此。这句诗出自汤显祖的《游黄山白岳不果》:

> 序:吴序怜予乏绝,劝为黄山白岳之游,不果。
>
> 欲识金银气,多从黄白游。
>
> 一生痴绝处,无梦到徽州。

大概意思是:

> 我的朋友吴序可怜我的生活穷困潦倒,就劝我到黄山、齐云山(古称“白岳”)一带旅游,结果没有成行。
>
> 世人皆云,想要发财,最好去黄山、白岳一带去转转。第一,黄、白本身就是金、银的颜色,讨个口彩;最重要的是,黄山、白岳一带是富甲天下的徽商故地。
>
> 我这一生最与众不同的地方,就是不像普通的人那样去追求钱财富贵,所以就是连做梦也没有梦到过去徽州。

这样看就很清楚了,“一生痴绝处,无梦到徽州”并不是赞美徽州美景,甚至完全相反,反映了汤显祖对徽州商业文化的不屑:别人都到徽州求富贵,他却梦中也避徽州而不及。所以说,这句诗,各位朋友还是慎用。

徽州当地有个顺口溜：

前世不修，生在徽州；十三四岁，往外一丢。

这句话在某种程度上能解释徽商的由来。在外人看来，徽州是风景清绝之地，但对于徽州本地人来说，这里是穷山恶水。在封建社会，由于生活压力太大，徽州人家往往在孩子十三四岁时就会送到外边做学徒，学不成不能归家，祸福就看各人造化。

尽管谋生艰难，但受东晋南北朝时期中原文化“衣冠南渡”的影响，徽州风气历来崇文好儒，被称为“东南邹鲁”。在这片面积仅有一万多平方公里的狭小府地上，“十家之村，不废诵读”，“第一等好事只是读书”……

在“十三四岁，往外一丢”之前，徽州人普遍会将子女送往私塾就学，完成基础教育后再外出闯荡，因此，徽商日后尽管大富大贵，但依旧重视读书，而且在“程朱理学”的熏陶下，徽商的商业道德观带有浓厚的儒家风范。我在黟县曾看到一副对联：

读书好，营商好，效好就好

创业难，守成难，知难不难

这或许是徽商最高的精神追求了。

也许正是这种开明的心境，成就了徽商独特的最适合于当时封建文明的业态、业种，以及他们特殊的商业模式。虽然人们批判地称之为“红顶商人”“官商”，但从“存在即合理”的角度讲，辉煌一时的徽商对当时的社会生产力的提高确实起了很大的推动作用。

更奇妙的是，“以文求仕，以仕保商，以商挣钱，以钱求文”的徽商价值观，深刻影响了近代中国人的文化生态。如今时过境迁，徽商早已不复往日辉煌，金银气消散之后，留下的反而是高度的文明：

第一，徽商为中国建筑文化奠定了基调和格局。“青砖小瓦马头墙，回廊挂落花格窗”，已经成为中国面向世界的符号。建筑设计大师贝聿铭设计的很多建筑，都借鉴了徽派建筑的元素。

第二，徽商在文化产品的挖掘上贡献非凡。文房四宝都与古徽州有关：宣笔、徽墨、宣纸、歙砚，共称“笔墨纸砚”。再比如说徽剧，自清代乾隆五十五年（1790年）起，四大徽班陆续进京演出，在随后的嘉庆、道光年间结合其他剧种形成了京剧，也成了京剧发展史上的标志性事件。

第三，徽州地处闭塞，难以开展大规模的农业文明，因此要走出去。明清时期，商贸首选当然是扬州——“腰缠十万贯，骑鹤下扬州”，接下来才是杭州等。

很多江浙名人的祖籍都在徽州。虽然祖辈把他们带到江浙一带长大，但由于根在徽州，以及家族对“程朱理学”、传统教育、人格和家训的重视，才使得这些名人一生受益匪浅。

除了文化生态外，徽商对整个中国的经济生态乃至城镇化也产生了深刻影响。关于徽商，最为人津津乐道的便是“无徽不成镇”。

徽商与扬州的关系不用多说，可以说，正是富可敌国的徽商，造就了烟花三月的扬州。这其实是一个普遍真理，文明最初都来源于田间地头和草莽，但在其走向璀璨的路上离不开王侯将相、豪商大贾的催熟。权力与金钱的本质，是高度的集聚效应，这种集聚是化育文明的必由之路，建筑、戏剧、美食、文学莫不如是。

除扬州外，杭州和徽商关系同样很深。徽州和杭州共饮一江水，渊源极深。黄金水路新安江从徽州过钱塘，流入大海，连接起了徽州和杭州这两个城市。除了水路外，还有几乎是徽州人陆路前往杭州的必经之路——徽杭古道。作为距离徽州人最近的淘金之地，杭州是徽商聚集的重要场所，历史上有无数的徽州人通过新安江水道去杭州经商致学。著名的“红顶商人”胡雪岩，安徽绩溪人，便是在杭州开启了他的政商传奇。

徽商从杭州获得巨大财富的同时，也潜移默化地影响了杭州，尤其是化育了杭州的商业文明。今天浙商风行天下，其精神源头可以追溯到徽商。

在当时黄山的策划中，我留下两句话："云中仙境新黄山"，这只是上半场；更重要的是第二张牌，叫"梦里江南古徽州"。放眼今日之中国，文化密度之高、精度之强、元素之多，非徽州莫属也。徽州可以成为中国向全球营销自己时的最具代表性的王牌。

除了徽州外，皖南的芜湖我也曾深入接触。1999 年前后，一个芜湖的市领导来找我。当时芜湖长江大桥即将建成通车，由此政府特地设立了一个长江大桥开发区，他们找我来做关于长江大桥开发区规划建设的策划。这个项目也让我第一次对芜湖有了系统认识。

芜湖地区处于承东启西的过渡地带，很早即开始接受外来文化。随着中国在封建社会后期经济中心南移，以及近代"西学东渐"，这一地区的开放度更高、包容性更强、商业色彩也更浓。

如果说徽州（今黄山）偏儒雅，芜湖就是典型的码头城市，江湖气重。芜湖自古以来就是货物的集散中心，无论是早期的茶城米市，改革开放初年的"傻子"瓜子，电商新锐"三只松鼠"，还是坚称"自己没有梦想，只想成为人上人"的"得到"创始人罗振宇，芜湖的商业色彩自古浓厚。我和罗振宇也打过交道，平心而论这个老兄的确极其聪明，而且很有野心，关键是豁得出去，这些都符合优秀商人的标准。

除了商业发达外，芜湖也有文化底蕴，《儒林外史》的作者吴敬梓也曾留寓芜湖，写了不少芜湖的人和事，如书中的范进、牛布衣等原型都出于芜湖。汤显祖的千古名作《牡丹亭》也是创作于此。今天的芜湖是安徽融入长三角的先锋，其 GDP 稳居安徽第二，潜力很大。

一路走来，我可以说踏遍皖南，包括安庆、铜陵、马鞍山、芜湖、宣城等，这一路恰好也是李白的“诗仙之路”。李白一生走遍名山大川，从“仗剑去国”到绝笔当涂，先后五次来到安徽，并最终在安徽——主要是皖南——度过晚年。

我小时候曾背过李白的《望天门山》：

天门中断楚江开，碧水东流至此回。

两岸青山相对出，孤帆一片日边来。

诗中描绘的天门山，雄踞芜湖北郊长江江畔，其壮观景色是我对安徽的最初印象。

李白的另外一首诗更加精彩。当时的江南西道泾县（今属宣城）富户汪伦是李白的超级拥趸，听说李白游至安徽，就邀请李白去做客，期间好吃好喝款待。“秀才人情纸半张”，李白想以诗相赠，却一直动不了笔。直到临别时船已离岸，李白还没有拿出作品。汪伦为人却是厚道，在桃花潭边一路踏歌送别，李白大腿一拍，有了：

李白乘舟将欲行，忽闻岸上踏歌声。

桃花潭水深千尺，不及汪伦送我情。

传统的中国诗主张含蓄，而这首《赠汪伦》却近乎打油诗，以直呼己名开始，又以称呼对方的名字作结，实在算不上精致，但这种洒脱、直率脱口而出的情感，居然成了千古绝唱。天下比汪伦有钱、有权的人不知凡几，但这一首《赠汪伦》却成了中国人关于友情的坐标。

我曾专门去过桃花潭边发思古之幽情。文人难免落魄，江湖自有真情，安徽之于李白，四川之于杜甫，都是诗人苦难一生中最大的精神慰藉。

刚健皖北

讲完皖南，再讲讲皖北。

1997 年我去了阜阳，十分惊讶：和水墨江南的徽州比，阜阳完全是另外一个世界。阜阳人口超一千万，是安徽人口第一大市，也是安徽外出务工人口第一大市。阜阳人从口音到饮食都深受河南的影响，个性比之河南感觉更精悍，但总的来说是彻底的北方人。

我在写河南的文中曾经讲到中国地域歧视的重灾区：河南骗子、安徽乞丐、苏北苦力、山东强盗，这四块地区是彼此相连的。这片区域统称“黄淮海地区”，也就是俗称的“黄泛区”。在从周朝有明确纪年以来的近三千年里，黄河下游的河道经历了从北到南，又从南再到北的大循环摆动，其中决口、改道不计其数。

如同中国的黄河，非洲的尼罗河也会定期泛滥，但尼罗河水带来的是肥沃的土地，并在此之上孕育出了古埃及文明。埃及人在大水过后重新测量被淹没的自家土地，并且计算下一次泛滥的周期，从而衍生出了数学、几何学、天文学等一系列学科，这些学科也被称作“尼罗河的赠礼”。

黄河与尼罗河最大的不同就在于含沙量，黄河洪水流经之处，土地被泥沙覆盖，良田成为盐碱地，让本来就不富裕的“黄泛区”陷入了极度贫穷和社会动荡，“尼罗河的赠礼”在这里变成了“黄河的诅咒”。

但就是这块历经诅咒、饱受歧视的“黄泛区”，却是中华文明的渊薮之一。

当年做安徽省文化产业战略时，我一直在思考一个问题，那就是道家为何会起源于"黄泛区"。安徽亳州就属于"黄泛区"。遗憾的是,由于行程问题,我没能好好在亳州探访一番。直到日后又赴亳州,才补上这一课。今天的亳州,已经很难看到过去"黄泛区"极不稳定的自然环境和社会环境。但这种不稳定环境和对命运的看淡,或许正是老庄思想的源头。

要知道,先秦诸子百家关心的几乎全都是人伦社会学的问题,极少有人关注自然,自然观、宇宙观、时空观几乎完全不在我们的话语体系中。古希腊第一哲人泰勒斯留给后人的是"仰望星空",中国第一圣贤孔子留给后人的是"仁义道德",中西方文明从开端就走上了两条不同的路。先秦诸子百家中唯一的例外就是老庄。老庄哲学的大背景,就是变化与无常,对世事和生命的看淡。

在"黄泛区"这片土地上,诞生了老子的《道德经》、庄子的《逍遥游》,诞生了以嵇康、刘伶为代表的魏晋玄学流派。这些迥异于传统人文思想的哲学,是否都是在"黄泛区"这种人生无常、繁华速朽的环境下产生的终极观照?这算是我个人的一点思考,在此提出,以就教于方家。

除了道家祖庭,"黄泛区"还是孕育帝王的龙兴之地。

在中国的开国帝王中,论得国之正、成事之难,当属刘邦、朱元璋,完全是地痞流氓出身,一个铜板赌天下。他们都出生于民风彪悍、豪爽的,即使铤而走险也能群起响应的黄淮区域。

其中朱元璋的故事最为典型。六百多年前,这位姓朱的老人在东海边画了一个圈,把淮海、江淮、江南三大板块一股脑儿塞在一起。这种生拉硬凑式的地域划分方式,直到今天,依旧影响着安徽、江苏两省的内部认同感,并且把南京推到了一个相当微妙的位置。

南京的地缘位置导致其远离江苏几何中心,周围近半是安徽城市。

江苏人习惯揶揄南京不是江苏人的省会,而是安徽的省会,甚至直接称其为“徽京”。

这种说法有几分道理,南京的确曾是安徽、江苏两省共同前身江南省的省会,两省分家后,安徽的行政班子硬是在南京多逗留了近百年,才恋恋不舍地搬到安庆。

时至今日,很多安徽人依然有浓厚的南京情结。今天的南京城里也到处都能看到安徽人的身影。印象特别深,当年我去滁州时,发现那里半个小时就能直达南京;做芜湖项目的时候,每次坐飞机必然是到南京禄口机场,比到合肥近多了;宣城虽然离南京稍远一点,但也是和南京眉来眼去;更不要提马鞍山,到南京的城铁都快通车了。

近日,蚌埠也投怀送抱,希望加入南京都市圈。南京当然表示欢迎,希望与蚌埠密切合作,加强沟通。这么一来,从 GDP 总量来看,安徽排名靠前的城市一多半投靠了南京,这也是个让合肥头疼的问题。

但是,即使今天的江苏先富一步,安徽人拍起胸膛来,还是比江苏响。毕竟当年南京的底子都是安徽人打下来的,朱皇帝就是安徽凤阳人,“淮西二十四将”也多是凤阳人,明朝拿下江山以后才奠定了近现代南京的基础。

南京王朝虽多,但王气暗淡,秦淮河边的皇帝们,执政多是笑话,风流都成佳话,虽能偏安一隅,最终逃不了被统一的宿命,只有朱皇帝才是真命天子,是南京唯一的大一统政权。

大明留给南京的,不止政治经济上的地位,还有市井生活。出身微末的朱元璋成了皇帝后,很多当年的农民最喜欢吃的菜,摇身一变成了南京一绝,鸭血粉丝汤、盐水鸭都成了南京城的代表饮食,至于珍珠白玉翡翠汤最后也成了名门菜谱。

安徽对江苏的影响,除了食物,还有语言。南京话和天津话都与江淮官话(安徽方言之一)非常相似,南京是天子脚下,天津是天子津渡,这也是大明留下的遗产。

安徽与江苏之间,真称得上“剪不断,理还乱”。

模糊皖中

和皖南、皖北相比,皖中平原可以说是面目最模糊的一块,甚至之前很少有皖中这个说法。

历史上往往以长江为界,把安徽分成皖南、皖北。1952 年合肥取代安庆成了安徽省会以后,合肥及周边地区经济飞速发展,省会总要有个说法,皖中才慢慢提得多了起来。

无名不代表不重要。在天下分裂时,如三国两晋、南北朝分立、五代十国,这片大别山以东、淮河以南、长江以北的江淮地区,都是偏安南方王朝的西北大门,甚至成为南北博弈的胜负手,乃至于诞生了一个专属战略词语叫作“守江必守淮”。三国魏、吴便在此对峙。由于合肥长期在魏国手中,对东吴国都建业(今南京)造成了巨大的战略威胁,魏、吴双方多次交战,不少名将都殒命于此。

今天的安徽,皖中天然是条拉锯战线,一省之内打得战火连天。从这个角度看,皖南人和皖北人互相看不顺眼简直是天经地义。有个笑话这样讲:一个皖南人和一个皖北人在一起,几乎没有共同话题,但当提起合肥时就有了共同话题。

如果说南京作为省会有些微妙,那么合肥作为省会多少有些尴尬。尽管合肥这些年来发展飞速,但安徽人民对合肥还是意见颇多:

合肥合肥，合而肥之。

安徽人甚至给合肥取了个外号——霸都，即霸占一省资源为己用之意。说句公道话，合肥的城市首位度在全国来看也不见得真有多高，关键是镇不住场子。

虽然今天的合肥是省会，但在清朝近三百年间，安徽省的中心一直在安庆。那时候的合肥（古庐州）仅仅是个小县城。20世纪中期，国民政府把省会由安庆迁到合肥，主要是从军事角度考虑：无论是安庆还是芜湖都在长江边上，合肥则相对居中。作为战时中心，合肥迅速发展了起来。

新中国成立以后，从发展经济角度考虑，安徽省几次提出动议，要把省会从合肥迁往安庆或芜湖，但这个方案最终还是被毛泽东否决。正所谓“自古不谋万世者，不足谋一时；不谋全局者，不足谋一域”，新中国成立初期大陆面临着严重边患，如果台湾在美国海军的支持下反攻大陆，长江流域极易失守，无论是安庆还是芜湖，都有陷落的危险，而合肥在安徽中部，有足够的战略纵深，是战时省会的最佳选择。

时过境迁，合肥的战时使命早已完成，但陆路交通的崛起让合肥再度占据优势。而且，合肥位于安徽省的几何中心；安庆偏于西南一隅，很难对全省进行有效控制。历史的辉煌无法掩盖城市地缘带来的劣势，在交通和工业化越来越重要的近代，安庆的失势显得无法避免。一来二去之间，合肥也坐稳了省会的位置。

五六年前，我们和中铁四局合作过一个合肥的项目，我在合肥待的时间多一些，也考察了一圈周边的城市。我去淮南看过草木皆兵的八公山，脑中既有淮南王刘安鸡犬升天的传说，也有淝水之战风声鹤唳的故事。我也认识了皖中一个别具特色的文化圈——环巢湖文化圈。

就合肥文化本身的发展来看，它的纵深和外延即是环巢湖文化。

其代表人物，古有范增、周瑜，今有李鸿章、段祺瑞、冯玉祥。清末淮军将领群体及其骨干分子，大多分布在整个庐、巢（及六安）地区，这里是军事人才的聚集地。

皖中最重要的历史人物就是李鸿章。小至让合肥名声大噪，中至推动安徽顺势崛起，大至裱糊清朝国运，李鸿章都举足轻重。

关于李鸿章的是非评判很多。在我看来，李鸿章是奸相，观其奢靡生活便知；李鸿章是权相，观其手下淮军便知；李鸿章也是古今能相，观天下便知。

有副李鸿章的对联，在很多人——尤其是老板群——中广为传颂：

享清福不在为官，只要囊有钱、仓有米、腹有诗书，便是山中宰相

祈寿年无须服药，但愿身无病、心无忧、门无债主，可为地上神仙

看似抱朴守拙、清心寡欲，事实恰恰相反。

在“晚清四大名臣”中，李鸿章是生活最奢华的。其筹措洋务几十年，上下其手、中饱私囊不知多少，时人风传“宰相合肥天下瘦”并非虚言。

李鸿章曾在上海的丁香花园金屋藏娇，我专门去参观过，感慨万千。享受金山银海、温香软玉的间隙，还能写出这样朴素的对联，李中堂果然非常人也。

当然，评价历史人物不能以德行简单论之，也不能非红即黑、非此即彼。人的两面性在李鸿章身上深刻地体现了出来，极尽奢华的另一面是中流砥柱。

1843 年的夏天，一首《入都》传颂京师：

丈夫只手把吴钩，意气高于百尺楼。

一万年来谁著史，三千里外觅封侯。

……

该诗的作者——弱冠才子李鸿章——也踏入了历史的舞台。是年，中英《南京条约》刚刚签署，青年李鸿章在心忧国难的同时，也还有着对个人未来宦海生涯的踌躇满志。

至于李鸿章的另一首《临终诗》，则有些悲凉：

劳劳车马未离鞍，临事方知一死难。
三百年来伤国步，八千里外吊民残。
秋风宝剑孤臣泪，落日旌旗大将坛。
海外尘氛犹未息，诸君莫作等闲看。

这首诗是他在1901年《辛丑条约》签订后，上呈慈禧太后的绝命诗。诗罢不久，李鸿章辞世，享年七十九岁。在李鸿章死后不到十年的时间里，大清王朝就彻底地消失在了历史的滚滚车轮中。

细品这两首诗，竟有些相似。“一万年来谁著史，三千里外欲封侯。”一万年，是对历史的反思。曾经世界之巅的中国为什么会衰败如此？洋世界究竟长什么样？谁在书写历史，接下来会如何书写历史？这是大时代里中国年轻辈中最优秀者的天问。三千里，既是安徽到北京之间的距离，也是白衣到宰相的距离。和要做圣人的曾国藩不一样，李鸿章是枭雄性格，手段更加圆融，名利之心更重，对于封侯拜相有着强烈的追求。

对比李鸿章的绝命诗“三百年来伤国步，八千里外吊民残”，近三百年清朝国祚眼看即将终结，八千里疆域国土到处黎民凋残。

这两首诗的写成时间前后近乎一甲子，李鸿章从欲封侯拜相、安天下济苍生的布衣青年，到门生故吏遍天下的国之重臣，最终成了人人唾弃的“媚外卖国第一人”，造化弄人，竟可至此。

很多人喜欢假设：如果慈禧光绪母慈子孝、英明神武、锐意改革，“四大名臣”齐心协力，中国还有救吗？

我说：失败往往不是瞬间的，而是在很久以前就埋下了伏笔。结果和结局从来不一样：结果是终焉，是“是非成败转头空”的一声长叹；结局则开始在你错过了最后一个可以扭转局势的路口时。

扭转局势，说来容易做来难；中国这艘太大的船，想要在滔天巨浪中转身更是难上加难。没什么比李鸿章的绝望与希望更能代表中国在19世纪的挫折和努力。中国的沉沦与衰落、救亡与复兴，这不是几个人的使命，而是几代人的宿命。

“海外尘氛犹未息，诸君莫作等闲看。”李鸿章的绝命诗，今天犹在耳边回响……

皖人治国，何以治皖？

近现代以来，安徽人可谓身居庙堂，算策天下，唯独安徽日渐落魄，以致岌岌。

安徽的落魄和工业时代有关。在新中国成立后开始的工业化的主旋律中，安徽充其量不过是个配角。

我对区域发展有个广为流传的“三口理论”：不管是城市还是区域，都遵循“河口——江口——海口”的进化和转移规律。

江口时代是农耕文明的绝唱，武汉、南昌、南京能成一时之盛，都是占有江口之利。在这个时期，安徽以徽商的身份征服了长江下游的江口文明，长江沿岸的安庆、芜湖等城市也得到发展；但是，安徽终究没能像湖北那样形成省域性的江口核心城市，棋差一招。

改革开放以来，时代切换到以海口为中心的江海区域，大工业文明拉开了序幕。长三角、珠三角、环渤海三大海口区域强势崛起，不靠海的安徽又一次错过机会。

安徽的未来,关键还要看合肥。

如果说过去的合肥是“合而肥之”,被动式地汇聚全省资源做大做强,那么今天乃至未来的合肥,将迎来全新的发展机遇。

应该说,在财力有限的条件下,集全省之力建设一座大城市是明智之举。这种做法也不是安徽首创的。

安徽最早的铁路城市其实是蚌埠,上起天津,穿德州、济南、枣庄、徐州、蚌埠、南京而直至上海的“津浦铁路”,迅速提升了蚌埠在安徽省内的地位。

蚌埠春风得意,合肥则让人心酸。在国家规划“四纵四横”的普铁时代,合肥作为省会却被完美避开。京九线在经过安徽境内阜阳后却突然往西拐了一个弯,拐到了湖北,不再南下合肥。合肥人前往上海、北京等大城市的时候,还要从蚌埠转车。

不只合肥受到重创,安庆等安徽主要城市在很长的一段时间里都陷入没有铁路主干线的尴尬境地,这也造成了安徽省在很长的一段时间内经济的发展十分迟缓,只能选择强行做大合肥。

为了发展合肥,安徽把全省的大多数科研机构、大型企业迁往合肥,仅有记录的就二十六家。在“合而肥之”战略下,合肥也交出了一张漂亮的答卷,从 GDP 增速来看,十年增长 340%,年均增速达 15.9%。要说这十年谁是全中国发展最快的省会城市,合肥当仁不让。

十多年前,时任合肥市委书记曾请我去做战略顾问,长谈两三个小时,其核心战略就是把中国第五大淡水湖——巢湖——变成合肥的内湖,并在此基础上思考整合扩融以后的发展方向。现在来看,这几年来合肥的变化可以说是天翻地覆,不算辜负省内各兄弟市县的倾力支持。

在新一轮高铁时代，错过江口、海口时代的安徽，真正有了崛起之基。中国经济版图将实现大洗牌，大合肥都市圈很有可能抓住机会，扶摇直上。

未来以合肥为中心的米字形高铁规划，让合肥的枢纽地位进一步凸显，不仅提升了合肥与外部的通达性，这也让其在省内的几何中心作用发挥到了极致，人流、物流、信息流、科技流、金融流纷纷开始往合肥聚集。

除了高铁外，合肥第二个值得关注的就是中科大现象。

1969 年，中国科学技术大学（中科大）从北京外迁，落户的首选地并非安徽。中科大分别向湖北、河南、江西抛出橄榄枝，没想到这三个省均婉拒了。这时安徽省却明确表示“安徽人民即使不吃不喝，也要把中国的科学苗子保住”，并腾出了原合肥师范学院和银行干校，用以安置中科大。从此，中科大落户并扎根安徽，开始了与合肥的互相成就之旅。

由此观之，中科大苦觅下家和千年之前李白落魄江湖竟有些神似，而且都是安徽接纳了他们。汪伦因李白一诗留名青史，安徽因中科大之落户弯道超车，这也算是好人好报吧。

如今，中科大的重要性也更加凸显。世界首颗量子科学实验卫星“墨子号”成功上天，世界首条量子保密通信网络“京沪干线”全线贯通，世界首台光量子计算机诞生……以中科大为代表的量子科技研究，处于国际领先水平。

从某种意义上说，中科大和合肥，甚至有点像斯坦福和硅谷的关系。今天的合肥悄无声息已经成为综合性国家科学中心城市，基础科学研究的个别领域在世界范围内都颇具影响。安徽在人工智能领域进行了大投入和提前布局。相对于很多以传统产业为主的省份，安徽已经走在了前面。

应该说，任何一座中心城市的崛起，都同时伴随虹吸效应、溢出效应。在此之前合肥的做大做强，其人口和产业的虹吸效应要明显强于溢出效应，但随着合肥的不断成熟，其溢出效应正在不断增加，资金、教育、医疗等资源正在不断向外转移，也带动了整个安徽的产业生态升级。

中科大只是一个引子。工业化前期失宠的安徽，已经迎来了后工业化的历史机遇。总体来讲，安徽的产业发展可以概括为：以“智慧安徽”为统领，驱动产业升级。如策略得当，合肥都市圈将会成为中部甚至是大长三角的一股关键力量。

所谓的“智慧安徽”，就是安徽发展人工智能。作为人工智能的三大底层应用，以科大讯飞为龙头的语音识别，使得安徽已经走在国内的前列。以语音识别为基础，向前完善芯片、云计算基础，逐步建立安徽人工智能产业系统性技术优势，是提前布局的关键。当然，人工智能更重要的是产业化。安徽的人工智能产业化赛道，与国内众多省区市基本在同一起跑线，甚至某些方面还处于领先位置，这是后发优势和弯道超车的最好时机。

在人工智能主导下，安徽的产业发展有三大突破方向：智能仪器、智能装备、智能终端。

安徽智能仪器有两个方向值得投入，第一是医疗医药智慧仪器，第二是智能制造的精密仪器。这两个方向都是人工智能应用的大方向，也是安徽产业转型升级的内在驱动，更是国内产业化的共同短板，安徽如能有所突破，前景不可估量。

关于智能装备，安徽的主要方向可能还是在小机器人上。这也是和人工智能紧密相关的行业。在机器人方面，安徽可以与国内众多的工业大机器人走差异化路线，在应用更为广泛的小机器人、生活型机器人方面大做文章。同时，以小机器人为核心配件，进行其他智能装备的广泛延伸，是一个巨大的市场。

智能终端主要是三个方向，第一是智慧家电，第二是智慧汽车，第三是新型计算机。安徽的家电产业，已经有了一定的基础和规模，物联网化的智慧家电是聚焦重点。拥有奇瑞、江淮汽车两大基地的安徽，在智慧汽车、自动驾驶方面，同样具有广泛的想象空间。同时，安徽的特种计算机，是军民融合得很好的落脚点。在芯片、面板等关键配件上已经小有成效的安徽，将会对智能终端产业提供极好的支撑。

从地缘角度看，长三角扩容是安徽面临的第三重机遇。

在新的长三角一体化规划中，安徽、江苏、浙江、上海等三省一市全部纳入长三角范围内，这在以前是不可能的。现在安徽的全境覆盖首先要归功于高铁，三个小时之内就能从上海到安徽最北边，其次也和安徽近些年在新兴产业领域高歌猛进有关。

安徽以前属于中部省份，但一直是向东谋发展。对于长三角的诸多城市——尤其是上海——来说，安徽是人口输出大省。无论文化还是心理，安徽与长三角都没有距离。如今，各项指标增长处于中东部前列的安徽，省际地位正在呈现不断崛起的态势，甚至未来将会成为承东启西、南北呼应的重要枢纽。

然而，仅仅是经济发展、交通改善，安徽就能走出“无所谓中国”吗？恐怕还不够。安徽最大的问题，还是出在认同感上。认同感是维系一定地域内的群体凝聚力、向心力的纽带，是归属感得以形成的保证，也是存在感得以凸显的基础。

前几天我在广州遇到一个安徽老板，他曾经在广东徽商组织中担任要职，他讲道：“王老师，安徽商人在广东非常厉害，有上千老板，上千亿资产。安徽商人有几个特点,第一从事高科技行业的特别多;第二上市公司特别多;第三美食家特别多,安徽人在广州开了很多顶级的餐厅,有机会请王老师去品鉴。”我当时就反问他,既然徽商势力强,为什么声势不大呢?他也解释不清楚。我提起安徽的某些市县时,他很不以为然:“他们和我们不是一类人。”

同属一省,“他们”与“我们”之间泾渭分明,这就是问题所在。走遍安徽,我明显地感到安徽有的是人才,但他们普遍只对自己的圈子有归属感,顶多扩展到周边地市,对于整个安徽省并无很深的认同感。

安徽人于他乡道左相逢,往往表面寒暄几句便作罢,很少借同乡之谊进一步深化合作乃至衍生合作。这导致安徽人留在历史中的形象往往是个体或者特定群体,不能代言整个安徽。换句话,安徽缺少某种与地域相关的荣誉感、使命感。“不是一家人,不进一家门。”对于安徽来说,进了一家门,也不是一家人。

诚然,安徽的寂寞有历史原因,也有自然原因,但问题的根源还在安徽人自己身上。心病还须心药医,这不是仅仅发展某个产业、建几条高铁就能迎刃而解的。

走出寂寞

我在各种场合反复强调一个观点,区域发展离不开三大关键要素:基因、契机和生态。

什么是基因?基因是一种软实力,是时间冲刷后的底蕴。从文明肇始地,到历史转折地、商业策源地、文化璀璨地,再到近现代的革命基地、现当代改革源地与创新高地，安徽的优秀基因可谓集古今之大成。

什么是契机？如果说基因是人算，契机就是天算。“谋事在人，成事在天。”契机也分大小：哈尔滨、石家庄、郑州、蚌埠、株洲等，一条条铁路拖来城市的崛起，靠的是区域级契机；深圳特区的高速腾飞，靠的是国家级契机；中国改革开放四十多年来的伟大复兴，靠的是世界级契机。

今天的安徽，正面临着百年一遇的重要契机。在中国崛起、中部崛起的双重背景下，在人工智能、物联网飞速发展的双重浪潮下，在长三角一体化、合肥都市圈双重统筹下，安徽正在成为长三角、中部战略双覆盖的通衢要地，工业化和城市化前期的劣势反而是后期轻装上阵的优势……抓住这百年一遇的重要契机，安徽很有可能从配角变主角。

什么是生态？生态是热带雨林，其中乔木灌木各安其位，老虎狐狸物竞天择。生态是一个闭环，是高度的认同感，是区域竞合间蕴藏着的“万类霜天竞自由”。

在首批“四大经济特区”中深圳一骑绝尘，原因很多，但有一点极其重要：深圳打造了自己的生态，形成了“来了就是深圳人”的共识。如何打造生态，达成最大公约数？这是安徽急需补上的一课。

行文至此，或许可以回答文初那个问题了，安徽如何走出寂寞和“无所谓中国”的境遇？答案很简单：发扬基因，把握契机，构建生态。

这是一篇大文章。做好这篇文章的安徽，令人期待。

上帝为什么钟爱浙江？

在中国三十四个省区市中，很难找到第二个地区能像浙江一样有如此多的正面评价，仿佛上帝都对其钟爱有加一般。多年来我几乎跑遍了浙江的山山水水，对浙江下了很大功夫来研究。解读浙江的密码，就隐藏在这种“钟爱”之中。

浙江从何处来？

一个地方有人才不奇怪，千百年来哪个地方没有几个青史留名的人杰？奇怪的是一个地方能大规模、长时间、高质量、一茬茬地往外涌现人才。

千年以降，浙江地区一直是中国的人文渊薮。琴棋书画、诗词歌赋，这里的一草一木、一沟一壑，写的都是吴越风情、魏晋风流和唐宋风华。

从宋元到明清，浙江绵延千年的文脉结出了丰厚的果实：浙江籍状元就有六十人之多，占中国总状元数的十分之一强；明清两代，仅浙江籍进士就有六千五百多位。

我曾经给宁波慈城做过策划。翻开慈城县志，这里的人才多到难以置信：自唐至清，慈城出过进士五百一十九人，其中状元三人、榜眼一人、探花三人；官至尚书和在全国各地为官的多达千余人。

“士比鲫鱼多”，袁宏道这一看似玩笑的类比，正是浙江遍地读书种子的真实写照。

浙江不仅出读书人，更出大师。古有沈约、周邦彦、陆游、赵孟頫、王阳明、王国维……今有鲁迅、徐志摩、郁达夫、茅盾、金庸……浙江籍的文化大师可谓灿若星河，数都数不过来。可以说，浙江让整个中国都变得精致了不少。

在乱世烽烟之际，浙江又多人杰。清末民初，中华民族恰逢“三千年未有之大变局”，浙江虽然远离政治中心，但偏偏能得风气之先，思想激荡、人杰辈出，从立宪名流到革命志士，再到博古通今的大师，其中诸多人物无不身名彰显、青史留名，即便百年之后仍鲜有人能望其项背。从蔡元培、章太炎、鲁迅等学界巨擘，到陶成章、徐锡麟、秋瑾等革命先驱，以及之后以蒋介石为首的江浙军政商群体强势崛起，深刻地影响了20世纪的中国。

如今一夜之间，市场经济的浪潮撞开了古老中国的大门，金钱至上、唯此为大的时代到来了。浙江又摇身一变，成了商品经济的海洋，涌现出成千上万的老板群体，绘就一副“遍地英雄下夕烟”的壮观景象。

在改革开放初期，同样是谋生，我那些云贵川的老乡们大多是外出打工，干体力活，挣辛苦钱；而浙江人只要有点条件，总想自己做老板，“白天当老板，晚上睡地板”，身家百把万、上千万的浙江籍小老板遍布全球各地。这种现象曾让我很是难过了一阵子：凭什么浙江人出去就可以当老板，而我们只能当打工仔？

同样是发达省份，浙江与江苏比，一个是七山二水一分田，一个是三分之二的土地面积为平原。在改革开放之初的1978年，浙江124亿元的年度生产总值，只有江苏249亿元的一半。今天的浙江，GDP总量虽然依旧比不过江苏，但是在居民人均可支配收入上，浙江以4.2万元的数据位居全国第一，可谓是富得扎扎实实。

千百年来，浙江人似乎总能找准浪潮之巅，并且整齐划一地立在潮头。在与时俱进这方面，浙江人是全中国的典范，他们也理所当然成为时代的宠儿。

不仅浙江人，浙江本身也是集万千宠爱于一身。说到浙江，人们往往会联想到很多美好的词语：富裕、人才济济、鱼米之乡、风景优美……最典型的就是历代词人笔下的浙江，例如宋代柳永的《望海潮·东南形胜》：

东南形胜，三吴都会，钱塘自古繁华。烟柳画桥，风帘翠幕，参差十万人家。云树绕堤沙，怒涛卷霜雪，天堑无涯。市列珠玑，户盈罗绮，竞豪奢。

重湖叠巘清嘉。有三秋桂子，十里荷花。羌管弄晴，菱歌泛夜，嬉嬉钓叟莲娃。千骑拥高牙。乘醉听箫鼓，吟赏烟霞。异日图将好景，归去凤池夸。

据说金主阅此词，爱慕杭州胜景，遂起投鞭渡江之思。

不过，实事求是说，这些诗词对浙江的描写太理想化了，其实未必如此。1982 年我第一次去浙江时，曾顺路去看望一位在西北工作多年的老领导。他好不容易通过中央协调告老还乡，回到浙江养老。我去看望他的时候，没想到他和我抱怨道："浙江什么人间天堂，简直是人间地狱。气候哪有我们兰州好！兰州夏天凉爽，冬天还有暖气；杭州夏天热死人，四十多度，冬天冷死人。"那时候没有空调，也没有暖气，西湖的冷风一吹过来，手上开的全是口子，当地人叫"开冰口"。

我后来多次去浙江，也领略了浙江的四季："山寺月中寻桂子，郡亭枕上看潮头。""乱花渐欲迷人眼，浅草才能没马蹄。"……名篇佳句中的浙江，总是金秋或早春，却没有人说夏天的闷热、冬天的冻雨。大家都有意无意地忽视了浙江自然条件上的缺点，而对它的美极尽讴歌。

这很有意思，就像海德格尔所说的"诗意的栖居"一样，往大里讲历代都有各种"理想国"和"乌托邦"，从小处说各国也都有"桃花源"和"香格里拉"的传说，古今中外概莫能外。

每个人的心目中都有一个天堂，大家看到的都是它美的一面，就像断臂维纳斯一样，大家不关注断臂，只追逐维纳斯。在世界各地的比较中，总会有获胜者，成为所有人心中的"天堂"，比如法国人的普罗旺斯、英国人的大湖地区等。同样，中国人的"天堂"就是浙江，浙江的好名声不是浙江人自卖自夸，而是全中国人民夸出来的，因为这是他们心目中的“天堂”，不容玷污。

浙江为什么能够成为全国人民的宠儿？这个问题可不简单。

三个浙江、五个浙江

对外而言，全世界有三个浙江；对内而言，浙江又可以分成五个浙江。

所谓“三个浙江”，指的是本土浙江、中国浙江和海外浙江。它们都表现出了非常澎湃的经济动力，并且形成了复杂而深广的人际网络、销售网络，这种网络就像人体的细胞或毛细血管一样，遍布于市场的末梢。这个依靠血缘、宗族、同乡等传统关系凝结而成的网络，释放出了巨大的能量，也把囿于一省的浙江经济变成了遍布世界的浙江人经济。

在中国甚至海外，只要是有人的地方，就会有浙江人，只要有浙江人的地方，就会形成类似军队的完整建制：有实力的大老板是投资者，在当地建立一个浙江商城或温州商城；实力较弱的老板是摊主或堂主；没有本钱的就是伙计，看铺子、守摊位。总之，每个人都各得其所。

这种完整的商业体系，还能给年轻一代的浙江人以希望。他们满怀信心地从底层做起，守望相助，坚信他们当中一定会产生未来中国的风云人物。这种文化传承，也是浙商能够风行天下的一大重要原因。

“五个浙江”，指的是浙江内部可以分为五大板块，其间差别之大甚至超出了普通的地缘之别。

第一个板块是杭嘉湖平原——杭州、嘉兴、湖州。

杭嘉湖是农耕文明时代的典型浙江，是富饶江南的真正代表。外地人对于浙江的传统印象，仔细地打开来看，大多都是杭嘉湖。“东南形胜，三吴都会，钱塘自古繁华。”说的就是这块土地。绫罗绸缎、诗词歌赋，各种美好的词都能用在这里，它是文人心目中的人间天堂。

所谓的人间天堂，其实是先有人间，后有天堂。天堂也是人造出来的。

浙江的气候、降水、土壤、地形在今天看来非常优越，但在古时并非如此。就气候而言，这里淫雨连绵、潮湿濡热，远不如北方温带地区的温暖凉爽更有利于古人类生存，所以司马迁在《史记·货殖列传》中说这里“地下卑湿，丈夫早夭”。在没有发明铁器前，黏滞板结的土壤很难耕作，而北方黄土高原的疏松肥沃的黄土，特别适合我们使用石器和木器的先民。这也是为什么中国早期的文明周、秦、汉、唐在黄土地带崛起的重要原因。

除了土地，水也是阻碍人们生存的一大问题。太湖流域是典型的水乡泽国，杭嘉湖平原又是太湖流域最低洼、排水最困难者，其水网密度堪称全国之冠。其中以湖州最为典型，它曾因城内外水域辽阔，被称为“水晶宫”。然而，大面积的水域并不像诗画中描述的那么浪漫，往往在丰水期酿成灾难，给生活带来极大不便。

可以说，杭嘉湖平原的发展，与治水技术的进步密切相关；拦水筑坝和造船建桥的技术成熟之日，才是杭嘉湖真正发展之时。就连名满天下的西湖本身，其实也是因为历朝历代不断进行营建与保护，才得以存续到今天的。

说起杭州，不得不说的还有五代割据时期的吴越钱氏，它在战乱烽火中是一个“陌上花开缓缓归”的特殊存在。钱氏治下的吴越国，不仅将杭州真正推向了江南一线城市的地位，更避免了南唐式的悲剧。钱氏纳土归宋，以一个地方政权的悲剧命运作为句点，却为杭州的兴盛写下了开篇。

杭州之美毋庸置疑，然而温柔乡是英雄冢，美好总是容易让人斗志消沉，杭州在历史上常作为短命王朝的偏安之地。说好听点是中土王朝的避难所，但最后却往往是王朝的销魂处，以至于最后成了埋骨地。“暖风熏得游人醉，直把杭州作汴州。”杭州文化中似乎总有一种消解英雄气概的特质。

在改革开放以后二十多年间，伴随市场经济的发展，新兴力量开始崛起，旧日的大户也成了保守的象征。杭嘉湖一直没什么起色，甚至有些衰败，就像上海也曾被广东人打得抬不起头一样，这种现象一直持续到2000年前后。

从1980年到2000年的二十年时间，杭嘉湖持续走衰，唯一的亮点就是1983年左右在嘉兴海盐出了个步鑫生，很是火了一阵。但现在回头来看，无非是把大锅饭打掉，管理严格一点罢了，并没有冲破体制上的桎梏，其象征意义大于实际意义。

到21世纪初，杭州才开始真正地勃兴。但此时的杭州更像一个舞台，供所有浙江人粉墨登场。很多浙江籍的老板发家后，都会选择搬到杭州，成为新杭州人。一批批涌入杭州的新杭州人，给杭州带来了深刻的变化。

杭嘉湖平原虽然曾经衰败，但却一直很看不起旁边的温台。

第二个板块便是温台——温州、台州。

温台是一块很难说清的地域。从千百年风云际会中走出来的温台，很多时候像是一个矛盾体：贫瘠与富有、出走与回归、闯荡与保守、书卷与草莽，在它身上并存。

温台常被作为改革开放四十多年的形象缩影。它有着遍及四海的商人和商品，说着“三里不同调，十里不同音”的难懂方言，也曾经有过“闲敲棋子落灯花”的文人荟萃，亦有壮阔磅礴的大好山河，还有着民风彪悍、自力更生、重商轻政、投机取巧的温台人。

温台也曾是人文荟萃之地，有“人物满东瓯”之说。浓厚的学术氛围让当时最重要的儒家学派之一“永嘉学派”也随之诞生壮大。直至如今，永嘉昆曲、青瓷、漆器，隐约还残留着彼时温州的雅致气息。然而，书卷气终归只是点缀。艰山海阻的地形，一方面限制了温台与其他地方的联系，另一方面也让这里得以摆脱官方正统儒家思想中重本抑末、抑制商业的压力，让冒险成为温台人刻在骨子里的精神。

关于我和温台的故事，可以从喝酒讲起。

多年前我曾为台州地区做过策划，也去看了那道雄奇不输边塞的“江南长城”。那时拼酒还十分盛行，台州的领导设宴接待我们，在入席前，我和团队讲：“浙江人嘛，都是江南才子、文弱书生，怎么可能喝得过我们这些老江湖？你们放心大胆地往前冲就行。”

酒过三巡后，我开始感觉不对劲：这些台州人怎么一个比一个能喝！于是我开始指挥，“擒贼先擒王”，集中针对一个看起来最厉害的常务副市长。没想到这个老兄喝下去两斤多，脸都青了，出去一会儿后笑嘻嘻地回来了，面色如常，继续推杯换盏，搞得我们几乎全军覆没。第二天我问台州市领导，喝这么多酒他们怎么能扛得住。他们说，温台人是渔民的后代，渔民在海上就靠喝酒驱寒，无事三杯酒，有事酒三杯，他们喝酒的禀赋是遗传的。

事实的确如此，由于靠近海洋，温台人是中国历史上最早具有海洋意识的一批人。唐宋年间，中国海岸线还非常热闹，大海里航行着中国和各国往来贸易的航船，中国看似将要迎来一个大航海时代，温台也迎来了大发展。然而接下来的明清两朝，不只是消极地拒绝海洋，更是残酷地打压，“明(太)祖定制，片板不许入海”；更有倭寇时常侵扰海岸，使得原本生机勃勃的海洋经济迅速凋敝。

自古以来，倭寇一直被认为是日本海盗对中国沿海的侵略，然而，在数百年正统史观的笼罩之下，诸多事实总会隐约露出微光，所谓倭寇实际上大多是一群被误读的中国海商。他们被重重掩埋的身份和命运背后，则是中国曾经强劲的民间海洋力量与农耕王朝的对峙抗争和衰败。所谓的东南抗倭，更像是禁海政策下的一种谎言。

倭寇大首领王直，其个人故事如同史诗般波澜起伏。浙江总督胡宗宪把王直的父母妻儿押为人质，写信诱降，并谎称同意其开海通商的请求。王直请降后，胡宗宪却翻脸将其杀害。临刑前，王直仰天长叹:“吾何罪？吾何罪？死吾一人，恐苦两浙百姓。”这话怎么看都不像一个倭寇首领说出来的。而王直口中倒霉的“两浙百姓”，其实主要指的就是充满着自由与勇敢精神的温台了。

长期以来，在官方视野里，温台就是不规矩的代名词，被打压了很多年。直到1992年邓小平第二次南巡以后，温台才真正地走到了时代的前台。

在20世纪90年代初，我去江浙一带采访，温台的景象深深震撼了我。当时电力紧张，那里家家户户门口都摆一个小发电机。街上那些面容姣好、操着吴侬软语的妇女们，像男人一样蹬着人力车，车上载着四五百斤的货物。在将近四十度的高温下，所有人挥汗如雨，但没人发出怨言，都在默默奋斗，每个人脸上都是喜悦与希望，每天生活都在发生变化。

在采访时，当地人送给我一个精美的打火机，给我讲道："打火机市场本来被日本霸占，温州只有代加工的工厂，然而代工多了以后，我们就开始自己做，用勤劳、智慧和低成本把日本人打得七零八落，无奈退出，从此温州基本垄断了一次性打火机市场。"类似的故事还有很多，甚至美国的军装、警徽、国旗等都被温州人包揽，只要市场有订单，这里就能提供足够的生产力。

采访结束后，我写了一篇文章《华东归来话广东》，并在文中感慨道：

> 什么叫温州模式，什么叫市场经济？就是猫有猫道、鼠有鼠道。不是无道，各行其道。道者，市场规律也。

这种"各行其道"的规律，让温台人即使在最压抑的年代，也没有完全熄灭冒险的火苗。他们在一穷二白的草莽之气驱使下，瞅准商机，离开家乡寻找财富，甚至远赴海外。

温台的偷渡史可以追溯到百余年前。最初那帮偷渡客们，在语言不通、一穷二白的情况下，靠着兜售青田石站稳脚跟，到后来开餐馆、洗衣店，逐渐融入当地，但毕竟还是生活在底层。

前些日子，我在法国参加了一场影响很大的华人高尔夫赛，惊奇地发现参加者大部分都是温州人。大巴黎地区总共有三四十万华人，其中浙江人占了主流，而且一大部分又都是温台人，包括青田人（青田隶属于丽水，但靠近温州）。再一深究，这批老板们大多是1999年左右挤在黑暗的集装箱里，漂洋过海偷渡过去的温台人。

当时偷渡到美国需要花三十万元人民币，到欧洲只要三万，所以很多偷渡客都选择往欧洲跑。那时的偷渡条件很恶劣，甚至出现过一车人窒息而死的惨剧，但就算这样，偷渡者依旧络绎不绝。

在2001年中国加入WTO后，他们摇身一变，成为中国制造的代理商和接应点,深入到“敌人”腹地,并早已铺好了关系网,这批抓住机遇的浙江人也成了当地的华侨领袖。旧日洗碗刷盘子的手,经过多年拼搏,今天也开始打起高尔夫了。

2010 年左右,我再访温州时,温州正是众矢之的:大批温州人组成炒房团,挥洒着支票,昂首挺胸地挺进杭州,挺进上海,一度引发争议。

温台商业的活跃,带动了民间金融发达,各种地下钱庄、担保公司层出不穷。但是,这种发展模式的无序和不稳定,在 2008 年那场金融危机里暴露无遗。相关统计显示,在 2010 年前后,整个温州接近 90% 的家庭或个人参与民间借贷,60% 左右的企业也深陷其中。随着债务崩盘,资金链相继断裂,老板们纷纷跑路。这种冒进与投机,深刻地反映了温州冒险精神的另一面。

印象中的温台人,大多体态瘦小,操着混杂而奇怪的方言,很少大嗓门说话。但是,改革四十多年间,关于他们纵横四海、放手搏命的“大胆者”的故事可谓车载斗量。“胆大包天”的王均瑶、正泰的南存辉,这些我都认识;还有“汽车疯子”李书福。吉利迄今的成功人所共知,但很多人不知道的是,当年中国还不允许私营资本涉足汽车领域,李书福根本拿不到生产牌照。“请给我一次失败的机会!”这位台州佬一番惊世骇俗的表白,令前来视察的中央高官都为之动容。不怕失败的背面,蕴藏着的恰恰是成功的机会。

我印象最深刻的是“红蜻蜓”的老板钱金波。我曾与“红蜻蜓”合作过两三年。虽然钱老板是小木匠出身,成长于社会大学,最后甩掉木匠担开始做皮鞋,但我和他在一起时,能明显感觉到他身上的儒雅之气。他对于很多文化概念如数家珍,给我讲起“永嘉学派”,神采飞扬。我一度非常诧异:一个木匠出身,后来又去跑市场做皮鞋的老板,怎么对“永嘉学派”有如此深的造诣呢?

因为对文化的热爱，钱金波和浙江文化界的名人余秋雨成了朋友。我和余秋雨认识也是经由他介绍。有一次他特邀我去浙江做一次讲演，同台嘉宾就是余秋雨。我见余秋雨时，他正好出了本新书《借我一生》，我当时问他："现在电脑这么发达了，你用电脑写（书）还是手写？"他说不，要用钢笔写，这样才有韵律美，这也是一个享受的过程。那天我们聊了很长时间。他吴侬软语的腔调到现在我都很难忘，但言谈中也能感受到他深厚的功底和修为，为人做事讲究章法，强调优雅和美感，属于另一种完全不同的浙江人——宁绍人。

第三大块是宁绍平原——宁波、绍兴。

宁绍平原正好介于杭嘉湖和温台两者之间，既不像杭嘉湖是鱼米之乡，也不像温台曾经海盗横行、生性强悍，它是这两者的结合。

绍兴自古以来就是文人荟萃。当温台输出海盗或者远走南洋的时候，绍兴就输出师爷。绍兴的儒雅之气十分浓厚，铤而走险、作奸犯科的事情不想干，生存压力又大，只能好好读书，学得文武艺，售予帝王家。所以，全中国最大的师爷出产地就是绍兴。

明朝绍兴的进士数量有五百六十人，到了清朝达到七百四十名。榜样的力量让绍兴人变得特别爱学习，但是地方的录取名额毕竟有限，这么多读书人都来求功名，哪有那么多的功名？所以，落榜的考生不是说学问差，只是绍兴竞争实在太激烈。所以，很多读书人，为了求生机，只能去做需要很高文化的师爷，类似于现在的职业经理人。

这个非常有意思。周恩来的家族就是有师爷传承的。年少时周恩来跟着家人一路天南地北，从淮安转战东北，就是一条师爷之路。周恩来日后成了全中国最大的"师爷"，想来和家学渊源也有一定关系。

宁波和绍兴相比，文化气息相对淡一点。如果说绍兴是一瓶含蓄内敛的女儿红，宁波就是更烈一点的黄酒，它的城市口号就是“书藏古今，港通天下”。宁波也出了王阳明、余秋雨这样的读书种子；但毕竟宁波靠海，骨子里面有一种海洋精神，更喜欢的还是经商。

近代以来，宁波人主要的活动地点是上海。1856—1860年第二次鸦片战争后，上海迅速崛起，成为汇聚风云之地。既有温台人的开拓精神又有绍兴人的儒雅的宁波人，成了上海滩的风云群体。

当时的上海出现了“买办”这个行业，精明强干的宁波人可谓精于此道。19世纪80年代，上海的“宁波帮”买办已超过“广东帮”而独占鳌头。在随后的很长一段时间里，宁波人支撑起了上海的繁荣和发展——中国第一家机器轧花厂、第一家榨油厂、第一家火柴厂、第一家机器制造厂、第一家银行，都是在沪甬商（甬，宁波的别称）创立的；直到今天为止，上海那些成功的商人追根溯源，十有八九都和宁波脱不开关系。再加上近代随着“宁波帮”的兴起，蒋委员长带着一大批浙江人走上了中国近代史的舞台，宁波人在历史上留下了举足轻重的印记。

第四个值得关注的板块就是金华。

金华地区有永康的小家电、义乌的小商品市场、东阳的劳务输出、东阳的横店影视城等，其中最有名的就是东阳、义乌，这两个地方制造业都比较薄弱，但在做市场方面在全中国都首屈一指。

这个板块的地理特点也很鲜明：既不靠海，又不临近通州大邑，交通非常闭塞。我当年第一次去东阳、义乌的时候，从杭州开车去，山路弯弯，一百二三十公里的路程居然要四个多小时。

东阳可以说是“包工头之乡”。我曾经和“广厦”的老板楼忠福合作过，他之前就是全国最大的包工头。在合作过程中免不了喝酒，我发现楼忠福和他手下这帮家伙根本不像普遍印象中的浙江人，饭桌上没几句话就开始斗酒，而且还是“三中全会”：黄酒、红酒、白酒凑到一起，半斤半斤地喝。我当时就奇怪他们怎么这么粗犷，后来才知道这些人都是闯遍全国的包工头，酒场上厮杀惯了的。

我和楼忠福合作时，他曾经眉飞色舞地讲起年轻时的故事。当年的他一穷二白，老丈人十分看不上他，他和老婆幽会时，被老丈人发现后拿着刀满街追。谁知三十年河东三十年河西，等他发家之后，老丈人安顿在公司里养起来了，他却开始风流潇洒……

东阳土归土，毕竟地处浙江，出包工头的同时也出文化人、大匠人。明代宋濂《送东阳马生序》讲的就是东阳，新闻界的老前辈邵飘萍的老家也在这里，而且东阳的泥瓦匠、木雕等都非常厉害。繁荣的匠人文化，也为无中生有的横店影城提供了基础。

说起东阳，横店影视城不得不提。我和横店集团董事长徐文荣也打过交道。横店影视城的肇始离不开名满天下的浙江籍导演谢晋。

1996年谢晋在拍摄《鸦片战争》时四处寻景，横店集团董事长徐文荣主动相邀。后来的事情大家耳熟能详，徐文荣组织工程队在荒岭上削山辟地，复制古建，用了四个月时间，一个占地三百多亩，建筑面积六万多平方米的“1840年代南粤街景”拔地而起。可以说，徐文荣帮了谢晋，谢晋也成全了横店影视城。

今天方圆一百多平方公里的横店镇内，景致上却跨越了数千年：上自春秋战国，下至近代上海滩。时至今日，这个常住人口十七万有余的小镇，每年接待游客数高达两千多万。除了游客，涌入小镇的大军之中，还有数以万计的“横漂”。在资源匮乏的金华，无中生有地打造出中国最大的文化产业基地，徐文荣也算创造市场的传奇典范。

当然，在横店的发展中，还有很多“不足为外人道也”的秘诀。就像“万向集团”创始人鲁冠球、“天下第一庄”庄主禹作敏这批乡村强人一样，徐文荣最初走的也是超常规发展道路——绕开制度的壁垒，游走于政策的灰色地带，既非公有制，也非私有制，而是搞出一个所谓的“社团法人制”，力图实现政治正确下的经济效益最大化。

东阳走出去的包工头很了不起，无中生有的文化产业也值得称道，但更厉害的是义乌人请进来的能力。

在改革开放前，匮乏的自然环境让义乌人不得不另寻出路，他们通过传统的贸易模式——“鸡毛换糖”——来维持生计。小商小贩们走南闯北、走街串巷，以红糖、草纸等低廉物品，换取居民家中的鸡毛等废品以获取微利。

“鸡毛换糖”的小贩们，赶上了改革开放大时代后，一部分行走天下，另一部分就开始在本地做创造市场的生意，这就诞生了义乌小商品市场。

关于义乌小商品市场，我曾经问过宁波人：“你们宁波的制造业那么发达，更有通江达海的区位优势，为什么你们没把市场做出来？”他们很诚实地说道：“刚开始我们也想自己做，后来发现做不过他们。原因也不太清楚。”

我想，可能是义乌人“自古华山一条道”，做制造业各方面根本没有优势，所以只能做市场，再加上遇到几个眼光长远的官员，能够制造政策洼地，做到长远规划，持之以恒，最后产生了巨大的虹吸效益。义乌周边的一些制造业重镇，像温州、台州、宁波、绍兴等，都放弃了自己做市场的野心，一门心思做好制造业，然后把市场放在义乌，借助这里走遍全世界。当整个浙江举全省之力借助义乌这个平台来释放自己的产品的时候，它不想成为世界级的小商品市场都不可能。

第五个板块相对边陲一点——丽水、衢州。

丽水是浙江最大的市,经济上不甚出彩,但风景很神秀,是武侠片的热门拍摄地。丽水不但有青山绿水,更有举世闻名的三宝:龙泉青瓷、龙泉宝剑和青田石雕。浙江作为文化大省,丽水这些传统工艺是功不可没、缺之不可的。

如果说丽水算是长三角的西藏,那么衢州真的是打破了人们心中对于浙江的传统印象。衢州靠近浙、皖、赣、闽四省交界之处,也是当年土匪啸聚山林的地方,这里不仅风景奇崛,也出怪人,比如说江山的戴笠等。浙江人的口味都以清淡为主,如果说真有什么癖好的话,那也就是放些糖,而衢州人却是无辣不欢。同样是吃豆腐脑,杭州人加葱花、榨菜,衢州人则是一大清早地就往里面加辣椒。所以,很多衢州人到外地总要费一番口舌解释自己的来历。

改革开放后,丽水、衢州发展较慢,成了浙江经济的相对洼地,但这里一样出人才,“义乌小商品市场之父”谢高华是衢州人,“宋城集团”创始人黄巧灵则是丽水人。

我和黄巧灵也很熟。作为文艺青年、红学爱好者的黄巧灵,在部队里也是文艺能手,转业后到了当地的文化馆。在改革春潮的召唤下,在文化人浪漫情怀的驱使下,黄巧灵跑到了当时的热土海南岛,想闯出一片天地。到了“天涯海角”,黄巧灵激动得跳起来,挥手将包扔向大海,大声呼喊。兴奋过后没有住处,他索性直接和衣睡在沙滩上。第二天醒来,看到一轮红日从海中升起,红学爱好者、文艺青年黄巧灵感觉生命中的某种东西得到了升华,他像诗人一样拥抱大海,豪情满怀。但是拥抱毕竟不能当饭吃,拥抱了五六天之后,和成千上万下海的文人一样,黄巧灵面临着生存的问题。

日后功成名就的黄巧灵,曾经感慨万千地和我讲道:“创业一开始,是包下‘天涯海角’做海滨浴场。条件非常艰苦,没有住的地方就搭帐篷;

没有水就挖井,挖了三十多口井,水才终于出来。好不容易海滨浴场开起来了,一个月里连续遇到两次大台风。海滨浴场所有的东西,都被台风吹走了。总之是磨难重重。"

对于那段历史,现在唯一留下的记载是台风过后黄巧灵和几个伙伴在海滨浴场拍下的一张照片。照片已经泛黄褪色,他当时在背面写下的文字颇为苍凉:"辛苦建成的竹楼度假村,被一夜台风夷为平地。工作人员走了,只剩下了我、一个民工、一对情侣和一条忠实的狼狗。"

黄巧灵在海南混了三两个年头,经过了各种磨难。但正是这些磨难,让他从一个文艺青年,初步蜕变成了商人。

到了 1995 年,怀揣着一个梦想、一个故事的黄巧灵,开始了他的故乡游说之旅。事后他和我说,当时自称身家多少,其实百把万都不到,一大半还是向兄弟们借的。靠着闯荡海南锻炼出来的阅历,他成功地在郊区拿到二十来亩地,开始把梦想落地,打造"宋城"。现在的黄巧灵已经成了上市公司主席,他创制的"千古情系列"在全国复制。

今天黄巧灵虽然还在兜售文化,但他已经成了商人。曾经的文化人黄巧灵到哪儿去了?或许已经留在海南"天涯海角"的沙滩上了。

杭嘉湖、温台、宁绍、义乌、丽水衢州,浙江省的这么五大块,再加一块和宁波隔海相望的舟山,你方唱罢我登场,一起组成了这片市场经济的海洋。

文脉与商脉

如果细品浙江，我们会发现，这片土地上长期存在着两股力量——浊流与清流。经商是浊流，读书是清流；喻于利是浊流，喻于义是清流。这两股力量或此消彼长，或此起彼落，绵延了上千年。这种纠缠同时塑造了浙江的国民性。

浙江的文脉与商脉，其背后是农耕文明和海商文明的有机结合。

浙江的农本位意识，历来比其他地方的人淡得多。至少从18世纪后期起，浙江的人地矛盾就十分突出，仅靠农业完全无法维持基本生活。所谓的"鱼米之乡"更多是一种美称，物产丰富固然不假，但完全无法满足快速扩张的人口需求。

因此，一部分有文化的人选择读书考取功名，走上"学而优则仕"的道路，更多的浙江人则开始外出经商，再加上浙江濒海的有利条件，使得其自古就有商品经济的传统，茶、盐、纸、瓷、剑、镜、绸……很多都成了中国面向世界的IP。

到了今天，浙江的商业化更让人感慨万千。多少年来浙江都是出俊才的地方，陆游、王阳明、鲁迅、金庸这样的才子说不上俯拾皆是，总归是一派儒雅风流；结果现在浙江人都跑去经商了，寥寥无几的文化人（如余秋雨先生）还成了被人攻讦的对象。但令人欣慰的是，无数极富商业头脑的浙江人投身于市场经济的海洋，构成了中国经济的又一个发动机。

浙江的过度商业化是不是好事，很难说。但这并不意味着文脉的彻底断绝。浙江的读书人透着精明强干，精于谋世，也精于谋身；土豪们却多仰慕文化，并热衷于从故纸堆中翻检出些内容来装点自身。文脉与商脉的纠缠依旧存在，只不过是换了种表现形式。

典型的浙江文化人，就是金庸老先生。金庸、古龙、梁羽生是中国武侠史上的三大宗师：古龙为酒徒，梁羽生为侠客，只有金庸是货真价实的商人。

酒徒古龙买醉征歌，情累美人；侠客梁羽生则远走他乡，退隐江湖；只有金庸一边做着报业巨子，一边编织着无数人沉醉其中的成人童话。江湖与庙堂、生活与远方，这一切他分得很清楚。

江湖儿女相逢，常是剧饮千杯，纵论天下，金庸自己却平生不嗜酒，也不喜与人争辩，只爱下棋，据他自己所言，“无人对弈时甚至自己和自己下棋”。金庸家旧时有一小轩，是他祖父与客人弈棋处，挂了一副对联：

人心无算处

国手有输时

我想这句话也是很多浙江文人的写照。

即使是全体经商的今天，无论是农民穿鞋上岸，还是文人投笔下海，浙商们构成的这幅江山万里图中，文化仍然占据着浓墨重彩的位置。就像“红蜻蜓”的钱金波，他对于“永嘉学派”可能只是惊鸿一瞥，但这种对文化的向往本身就是浙商的一大特点。

不止钱金波，海南归来的黄巧灵，党校老师出身的“绿城集团”创始人宋卫平，打造文化王国的徐文荣，甚至西湖畔的英语老师“阿里巴巴集团”创始人马云，东阳大山里走出来的小镇青年、“上海复星高科技”联合创始人之一郭广昌……浙商们总体的文化素质与修养在中国算得上首屈一指。老师下海一般难成大器，偏偏浙商里面有不少是老师出身，这也算是浙江的造化之功了。

在浙江这个全球最大的小商品海洋、民营经济的大本营中，马云的诞生是有其必然性的——小商和电商天生就是同盟军。“一个士兵要不战死沙场，要不便是回到故乡。”马云曾经在北京、上海都漂泊过，最后又回到了杭州西湖边疗伤。马云终归离不开浙江。

最后马云成就了浙江，尤其是成全了杭州。如今整个杭州已经变成中国“互联网+”最发达的智慧城市，浙江终于又回到了杭州的时代，政治、经济、人文全部荟萃于此。这种荟萃需要一个平台来爆发，马云虽然不懂科技，不懂互联网，但他懂趋势，懂人性。这片商品经济的汪洋大海，最终成为马云“封侯拜相”的舞台。

一碗沃面看浙江

除了文与商，美也是浙江的一大标签：美景、美人、美食，浙江都能拿得出手。浙江之美的确不假，但需要细细品味。

十多年来，每到早春时节或菊黄蟹肥时，我都要下一趟江南。线路有两条，一是从扬州走，过苏锡常（苏州、无锡、常州）再到上海。另外一条则是从黄山顺江而下到宁绍，遥想一下会稽山阴暮春三月的王右军的风采，之后到杭嘉湖平原，在西子湖、莫干山徜徉两日，有时还会去《卧虎藏龙》的拍摄地安吉赏竹海、品白茶、尝春笋，最后再到上海。

一路走来，风景固然很美，但真正打动我的，让我准时赴约、流连忘返的，其实是一种宝贵的精神体验，一种天人合一、物我两忘的气韵。路上或是曲水流觞、柳浪闻莺，或是白云扫榻、明月锄花，或是水尽潭清、烟凝山紫,“若到江南赶上春,千万和春住”,浙江风物与无数诗人留下的诗篇,一同铸就了中国传统美学的高峰。

作为个体而言,对传统文化的浸淫越深,对浙江之美的感受也就越深,这种精神体验的密度之高、强度之强是在其他地区难以企及的。

说完美景,再说美人。

1982 年我大学毕业,第一次出差就是浙江,我当时满脑袋的幻想就是去看美女。我兴冲冲地在杭州西湖边上转了半天,没看到什么出色的美女,感到非常失落,还不如成都嘛!

后来走南闯北多年后,我也有了一些总结,其实中国各地都出美女,但不同的水土滋润下,各地美女气质不一。单论眉眼姿容,浙江的确算不上各省翘楚,但是,第一,浙江女孩皮肤好;第二,说话好听,吴侬软语;第三,普遍气质上佳。

我曾经见过很多出色的浙江美女,这种美感和所谓病态美的“扬州瘦马”还不太一样,既风流蕴藉,又自有一种潇洒气度在其中,这种气质很难用言语形容。

直到有一天,微博上一位网名“桃李春风一杯酒,江南夜雨十年灯”的网友申请加我为好友,我一拍大腿,有了,这两句诗不就是浙江美女的最好写照吗?

除了美景、美人外,浙江的美食也花了我一番功夫。

熟悉我的人都知道,我对吃很讲究,顶级的杭帮菜我也吃过很多,但比之于中国各地的代表菜系,着实不算突出。

所谓杭帮名菜没给我留下深刻印象,倒是饭店名、菜名起得大多温情脉脉、风流蕴藉,再加上雅致的用餐环境,以及服务员小姐们软糯的腔调、莲步轻移的风韵，搞得人骨头发酥，这种人文体验甚至掩盖了菜肴本身的味道。

到了温台、宁绍，反而吃到了一些不错的海鲜，但是和广东海鲜比起来也不算出彩。倒是黄酒，真的不错。每到菊黄蟹肥的时候，我都要去浙江，温一壶花雕，赏黄菊，吃螃蟹。

一路走来，印象最深的浙江美食，不在物阜民丰的杭嘉湖、宁绍，也不在经济发达的温台，反而是位于浙中山区的东阳市的一碗沃面。

在东阳，人们习惯把吃剩下的菜、汤用来煮面条，再用淀粉制成糊面。随着时代的变迁，食材也在发生着变革，但无论多么名贵，做法依旧不变，把五方杂处的食材汇到一锅，慢慢烹调成一大锅鲜美的沃面。

浙江本身不也像是一碗沃面吗？山海湖泊、草木沟壑、风物历史全都“烩”到了一起，荟萃的不只是山水，还有全中国的文化。丝绸、茶叶被称为江南特产，中国最大的丝绸博物馆、茶博物馆坐落于浙江，但其实这两样皆非首产于此。丝绸源于川地蜀锦，“丝绸之府”的美誉却落在了湖州。发源于云贵大山，顺江而下的茶叶，也是在浙江文而化之，隐居于杭州的“茶圣”陆羽在传世著作《茶经》中为这种原生态的奇怪树叶定好了名分，“茶叶”终于登上了大雅之堂。

行文至此，上帝为什么钟爱浙江，这个问题也就有了答案。

与富饶的东三省相比，与隔壁的平原大省江苏相比，上帝偏爱浙江之说从自然资源上来说是完全不成立的。然而，浙江在这样稀缺的资源条件下大放异彩，更说明浙江的成功不是上帝给的，而是浙江人自己“烩”出来的。

文商两脉，三大族群，五大板块，水陆杂陈，推陈出新，再加上全国各地的文化风物荟萃，终于汇聚成了气象万千的浙江。

江西的格局

把时间尺度拉长到一百年、三百年、五百年、一千年来看，江西崛起与衰落的核心原因只有一条——格局之变。所谓“格局”，即“位格”与“时局”，“局”的变迁深刻影响着“格”的兴衰。受“时局”青睐者，往往能大放异彩；一旦与“时局”错位，只能落得边缘化的下场。解读江西的未来，也应从“格局”两字入手。

东、西之别，格、局之辨

游历中国多年，我发现了一个很有趣的话题——东、西之别。纵观中国，凡是和“东”相关的，不管是山东还是广东，乃至广义上的东部诸省市，其发展态势大多如旭日东升，朝气蓬勃；反观“西”路军，如陕西、山西、广西、江西，乃至广义上的大西部，总给人以“古道西风瘦马”的萧条之感。其中，“西”路军又以陕西、山西二省最为典型。两省均横跨东、西，山西的“河东”时代和陕西的“关东”时代，可以说是各自最为辉煌之时；自打改换门庭到了“西”边，气运也随之衰减。一字之差，云泥之别，让人不由感慨仿佛真有宿命一说。

在这场东、西对比中，最尴尬的参与者莫过于江西，明明位于东部，却挂了“西”字头。周边兄弟省份龙腾虎跃，江西却失落得突然、彻底。比不过沿海诸强也就罢了，江西和湖南间的对比也让人心碎：古代的湖南如堕漫漫长夜，无足轻重，到了近代却风起云涌，引领百年风流；江西尽管在历史上家世显赫、俊彦辈出，却于近代百余年间快速退化成透明省份，浮沉升降之间，令所有江西人痛心疾首。

这种剧烈反差带来的失落，直接表现为渴望外界的认同与证明。2019年以来我写了一系列地域文章，文末常有读者留言，希望写一下自己的家乡，其中以江西呼声为最。这显然不是偶然现象，锲而不舍的呼吁中也暗藏了江西失落已久的自我定位。时代的潮水涨而复退，这片有着辉煌过去的赣鄱大地，要如何找回昔日的荣光？

其实我也算半个江西人，从小到大对江西的感情都很特别。江西作为南中国的人文高地，历代都有着大规模迁出的传统。近填湖广、远走云贵川的江西移民，不仅影响了西南区域的人文版图，也改写了我的家族史。根据族谱记载，我们这一支就是从江西一路迁徙至贵州北部开枝散叶的。因此，但凡填写籍贯，我填的总是江西，聊表乡情。

这么多年来从事咨询策划行业，我几乎跑遍了江西的所有地市，也和许多主政一方的江西籍官员、闯荡江湖的江西籍老板打过交道，更加深刻地认识到：如果把时间尺度拉长到一百年、三百年、五百年、一千年来看，江西崛起与衰落的核心原因只有一条——格局之变。

想要解读江西的格局之变，首先要了解什么是“格局”。

“格局”一词最初来源于相术，即命格、命局，成格成局则大富大贵，破格破局则非贫即夭。随着语境的发展，“格局”一词逐渐被赋予更多内涵，用来形容个体，讲的是能得人、能容人、不负人的超凡气度。用来形容区域，则要把“格”“局”分开看，“局”乃“时局”，即全局形势，譬如一个庞大的“铁路网”；“格”乃“位格”，是“局”中的一个个“站点”，其中有些站是枢纽，有些站是中转站，有些站濒临废弃，有些站则是无足轻重的点缀。

通常来说，“位格”是可测度、易观察的。金角银边草肚皮，沿海沿江沿边，铁马秋风塞北，杏花春雨江南，这些标志性的地缘特征如同框架，把天下九州按“位格”归纳。

相对于“位格”的稳定，“时局”更趋向于大象无形。风水轮流转，明年到我家，“时局”的变迁深刻影响着“格”的兴衰。受“时局”青睐者，往往能大放异彩；一旦与“时局”错位，只能落得边缘化的下场。

更通俗来讲，格局之变其实就是一场天、地、人之间的博弈。地利亘古长存，天时浩浩汤汤，与地方化育的人文风俗相交融，共同主导了区域发展的走向。这点在江西身上表现得特别典型。

吴头楚尾，粤户闽庭

关于江西所处“位格”的论述，作为“初唐四杰”之首的王勃所作《滕王阁序》的开篇堪称精妙：

> 豫章故郡，洪都新府。星分翼轸，地接衡庐。襟三江而带五湖，控蛮荆而引瓯越。

前四句不用多说，所谓“三江”指湖北汉江、湖南湘江、江西赣江这三大长江支流，“五湖”则泛指位于长江中下游江浙一带的水乡泽国，“蛮荆”与“瓯越”从更广阔的视角分指楚地和吴地，简明扼要地说明了江西横接吴楚的地缘特征。

随着唐宋以来经济文化中心的陆续南迁，东南沿海崛起，江西作为华东、华南、华中三大区域的联结点，其“粤户闽庭”的地缘优势开始显现。

“吴头楚尾”“粤户闽庭”这两句形成于不同时期的描述，共同构成了江西的“位格”。

江西的“位格”除了以上特点之外，还有着极强的稳定性。打开地图可以发现，江西除了北部鄱阳湖平原地区连通长江中下游平原外，东、南、西三面都有连绵的山脉与邻省分界，像一个口袋状的大盆地。同时，这些山脉并非彻底壅塞，其间零星分布的狭道和隘口，也给江西保留了向外沟通的渠道。这种相对封闭性的地理特征，导致江西整体都呈现出一种超然的地缘稳定性。

在中国古代，政区的划分既要满足中央王朝行政管理的需要，也要服务于农业经济的发展。在这两种思想指导下，山川形便、犬牙交错这两条相互对立的划界原则应运而生。山川形便的意思是，以天然山川作为行政区划的边界；犬牙交错则是指，把一个地理单元区域分置于两个行政区，或者将山川河流阻隔的两个区域硬糅到同一个行政区内，目的是为了避免地方势力凭借大山大川的阻隔形成割据。

偶然也好，必然也罢，无论历史如何变迁，江西地区的行政范围几乎始终严格遵守山川形便的原则。从汉朝的"豫章郡"到当下的"江西省"，时隔两千多年，疆域居然大体重合，这也使得其"位格"长期保持了稳定。

因此，江西的兴衰，主要还是和"时局"有关。

豫章故郡，客家摇篮

江西真正入"局"，始于秦、汉。

据迄今为止的考古资料来看，江西地区的人类文明史可以追溯到八九千年以前，但其发展水平与中原差距极大。此外，这里水网密布、地形复杂，又属于百越之地，与中原地区文化特征迥异。春秋时期，这里处于吴、越、楚争霸的交界地带，各诸侯国都选择以羁縻的形式实现表面上的统治。尤其是今江西南部赣州地区，因往来成本太高，楚王连赋税都懒得收，那里偶尔送点当地的新奇特产充当贡品即可，可以说是长期处于蛮荒状态。

秦征百越是江西地区第一个真正意义上的历史契机。刚健昂扬、视开疆拓土为昭昭天命的始皇帝，在统一六国后将战略眼光投向了南方。赣南是继续向南征战的战略要地，大军于此集结，分五路征伐岭南。江西省境的轮廓，正是在这场战争中才隐约显现出来的。

秦朝二世而亡，刘邦在垓下取得楚汉争霸的决定性胜利之后，派大将灌婴率兵平定江南的“吴、豫章、会稽郡”。灌婴渡江南下后，在一片草泽中开辟荒地，修筑灌婴城以“昌大南疆”——这也是“南昌”的由来。以南昌为郡治的豫章郡也随之设立，赣鄱大地被正式纳入了中原文明的版图。

即便已经入“局”，终汉一朝，豫章只算是一个“边鄙小郡”，寂寂无声，既少封将拜相之达官，亦乏读经立说之雅士，呈现出人文落后之局面。前两年发掘的西汉初期的海昏侯墓（海昏是豫章郡一县名）纵然繁华奢靡，但更从侧面说明，对于政治、经济中心完全在北方的西汉帝国而言，江西算是一个安置政治失败者的边缘之地。

唯有柴桑（今九江）得地利之厚，开风气之先，在三国时期作为东吴的江防要塞火了一把。除此而外，今江西其余地区依旧无足轻重，只能算是提供钱粮、人丁的属地而已。

这样的尴尬处境一直持续到了东晋南北朝时期，江西终于迎来了时局的第二次垂青——“衣冠南渡”。

从上古至西晋末年，北方——尤其是黄河中下游地区——作为汉文化核心地带，其经济、文化发展水平远远超过南方。这种格局在晋怀帝永嘉年间初步改变。由于五胡乱华、八王之乱，晋朝从洛阳迁都至建康（今江苏南京），即所谓的“衣冠南渡”。内地士民相率南徙，大致从晋、豫等中原地区迁至鄂、皖、赣长江两岸，远者抵达赣江流域。

自此之后，由于战乱、饥荒和王权更换的原因，中原地区的人民陆续辗转南迁。

历经西晋永嘉之乱、东晋五胡乱华、唐末黄巢之乱、宋室南渡后，中原汉族大举南迁并融入南方各省，经过千年演化，最终逐渐形成一支具有独特方言、风俗习惯、文化形态的汉族民系——客家。

从人类学的角度而言，客家选择江西作为中转站有其深刻的必然性。客家迁徙的主要动因，并非开疆拓土，而是躲避战乱，所以，沿水路而下的中原士民，刻意寻找能够远离战争的、交通阻隔的边缘地区；同时，为了避免在未站稳脚跟之前与原住民发生新的冲突，他们干脆躲到了无人生活的山区或官家难至的行政交界地带。可以说，客家迁徙是一个主动寻求边缘化的过程，而江西恰好符合这一特征。

今天被称为客家故乡的赣南地区，东与闽南相阻，南与珠江流域分割，西与湖南郴州隔山对望，北与鄱阳湖流域分开，叠嶂的群山使它与周边地区分割开，形成了相对封闭独立的地理单元。这种特殊的地理环境为客家文化的历史生成提供了空间条件，又有助于客家文化保存其浓郁独特的民系个性。

相辅相成，在江西的发展过程中，客家扮演了至关重要的孵化作用。世家大姓入赣，不仅带来了中原的先进技术、工具和文化，也带来了开发山区所需要的劳动力，加速了江西的开发进程。同时，相较于先前定都北方的全国性政权，东晋及南朝宋、齐、梁、陈政权偏居南隅，使得江西从边缘小郡一跃成为军事要冲、经济重地，地位大为提高，也为其日后的盛况打下基础。

江西风华，东南枢纽

江西步入盛局，始于宋、明。唐高宗上元三年（676年），王勃在路过洪州（今江西南昌）时，写下轰动文坛、流传千古的佳作《滕王阁序》，其中对江西极尽溢美之词：

物华天宝，人杰地灵。

不过，站在历史的角度来看，这些赞美的辞章与其说是对当时江西情况的写照，倒不如说是对几百年后的江西的预言。

宋、明年间，号称“文章节义之邦，白鹤鱼米之国”的江西地区，经济富庶、文教发达，尤以文学成就最为突出。晏殊、晏几道、欧阳修、曾巩、王安石、黄庭坚、杨万里、陆九渊、姜夔、汤显祖……无一不是闻名天下的文坛巨子。这一连串名字，不仅是江西文学史的主角，也是中国文学史的主角，至今仍让人生发高山仰止之情。

在名家大师如过江之鲫的背后，是江西文人士子作为集体呈现的精彩演出。在明初建文二年（1400年）、永乐二年（1404年）的殿试中，江西人不仅包揽前三甲，而且前十名也占据大半。这种某个地区连续两科包揽前三名的现象，在中国科举史上绝无仅有。随即也引发了历史上极为有名的“南北榜之争”，其背后固然是北方人对于南方人垄断科举的不满，但也从另一个侧面标志着江西人才之盛到达了顶峰。

在江西内部，以吉安为代表的“庐陵文化”（吉安为庐陵府治）、以抚州为代表的“临川文化”（临川为抚州府治）堪称两大支柱。吉安号称“三千进士冠华夏，文章节义写春秋”，慷慨赴死、仗义死节的文天祥正是吉安人。“三千进士”并非虚数：从唐至清，吉安地区前后出了三千多名进士，其中有二十一名状元。明朝年间，江西全省一共考中进士三千多名，吉安一府的竟然将近三分之一，超过了四川、云南、贵州、广西四个省加起来的总和，与江浙相比也不遑多让，以至于形成了“翰林多吉水，朝士半江西”的说法。

至于另一个才子之乡抚州，虽然在数量上不如吉安，但在质量上可谓领袖群伦。两晏、曾巩、王安石、陆九渊、汤显祖都是抚州人，“临川之笔”光芒万丈，成就了中国文学史上的一座巍然高峰。

除了在文坛独领风骚外，凡政治、经济、文化、教育等诸多领域，江西均诞生了一批独领风骚或颇有建树的人物或群体。

从商业角度来看，晋走黄河，徽走长江，江西走南方——自明清以来，江西商帮与晋商、徽商鼎足而立，称雄一时。江西行商的足迹遍及大江南北，包括八闽两广、荆楚川蜀、幽燕关陕。我在全国各地考察，经常看到万寿宫旧址（万寿宫最初建于东晋，为道教宫观，在今江西南昌），也就是当年的“江西会馆”。遍布全国和海外的一千五百多个大大小小的万寿宫，就是当年江西帮经济版图的最好证明。

从思想层面上看，号称“理学”开山鼻祖的周敦颐，虽是湖南人，但一生都与江西密切相关；“心学”的创始人陆九渊亦是江西人。理学、心学作为儒学的第三、四个高峰在江西崛起，引导了国人千年心智。

在佛、道二教的发展历程中，江西也起到了重要作用。

一部中国禅宗史，江西占了大半篇章。南朝宋末创立的禅宗，在唐高宗时传至慧能、神秀，经历了由北而南的缓慢传播；但一直到后来的马祖到江西传出“洪州宗”一脉，禅宗才真正“一花开五叶”，从而走向真正的全盛时期。五家七宗几乎全在江西修行开悟，开山接众，他们开创的祖庭至今还留有许多文物胜迹。当今日本、东南亚等地的佛徒如果要来中国拜谒祖庭，舍江西几无去处。

同时，道教在江西延续了中国历史上最完整的道统传承，三清山、龙虎山、灵山、麻姑山等名山洞天众多，虽然不是道家祖庭，但堪称道缘深远。

江西这种全方位的繁荣，本质上离不开自东晋开始的经济、文化重心持续南移。作为长江流域与珠江流域的中转站，江西正是这一历史大趋势的受益者。从这个角度说，宋、明时期江西的繁荣，实际上是汉、唐时代中原文明的再生与复兴。

相比于同样受文明南迁之风惠及的南方诸省，江西最大的优势在于地处中国交通大十字的交叉处。纵向来看，如果说京杭大运河纵跨黄河流域、长江流域，连通了中原（华北）政治中心、江南，那么自从赣、粤边界的大庾岭梅关驿道（今梅关古道）在唐玄宗时兴修完成后，“长江－赣江－大庾岭－珠江－广州”这条通道就连接了经济高度活跃的长三角、珠三角。横向来看，江西处在长江中游，连接东西。三者共同构成了贯通中国南北的大动脉。

唐代以降，在陆路交通不便、水运当道的古代社会，这条大动脉显得尤为重要。无论是由中原、江南进入岭南，还是岭南商人、学子北上，今江西都是必经之路。来自岭南的货物从广州沿北江北上，过了大庾岭梅关，就可以沿赣江北上直通长江，顺江而下，最终由镇江进入京杭大运河。那时，岭南货物源源不断地送往全国各地，赣江水面上舟楫如云，络绎不绝。如果说京杭大运河沿线孕育了杭州、苏州、扬州、淮安等一座座璀璨明珠般的名城古镇，积淀了深厚悠久的文化底蕴，那么赣江沿线的江西城市地位也不遑多让，赣州－吉安－樟树－南昌－九江成为当时全国非常重要的城池，得到了前所未有的发展，江西由此步入全盛。

2018年,智纲智库接受广东省韶关市南雄市的委托,进行南雄城市发展策划。作为从江西翻过大庾岭到达岭南的第一站,南雄也是梅关古道上的重要节点。走在这条古道上,不由让人触景生情。这狭窄的古道竟是一条火了一千多年的黄金大道,马蹄声声,行人如织,其中有官员,有读书人,有商贾,有士兵,有农民轿夫,吆喝声此起彼伏……

直到近代工业化和殖民主义的浪潮掀起,中国经济版图发生剧烈变化,梅关古道上熙熙攘攘的商旅才骤然不见了踪影,江西的枢纽地位随之旁落,步入了急速衰退的危局。

旧时代的残党

经历宋、明六百年风流之后,江西在清代明显开始后劲不足,所幸底蕴深厚,还足以支撑。随着近代以来"三千年未有之大变局"的降临,江西如同一个有着悠久传承的耕读世家,在工业时代宣告黯然落幕。

关于江西的衰落,很多人认为与太平天国之乱有关。太平军与湘军两军反复交战十余年,江西正是主要战场之一。经此一役,江西的社会、经济遭受到了重大打击,城乡残破、田地荒废、民户流散、财力匮乏,从而奠定了江西在近代衰落的格局。

但是,在我看来,太平天国战乱属于偶发事件,并非事关方向性、全局性的挑战。同样受灾严重,江浙在战后迅速恢复了元气,而江西却从此一蹶不振,可见太平天国运动并非江西衰落之罪魁祸首。透过现象看本质,江西在近现代遭遇的发展困局,有着更加广泛的现实意义。

近代以来,中国各地发展日趋失衡,随着经济的发展,地域差距不仅未见缩小,反而有愈演愈烈之势。当然,这再也正常不过,齐头并进本来就只是空想。区域发展失衡的真正原因,并非世人所津津乐道的所谓东西差距、南北差距,而在于“格”与“局”之间的顺应与错位。江西真正的问题在于客观、主观两方面的双重错位。

从客观上而言,江西在近代被抛离了中国经济发展主轴线。

经济发展主轴线的重要性,从古至今一脉相承。江西在宋、明年间之所以能纵横天下,正是因为它位于“北京－大运河－长江－赣江－大庾岭－珠江－广州”这条中国经济发展主轴线上。近代以来,这条主轴线迅速旁落,取而代之的是另外三条。首先是沿海线,从山东、江苏、上海、浙江、福建到广东,这六个地方的经济总和,占据了中国的一半。另一条轴线是沿长江经济带,从上海、武汉、重庆到成都,一系列沿长江城市都得到了长足发展。第三条轴线就是沿“京广铁路”城市带,如石家庄、郑州、长沙等。除沿海、沿江、沿线这三大轴线上的少数城市外,广大内陆省份普遍存在发展滞后的现象。寥寥几个集全省之力打造的区域型中心城市,也同样面临动力不足的问题。

1840年鸦片战争后,随着上海开埠与商路变迁,中外贸易重心逐渐由广州转移到上海。此外,后来外国轮船获许在长江上通航,全国的内外商货流通改道。由此,原本的“大运河－长江－赣江”轴线被迅速废弃。这对整条轴线的区域发展都是致命的打击,杭州、苏州相对影响较小,扬州、淮安等传统运河沿线城市只好黯然退场,另一个受影响严重的区域就是江西,由江西至广东的传统商业运输路线完全衰落。

尽管不久江西九江也被辟为通商口岸,现代化、工业化浪潮得以从长江逐步侵入江西内地，在一定程度上刺激了江西商品经济的发展，但是，商道的改变反映的是中国与世界经济关系的改变、中国对世界开放程度的变化，带来的是中国经济中心与经济格局的改变，对整个赣江流域的社会、经济发展无疑是一个沉重的打击。

如果说沿海、沿江轴线的发展已经让江西感到大势旁落，近代以来铁路交通的崛起更让江西的衰落不可逆转。

1906 年动工、1936 年筑成的“粤汉铁路”（“京广铁路”的南段），自武汉南下之后转向西南，跨越湖南全省，沿线迅速形成一条工矿业城市带，对湖南经济发展帮助巨大。湖南的一些大城市如岳阳、长沙、株洲、衡阳、郴州等，皆是“粤汉铁路”沿线的城市。反观江西，虽早早修建了“南浔铁路”，但只限于长江鄱阳湖一隅，对全省的带动并不强。20 世纪 30 年代修建的“浙赣铁路”，所涉及范围也只限于赣北、赣中。广大的赣南地区，直到 20 世纪 90 年代才因“京九铁路”的修建感受到轨道交通的便捷。时代不等人，在因铁路错过的这些年里，多少天翻地覆的变化迅速发生，而江西只能作为一个旁观者，等待衰落的必然命运。

客观来说，中国经济发展主轴线旁落导致的衰落实非人力所能改变，江西的命运带有某种“格局”之上的必然性；但是，从主观来看，在新思想、新理念于华夏大地上如春潮般涌起之际，江西人因循守旧、抱朴守拙的区域性格，使他们难以抓住机遇，甚至扼杀了机遇的萌生。

费正清曾说过：

> 导致中国落后的一个原因，恰恰就是中国的文明在近代以前已经取得的成就本身。

这句话用在江西人身上再合适不过。江西固有丰厚文化积淀形成的思维定式，是它落后时代潮流的更深刻内因。

江西的地利“格局”塑造了江西人的性格特征。江西虽然位于南北交汇的枢纽,但它本质上还是一个三面环山的大盆地,有着非常典型的农耕文明气质:在低调温和的同时保守谨慎,在精打细算的同时瞻前顾后,在朴实热情的同时缺乏锐气与创新,小富即安、缺乏拼劲的“盆地”意识强烈。因此,尽管江西在历史上文化昌明、商贸发达,但无论是文坛还是商界都始终无法摆脱这种农业文明的普遍世俗化与泛化的深刻影响。

从知识分子的角度而言,宋、明两代的科举之盛,造就了江西发达的文教传统。“一等人忠臣孝子,两件事读书耕田。”这句广泛流传于江西的朴实家训,生动地诠释了江西耕读传家的民风。

19 世纪后半期,工业革命引发了巨大的产能过剩从欧洲传导向全世界,中国已经不再是世界规则的制定者,只是一体化过程中的迟到者。中国仍然保持着唐、宋以来模样的自然经济,与机械化大工业浪潮发生了剧烈碰撞,时代主题已经转向“救亡图存”。然而,科举是江西传统的优势项目,江西士子们当然不愿意放弃。彼时的江西,兴学读书传统比以往任何时候都盛:被太平天国耽误十余年的江西士子们,正在用尽浑身解数,朝奄奄一息的科举发起最后冲击。那些精于“四书五经”和考据辞章的传统读书人们,在坚船利炮面前一筹莫展,对“奇技淫巧”的西学也一无所知。在这个沧海横流的大时代下,他们只好慢慢落伍。

江西商帮与知识界的衰落同步。尽管它在历史上被称为与徽商、晋商齐名的全国三大商帮之一,但与坐拥巨资、富比王侯的徽商,以及经营票号的金融巨头晋商相比,江西商帮的生意特点就是做不大。做生意的人都明白,大商人和小商人的算账方式完全不同,想要实现由小到大的蜕变实在是千难万难。以贩卖本地土特产起家的、精打细算的江西商人,只好长期在小生意中打转。

明代张瀚的《松窗梦语·百工记》中曾记载:

> 今天下财货聚于京师,而半产于东南,故百工技艺之人亦多出于东南,江右为夥,浙(江)、(南)直次之,闽、粤又次之。

其中,“江右”即江西。江西商人除了资本分散、经营规模小的特点之外,更多是依靠自己的一技之长,即所谓“百工技艺”。“百工”就是一些有手艺的小商小贩,诸如做糖人的、补瓷器的、冶铁铸器的,较上档次的是一些瓷器商、茶商、纸商和书商。这种精打细算的经营方式,创造了江西商人在小农和自然经济时代的辉煌。然而,江西商人在工业化时代却快速落伍。

行文至此,再度审视江西的“格局”,不由让人遗憾:人生如行路,乱世如渡河,有人踏浪而行,有人半渡而击,也有人逡巡不前。尽管地利仍在,但天时已去、人和不彰,主客观两方面均与时局严重背离的江西,陷入停滞也成了必然的宿命。

新时代的船票

风水轮流转,明年到我家。历史总会时不时开一下否极泰来的玩笑。

封闭落后的江西,因其复杂的自然地理条件,在烽火满神州的年代反而成为革命的高地,甚至毫不夸张地说是当时全国革命的制高点。1927 年 8 月 1 日南昌起义打响中国革命第一枪,井冈山建立革命根据地。后来，中华苏维埃共和国临时中央政府在江西中央苏区成立，定都瑞金。江西可以说是中共的“创业基地”，党史、军史、革命史、共和国创建史都从这里开始。

这一次，江西依靠的不再是赣江水系、梅关古道沟通南北的优势，而是罗霄山脉的山险沟深、林密草茂、便于隐藏、便于防御，它给中国“农村包围城市”的武装革命斗争提供了实践之地。井冈山(属于罗霄山脉万洋山北段)上红旗不倒，极大地鼓舞了各地革命力量的斗志。星星之火，终成燎原之势。

江西，蒋经国曾在这里建设新赣南，国共两党名人要人曾频繁登临庐山，邓小平曾在这里思考改革开放理论模式……无数重大历史事件曾于此上演。可以说，江西影响了不止一波国家战略。

但是，随着政局愈发稳定，经济建设重新成为时代的主航道，江西面临的迷茫却依旧未解决。1978年改革开放以来，尽管江西也迎来了较快的发展，但是由于其封闭的地形、落后的产业结构，其发展水平长期居于中部六省的末流，经济总量仅高于山西。

作为全省门面的省会，南昌也不太好拿得出手。在中部六省各省会中，南昌的GDP仅高于山西省会太原。从产业角度而言，南昌除了光伏产业有些起色，航空制造业还算凑合，以及一些零零碎碎的电子产业、纺织产业以外，根本没有成规模的大型工业。南昌的电子产业、纺织业缺乏竞争力，尚且撑不起南昌的发展，更别提带动江西全省了；而航空制造业仰仗的昌飞，同西飞、沈飞、成飞相比也相形见绌，难以望其项背。

江西其他城市的发展水平也比较落后。江西的第二大城市赣州，素有“稀土王国”的称号，稀土资源丰富，而且正在发展较完整的产业链，然而，有这样一张好牌在手，却没有打出优势。赣州在全国的城市排名更是百名开外。

江西的产业结构不完善，教育资源同样稀缺。江西全省只有唯一一所211高校，即南昌大学；反观合肥、武汉、长沙等周边中部省会，都是优质高校的聚集地，集中的教育资源带来了丰富的人才资源、科研资源。这也使得江西的发展缺乏原动力。

更让人忧心的是，在江西人心中，“一朝皇粮在口，人生与未来可期”的思想依旧严重。对权力的信仰、迷恋导致“有关系好办事”成为社会的共识与准则，也带来了很多让人啼笑皆非的故事。

随着高铁时代来临，国家大力发展基础建设，在几乎所有其他省区市都力争高铁指标时，江西却专注于“一大四小”的绿化建设。造林绿化目标任务被分解到市、县、乡、村和山头地块，从城市到农村，从高速公路到江河渠道，都制订了绿化目标：全省新农村建设试点村、交通干线沿线可视范围内全面绿化，确保“白天不见村庄，晚上不见灯光”。绿化固然是好事，但矛盾要分主次。在大基建的天时之下，江西却掀起绿化热潮，不免让人产生某种荒诞感。见微知著，江西的发展可谓一步慢步步慢。

无须讳言，如今的江西已经成为被周边相对较发达省份包围的“经济相对落后地区”。江西的塌陷“格局”已成，在“格”始终稳定的情况下，关键在于如何破“局”。我想可能有以下几点值得研究：

第一，颠覆交通之“局”。

多主体、多层次、高速度、高密度、高运量的轨道交通，彻底打乱了区域发展的格局。原有的沿海、沿江、沿线三大经济轴线，正在经历快速洗牌。

以“长三角一体化”战略为例，长三角之所以能够扩容到“一市三省”（上海、江苏、浙江、安徽）全域，最主要的支撑就是高铁带来的压缩时空效应。之前我们谈区域联动更多的是仅限于理论设想而难以落地，但是，随着高铁的发展，上海周边六百公里范围内几乎可以覆盖江苏、浙江、安徽全域，可以实现两小时的通勤、生活、消费、休闲的同城化效应，这对今天讲究时间流动性的人口和产业要素来说，有着巨大的吸引力。整个长三角的格局随着这种时空压缩而改变，特别是对于很多城市来说，高铁将成为城市嵌入到区域一体化大都市群分工体系的桥头堡。

回过头来看江西，自铁路时代以来就始终落后一步，在周边省份纷纷因高铁红利而兴起的时候更显得默默无闻。2013 年新闻报道“厦深高铁”通车时，有一张图格外显眼：江西周边省份均为表示已经纳入国家高铁网的黄色，唯独留下“一抹江西绿”格外显眼。江西“高铁洼地”的绰号一夜成名。

“环江西高铁图”凸显出江西经济发展的某种尴尬，但是，“一抹江西绿”也侧面印证了江西极其特殊的地利位置。在高铁网从“四纵四横”向“八纵八横”的转向和发展过程中，许多曾经位于国家高铁网边缘地带的地区也享受到了新的红利，江西可谓其中的典型。

在新一轮高铁布局与发展过程中，多个高铁干线选择过境江西。错过了普铁时代，错过了高铁时代，高铁提速时代的江西，正在实现从交通“洼地”到交通“高地”的大跨越。这种突破与跨越，从全方位改变了江西的“格局”。

以产业转移为例，作为长三角、闽东南、珠三角之间的腹地，江西与这三大发达地区间的产业梯度差距，天然地形成了产业转移的原动力。看似老生常谈的论调，细究之下会发现并不简单。夹在长三角与珠三角之间的江西，承接产业转移看似不费吹灰之力，却曾经难上加难——江西和珠三角之间广阔的粤北不发达地区，是产业转移的天然藩篱；长三角一侧又有安徽虎视眈眈。距离长三角较近的上饶，到上海有近五百公里；距离珠三角最近的赣州，到广州有近四百公里，驾车时长都要六七个小时以上，放在世界各国来看，相当于东京到大阪、巴黎到伦敦、华盛顿到纽约的距离，远远超越了经济圈的范围。直到多条高铁的陆续建成，才为江西承接产业转移提供了便捷通道，使得大规模的产业转移与经济合作成为可能。

第二，突破文旅之“局”。

在文旅康养大时代，江西在特色文旅产业上大有可为。

中国疾风骤雨般的城市化过程，在拉动经济增长的同时，也把区域的文脉荡涤得干干净净。随着时代的发展，政府的考核指标发生了根本性的转变，唯GDP论已经成为历史，江西与其选择“大干快上”，不如想清楚再上路。经济、文化、生态协调发展，互为作用，考核指标多维化，以质量取代数量，以特色取代规模，不被眼前的经济利益、排名所累，方能修成正果。

江西文旅发展的潜力，从景德镇的涅槃上即可见一斑。

一部陶瓷史，半部文明史。陶瓷是金木水火土的艺术，“千年窑火不熄”的景德镇正是陶瓷艺术的朝圣地。可以说，一部中国瓷业史，半卷峰峦在景德。

据记载，景德镇窑作为中国制瓷窑场，始于南朝陈。景德镇，原名“新平”，因居昌江之东南又名“昌南”，北宋真宗景德年间改名。“瓷器”的英文名china，通常被认为是“昌南”的音译。从南宋到大清覆灭七百多年间，中国约有两亿件瓷器漂洋过海，其中近三成是景德镇瓷器。在这场波澜壮阔的“一带一路”经济带上，景德镇是最大的卖主和最抢手的货源地。在蔚蓝的大海上,一艘艘鼓起风帆的大船,满载着中国瓷器,在季风的吹拂下驶向世界各地。

如同江西的盛极转衰一般,景德镇的繁荣之下同样隐藏着危机。工业化这场革命在改变世界的同时,顺手将中国陶瓷推下王座。

欧洲陶瓷从诞生之初就朝着工业化的方向发展,其陶瓷工艺流程之中涵盖了大量工业化要素,而景德镇依旧陶醉于小手工业的余晖之中。机械化大工业和小手工业,一方迅速成长,一方缓缓衰亡,量变逐渐积累为质变。随着近代国门的彻底放开,景德镇陶瓷的衰落显得猝不及防,并且充满了无力回天的绝望。

由于战乱,景德镇这个在数百年间为全世界提供最优质瓷器的江南小镇,到 1949 年时仍在开工的瓷窑仅剩八座。幸运的是,窑火终未断绝,景德镇的手工制瓷体系和匠人保留了下来。

伴随着新中国的诞生,工业化、机械化成了大国崛起的必然选择。1958 年,景德镇第一家机械化瓷厂“宇宙瓷厂”宣告成立。在此后近半个世纪里,宇宙瓷厂产品质量始终名列全市陶瓷系统第一、出口创汇第一,被外商称为“中国景德镇皇家瓷厂”。

时代快速转变,20 世纪 90 年代,随着社会主义市场经济的缓缓启动,中国的社会经济正面临着一场前所未有的大碰撞、大转型和大变革。崛起与坠落时有发生,有着金刚不坏之身的宇宙瓷厂也不例外。因为在计划经济年代形成的僵化体制问题,宇宙瓷厂于 2004 年宣告政策性破产。

宇宙瓷厂的境遇可以说是景德镇的缩影。在工业化时代,景德镇经历了漫长而痛苦的转型过程。我也恰好是这段历史的亲历者和见证者。

1998 年,我应邀来景德镇做演讲,开场就用了四句话形容失落的“瓷都”:

> 一个破烂不堪的城市，一批奄奄一息的国企，一个被称作夕阳产业的工业，一群垂头丧气的人们。

彼时还停留在计划经济阶段的景德镇瓷厂，在市场经济的大潮中迅速被广东佛山等地的工业化日用瓷厂超过。景德镇城市中心区参差不齐地林立着的低矮厂房和作坊，掩映不住萧条之气，对未来充满了茫然失措。在那场演讲的结尾，我说道：

> 景德镇不能学广东佛山，一定要坚定不移地走艺术陶瓷之路，不能搞“千山鸟飞绝，万径人踪灭”的大规模工业化，要做的是坚持秉承中国传统文化，坚持手工打造，传承千年窑火。景德镇的盛名、文化传统、人才储备和工艺水准决定了她就是大家闺秀，即便家道一时困顿，也还是大家闺秀，不能去学丫鬟的活计。

演讲毕竟是蜻蜓点水，后来景德镇还是选择了工业化陶瓷之路。

当景德镇陶瓷产值终于突破百亿大关时，佛山却早就开始淘汰落后产能。拥有全国最好陶瓷专业人才的景德镇陶瓷大学，每年80%的毕业生不断流入广东。更重要的是，自宋代以来不停挖掘的制瓷原料高岭土已近枯竭。2009年，景德镇市成为国务院批准的第二批资源枯竭性城市。在失人又失地的窘境之下，挣扎的“瓷都”应该何去何从？

在这样的大背景下，2012年我们收到了来自景德镇的咨询委托，希望就景德镇中心城区主轴线上九大瓷厂的整体改造提供系统解决方案。上次去景德镇还是1998年，十四年后再到这里，我发现这里矛盾依旧，但又有新鲜的气息：一方面，城市新旧参差不齐，局促的街道、年久失修的厂房仿佛还留在过去；另一方面，这里大师云集，创意集市生机勃勃，各种制瓷工艺流程仍在延续，六百多年历史的御窑遗址仍在，每个厂区各个角落烟囱林立，还拥有那两平方公里地下十六米的文化堆积。这座城市不但传承了各种传统的手工生产方式，还逐步成了孕育艺术家的文化摇篮，更有不少外国艺术家慕名而来，前来跨国交流和国际游学的人也很多。与此同时，人们对艺术品的追捧达到了狂热的地步，名瓷价格动辄几百万元、几千万元甚至上亿元。

对于我来说，景德镇项目不仅是一个城市旧改项目，更是一场中国标志性文化复兴的庞大工程。做任何事情，天时、地利、人和缺一不可。2012年的中国，传统文化产业复兴蓄势待发，休闲旅游方兴未艾，可谓天时；景德镇有肥沃的艺术土壤、完备的产业链，完整保留了手工制瓷工艺，有千年的官窑历史，在整个世界都是一枝独秀，可谓地利；当时的委托方负责人是时任陶邑公司总经理刘子力先生，经过交流后，我发现此人有几个特点，第一是极致的完美主义者，第二是陶瓷艺术的狂热爱好者，第三有着时不我待的历史使命，可谓人和。天、地、人三者合力，奠定了景德镇项目成功的基础。因此，我更加坚定了当初对景德镇的判断：景德镇是一个有着高贵血统的大家闺秀，过去是披着丫鬟的衣服，现在要做的就是大力发展文化创意产业，重新为“瓷都”穿上新装，再现她的绝世容颜。

景德镇就是景德镇，不是别人。要取得质的突破，首先必须了解自己的独特之处——千年传承的手工打造的陶瓷文化，而不要短视地去和九江、南昌比GDP，也不要和广东佛山、山东淄博比日用瓷的产量；现在要做的就是，坚守发展文化产业的道路，耐住寂寞，不被眼前的经济利益、GDP排名所累，必能修成正果。

经过多轮的实地考察和研究，一个叫作“陶溪川 · CHINA坊”的陶瓷创意产业园区方案逐渐浮出水面，这是一个四位一体的大策划思路：对政府来说，这里是城市新形象的地标所在，是瓷业“硅谷”的创意天堂；对行业人士来说，这里是陶瓷界的圣地，是本土创意重镇，也是世界陶瓷手工业的艺术殿堂；对旅游者来说，这里是感受活着的陶瓷文明的

“梦工厂”,是体验旅游最佳目的地之一;而对外国人来说,这里就是中国,可以在这里读懂中国。这份方案也得到了景德镇领导层的高度认同,并积极推进项目落地。

对于一个项目来说,薄弱的经济基础、封闭的环境看上去是巨大劣势,却也有可能成为后发优势,这点在景德镇上表现得极为典型。

罗马不是一天建成的,如果不是因为处于低谷,社会和历史不会有耐心留出三年五载让人静下心来慢慢打磨。正是这经年累月的淘选和孕育,真正让景德镇实现了从零到一的突破转型,成为时间的玫瑰。如今的陶溪川已经成了名声传遍全国的网红文创园区,以及世界陶瓷艺术的超级展示平台。且不说国内游客和艺术大师,仅仅来自欧美、日韩、港澳台地区的各界艺术家,以及陶瓷从业者、瓷器爱好者、游学考察者、参与体验者,就形成了一波又一波的旅游、考察和学习浪潮。千年窑火,炉火不灭,景德镇再一次找到了城市的发展方位。我也算有幸参与并见证了“瓷都”的重生。

一个成功的实践,胜过一千打纲领。见微知著,深挖一座小小的景德镇就能做出轰动全国的文化产品,对于底蕴深厚的江西而言,未经雕琢的璞玉何其之多!天下名山庐山,道家圣地三清山、龙虎山,中国最美乡村婺源,红色旅游目的地井冈山,乃至王勃《滕王阁序》中的“落霞与孤鹜齐飞,秋水共长天一色”短短一句话,都有着极其丰富的开发价值、“借假修真”的想象空间。

温饱时代,人们饥渴于观光;小康阶段,人们迷恋于休闲。先富起来的,向往着度假;富而思进的,则陶醉于体验。在这个“吃饱了撑的”的文旅康养大时代,以点带面,打造极致体验,江西在特色文旅产业发展之路上大有可为。

第三,重构未来“格局”。

如果说交通区位的改善、文旅产业的发展是江西发展的题中应有之义,那么对格局之变的再认识就是更加深刻的弦外之音。

今天的中国,正处在一个至关重要的转折点。三个根本性的转变正推动中国发生影响深远的变化:一是在执政理念上,真正开始了以“可持续发展”为导向的国家治理模式;二是在发展模式上,全行业、大规模的过剩,迫使政府和企业不得不深度思考和探索精细化运营、创新驱动、可持续发展等模式转型问题;三是在全行业发展上,新技术革命从产品到思维与模式层面,推动了遍及全行业的深刻变革。从农业社会到工业社会,再到信息社会,一个经历剧烈变革和转型的时代正在来临,给整个人类社会发展带来了全新的可能性。这不仅是一次经济模式的变革,更是一次文明的变革。在这样的环境剧变下,旧的判断标准已经失效,全新的“格局”尚待探索。

谁能想到原本闭塞落后的贵州能无中生有,通过大数据实现弯道超车?谁能想到几则一分钟不到的短视频能引爆一座城市的旅游狂潮?

“天行有常,不为尧存,不为桀亡。”格局之变浩浩汤汤,江西的命运也随之浮沉:六百年领袖群伦,一百年茫然四顾……

风起于青萍之末,谁也不知道变局会走向何处,但可以确定的是:有大抱负者不仅要顺势而为,还要敢于取势,甚至勇于造势。只有这样,才能乘上这场格局之变的东风,走向区域勃兴的未来。

百年风流话湖南

俗话说"一方水土养一方人",这句话用在湖南身上表现得不太灵光。在同一条湘江的化育之下,湖南人在古代和近代的表现可谓是天差地别。在悠长的古代,湖南如漫漫长夜,偶尔才惊现星光点点;而到了近代,湖南却引领百年风流,不仅有璀璨群星辉映天际,更有红太阳喷薄而出。古今对比,差异显著,莫非"一方水土"果真有所谓的"气数"之说?

潇湘遗响

毋庸讳言，清代中叶以前，湖南人在国史上罕有表现，“碌碌无所轻重于天下”。

融合殷商文化末流、楚蛮文化余绪所形成的楚文化，虽以宏阔奇诡、惊才绝艳著称，但毕竟远离中原而踽踽独行，终归不是主流。更何况在荆楚、湘楚、巴楚这“三楚”之中，荆楚最得楚风，湘楚只算有三分余韵。

自古以来，湖湘一地的锦绣山水与大块文章就两相呼应。正如陆游诗云“不到潇湘岂有诗”，三湘大地上有《九歌》之瑰丽奇幻、《过秦论》之汪洋恣肆、《桃花源记》之诗酒田园、《岳阳楼记》之心系天下苍生，有“诗仙”李白登临岳阳楼留下的“巴陵无限酒，醉杀洞庭秋”的风情，有“诗圣”杜甫在离乱的潭州街头偶遇长安故人而发出的“正是江南好风景，落花时节又逢君”的绝唱，有秦观倾倒众生的“雾失楼台，月迷津渡”，也有黄庭坚客居衡阳时写下的“桃李春风一杯酒，江湖夜雨十年灯”……

然而尴尬的是，无论“屈贾”“李杜”还是“苏门四学士”，都是潇湘过客。反观历代湖南本土人才之稀，寥若晨星。除了蔡伦、欧阳询、周敦颐、王夫之寥寥几人外，乏善可陈。唐朝好不容易有个名叫刘蜕的湖南人中了进士，被称为“破天荒”。这也是成语“破天荒”的由来，算是湖南对中华成语界的少数贡献之一。

近代以降，湖南却突然登上了历史舞台，群星璀璨，揽天下兴亡之责于一身。

从晚清“无湘不成军”，到“中兴将相，什九湖湘”，再到“一群湖南人，半部近代史”，百年间湖南涌现出来的人才，论质论量，苏、浙、粤三地集合全力差可抗衡。

平定太平天国一役，湘军前后打出总督十四人、巡抚十三位，封侯拜相，风头无两。此后，每一波的社会风潮，总有湖南人挺立潮头，守旧者有曾国藩、左宗棠、彭玉麟、胡林翼，维新者有魏源、郭嵩焘、谭嗣同，革命者有黄兴、蔡锷、宋教仁……

在民族“救亡图存”的关头，一批又一批湖南人以天下为己任，赴汤蹈火，确实挺起了中国的脊梁。湖南政治家杨度曾写道：

若道中华国果亡，除非湖南人尽死。

这是何等自信与豪迈。

在开国将帅名录中，湖南人的表现更加卓异。1955 年新中国授衔时，“十大元帅”中湖南人占三位，“十大将军”中湖南人占六位，“五十七名上将”中湖南人占十九位。

湖南人以生命和鲜血，以责任和担当，照亮了中国近代的深邃夜空，书写了中国近代史上最绚烂的百年风流，也把原本壅塞、贫穷、落后的湖南推上了历史的舞台。

对比周边省份，会发现湖南崛起得很突然。

先看两湖之比。此前两湖地区的中心一直在湖北。在汉代以来的两千多年的历史中，湖南都是唯湖北马首是瞻。到了近代，湖北却稍逊一筹，拿得出手的也就是张之洞和“武昌首义”寥寥数笔；湖南却是敢为天下先，引领百年风骚。

再看湖南和广东。湘人与粤人同样叱咤风云，在近代中国史上都留下了浓重的一笔。但是,广东更像是一个旋转舞台,新思潮、新革命多肇始于此而流传到全国,曾经引领时代的报春花广东则开始沉寂,静待下一场春天的到来,而湖南却是长达百年的薪火相传,绵延不绝。

湖南和江西的对比也很有意思。历史上江西可谓物华天宝、人杰地灵,甚至很多湖南人都有着江西的血脉。然而到了现在,江西却变得不甚显眼,提到江西外省人大多一脸茫然;湖南却血性不改,一路火花带闪电地走到今天。

湖南的突然崛起,究竟有什么奥秘?有人说奥秘在于三闾大夫屈原。不过,他给湖南这片蛮荒之地带来了绵延文气和家国情怀不假,但终归千年往矣,只剩历史深处的隐约余响。也有人说奥秘在于船山先生王夫之。在我看来,船山先生作为精神教父固然重要,但毕竟囿于湖南一地,而且只见义理不见事功。

真正让“三湘四水”为之一开,引领百年风流的,我认为是曾国藩。

百年风流

讲湖南近代的百年风流史,绕不开曾国藩。

关于时势与英雄的相互造就,有很多说法,“天不生仲尼,万古长如夜”“人类历史归根到底只不过是伟人的历史”……这些观点失之于偏颇,但用在曾国藩和湖南身上却有几分道理。

湖南人的性格固然鲜明,但其在近代历史上的突然发力,单纯从地缘上解读显然缺乏力量,硬说是屈原或者王夫之的光辉照耀也有些勉强。真正改变湖南的,是英雄与时势的风云际会。

世有非常之人，然后有非常之事。命运的聚光灯扫过历史舞台的时候，总会有一些人突然冒出来，像雄鹰一样掠过历史的天空。曾国藩的崛起，就是一个典型案例。

千年来边缘、闭塞、蛮横、上不了台面的湖南，随着曾国藩的文治武功一同闯入历史舞台，湖南的历史乃至成千上万人的命运也都被彻底改写。

我读了很多写曾国藩的书，大多数要么晦涩艰深，要么云山雾罩，抑或是不知所云的厚黑之学，唐浩明的《曾国藩》则算是最经典的版本，仔细还原了一个手无缚鸡之力的白面书生如何能够力挽天倾，成就不世之功。

关于曾国藩，毛泽东说：

> 愚于近人，独服曾文正。

蒋介石评价说：

> 曾公乃国人精神典范。

两个敌对阵营的领袖——中国近代史的主角——对曾国藩的评价都是高度统一的完美。

事实上，比起历史上另一个公认完人王阳明，曾国藩连中人之姿都算不上。

曾国藩小时候有一次在屋里背书，恰好有个“梁上君子”想趁着他背完书休息后偷点东西，但没想到他这一篇文章翻来覆去读了十几遍也背不下来。这位小偷忍无可忍，跳下来大骂：“这种笨脑壳，还读什么书！”小偷骂完后将曾国藩所读的文章从头到尾一字不落地背诵一遍，扬长而去。

曾国藩前后考了七次才以倒数第二的成绩考中秀才。且不说名冠天下的十三中秀才、十五中举人的大才子张之洞，就是和自己后来的学生李鸿章相比，曾国藩的风流才气也远远不如。

如果单论事功，王阳明没法和曾国藩比；但在精神和义理层面，王阳明是曾国藩至关重要的榜样。如果没有王阳明文人领兵的先例，曾国藩也不会筹建湘军。道理很简单，对于乔布斯和“苹果”的成功，我们可能没什么感觉，毕竟各方面差异太大，没有可比性；但是，当你眼睁睁看着任正非和“华为”的崛起，肯定会想：“一个贵州佬能做的，我为什么不能？”这就是榜样的力量。

苦读多年，终于中了进士的曾国藩，仿佛开了窍，十年七升，官运亨通。但是，如果没有太平天国运动，曾国藩不会有那么大的名头，顶多是文章传世罢了。乱世给了曾国藩自主创业的机会。

咸丰元年（1851 年），太平乱起，烽烟遍地，湖南局势糜烂。咸丰帝情急之下，诏命在乡下丁忧的曾国藩帮助地方官员兴办“团练”。曾国藩历经千辛万苦，终于练成了一支一万七千人的队伍，踌躇满志，挥师北上。

谁知曾国藩苦心经营的这支队伍却是不堪一击：一败于岳州，再败于靖港，损失惨重。万念俱灰的曾国藩纵身跳进湘江，幸好被部属及时救下，一路风吹浪打、旌旗飘摇，仓皇逃回老巢。这应该是曾国藩一生之中最失意的时刻。

然而不久后，湘潭传来捷报——“湘潭水陆大胜，十战十捷”。黄泉路近的大清王朝又看到了起死回生的希望。一时间，朝廷褒奖，绅民欢呼，湘军成了滔滔天下的中流砥柱。

此后曾国藩振作精神，重又踏上屡败屡战、艰难隐忍的封侯拜相之路，历经十年艰苦，终成不世之功。

就在曾国藩手握重兵、威望正隆时，年纪轻轻便名动天下、自诩通晓帝王术、“非衣貂不仕”的湖南老乡王闿运作为说客出现了。此公也的确有两把刷子，二十六岁就成了权倾朝野的重臣肃顺最依仗的幕僚，俨然半个帝师。

在肃顺倒台前的半年，王闿运若有所觉，悄然离开京城，辗转南下，持帝王之学游说曾国藩，劝其割据东南，自立为王，与清廷、太平天国三足鼎立，然后徐图进取，收拾山河，成就帝王伟业。

在王闿运游说过程中，曾国藩面无表情，一言不发，一边听王闿运讲，一边有意无意地点着茶水在桌上比画。谈话中途，曾国藩临时有事出去，王闿运起身，看到曾国藩桌上写满了“狂谬”二字，一腔热血顿时冰凉，随即告辞回乡。曾国藩究竟有没有心动，无人可知，只能从他的日记中窥测一二：

傍夕，与王壬秋(王闿运字壬秋)久谈，夜不成寐。

在王闿运之前，许多湘军重量级人物也曾或明或暗地鼓动过曾国藩。胡林翼曾经捎来左宗棠的一副对联：

神所依凭，将在德也

鼎之轻重，似可问焉

面对多年的至交好友——湘军核心人物胡林翼，曾国藩没有当场表态，只是说容他考虑一下。几天后，曾国藩将对联改了一个字，回复给胡林翼：

神所依凭，将在德也

鼎之轻重，不可问焉

胡林翼看了不再言语，几日后便返程湖北，几个月后于武昌病逝。

胡林翼走后不久，安徽巡抚彭玉麟也送来密信：

东南半壁无主，老师岂有意乎?

傲气如左宗棠、练达如胡林翼、淡泊如彭玉麟，三个性格迥异的湖南人，前前后后表达了同一种想法。

湖南这个地方也怪，政治情结特别强。治世时“学得文武艺，卖与帝王家”，乱世则苦学人君南面之术，对于做帝王师有狂热的爱好。这既是湖南人关心政治的优良传统，但有时也会失之于过于功利。我和湖南卫视的灵魂人物魏文彬很熟，他是“文化湘军”的代表人物。十多年前他请我给湖南广电做战略策划，也做了一场演讲。我讲演完以后，老魏突然冒出一句话：“志纲啊，你为什么不从政呢？”在他看来，有才华却不去出将入相走仕途，简直亏大了，这就是典型的湖南人心理。

同治三年（1864年），湘军攻破南京，恢宏华丽的太平天国轰然坍塌，曾国藩个人威望到达巅峰。湘军气焰熏天，“收拾金瓯一片，分田分地真忙”，千年古都南京遭到了前所未有的浩劫，长江之上来往的都是湘军将领装满战利品的船只，以至于很长一段时间内湖南人中都流传着一句话：“到金陵发财去。”

在一片大好形势下，曾国藩更加忧心忡忡：清廷、太平天国、湘军三股势力已去其一，对于清廷来说湘军的存在已然尾大不掉。王闿运的出现更让曾国藩警觉，这种狂生都来劝他称帝，朝廷会怎么想？

果不其然，随后不久，封赏与敲打便接踵而至。慈禧一边重赏，一边摆好卸磨杀驴的架势。湘军内部群情激奋，曾国荃率多位湘军高级将领齐聚曾国藩府邸，图谋重演“陈桥兵变，黄袍加身”的戏码。

在一片劝进声中，曾国藩闭门屋内，一言不发。僵持良久后，他差人送出一副对联：

倚天照海花无数

流水高山心自知

所有人见事不可为，才默然散去。

下定决心不反，曾国藩马上开始自剪羽翼，首先开刀的就是自家人，他强令曾国荃解甲归田。曾国荃带着一腔愤懑和满船金银财宝返回湘乡老家，曾国藩赠给他一副对联：

千秋邈矣独留我

百战归来再读书

曾国荃走后，横扫江南、威震天下的湘军也迅速被裁撤，峥嵘岁月瞬成过眼云烟。自断牙齿和羽翼的曾国藩，赢得了清廷的空前信任。千百年来，功高震主却能全身而退者寥若晨星，曾国藩便是其中一位。

苏东坡曾言："古之立大事者，不唯有超世之才，亦必有坚忍不拔之志。"这也是湖南近代史上两大巨头——曾国藩和左宗棠——之间最大的区别，一者能忍常人所不能忍，一者能为常人所不能为。

左宗棠一向自负才高，以当今诸葛亮自比，谁知屡试不第，一怒之下效仿卧龙高居隆中，蛰居乡间以教书为生，直到四十八岁才得到天子钦点，下洞庭，过长江，协助曾国藩办理军务，正式出山。

彼时李鸿章也在曾国藩麾下，"晚清中兴四大名臣"其三初次聚首。三人能力非凡，又性格迥异。李鸿章看重功名，曾放言"一万年来谁著史，三千里外觅封侯"；而左宗棠更看重事功，落魄时常以"身无半亩，心忧天下；读破万卷，神交古人"自勉。曾国藩评价李鸿章是"拼命做官"，功利心太重，对左宗棠则推崇备至。曾、左虽有矛盾，但无非是"一时瑜亮"的相爱相杀；而左、李之间，则是"道不同不相为谋"的互相倾轧。

左宗棠寒微时名头已经极大，胡林翼称其为"近日楚才第一"。左宗棠、林则徐均视陶澍为恩师，但他们两人却一直未曾谋面。风烛残年的林则徐乘舟路过湖南时，在湘江边上专程滞留一天，等候"自诩今亮"

的左宗棠。两人一见如故、相见恨晚,彻夜倾谈,纵论国家大计。这是他们初次谋面,也是最后一面。

这是一场历史性的会面,虽然一个是高高在上的封疆大吏,一个只不过是乡间举人,却一见如故,无话不谈。谈话间,林则徐最关心的还是西域问题,他预言俄国将成为中国的边疆大患。他把自己对新疆人文、地理、军事的观察和战守计划全部交给左宗棠,并说:

> 吾老矣,空有御俄之志,终无成就之日。数年来留心人才,欲将此重任托付。……将来东南洋夷,能御之者或有人;然西定新疆,舍君莫属。

两人见面不到一年后,林则徐溘然长逝。二十五年后,垂垂老矣的左宗棠,终于秉承林则徐遗志,力排众议、舆榇出关,一举克复新疆,为华夏子孙保住了一百六十万平方公里大好河山。此等壮举,就决于二十五年前的一个寒冷冬夜,湘江边的一条小船之上。

1983年胡耀邦去西北视察时发表了讲话,曾引用左宗棠部下杨昌浚所作《恭诵左公西行甘棠》:

> 大将筹边尚未还,湖湘子弟满天山。
>
> 新栽杨柳三千里,引得春风度玉关。

这首诗让当时刚从兰州大学毕业的我印象深刻。后来我多次去新疆,沿途还能看到很多合抱粗细的“左公柳”,心中不由感慨:湖南人在中国近代史上确实立下了不世之功。

曾国藩、左宗棠之后,看似烟消云散的湘军,实则给湖南埋下了天翻地覆的种子。

湖南人从古至今就有重视教育的传统,千年以来岳麓书院弦歌不绝。湖南虽然地域广阔,但肥沃之地不多,大部分土地贫瘠,出产不丰富，又加之人多，故而从整体上来说民生贫困，国家从湖南所得之税收也少。

清朝的文书上说，湖南全省一年税收不及江南一大县；所以，上马从军或下马读书，成了很多湖南人改变命运的“唯二”办法。

一位湖南博士曾给我讲他小时候父亲怎么培养他读书。他父亲站在水田边，拿着一双草鞋和一双皮鞋教育他，话也很简单：“好好读书就能穿皮鞋，不读书就和你老爹一样，穿着草鞋顶着赤日下地受罪。”他深受震动，终于通过不懈读书走了出来。这样的故事，从古至今在三湘大地上遍地皆是。

当年苦于条件所限，只有少数湖南人才能读书。然而几十万盆满钵满的湘军裁撤回乡，一夜间完成了原始积累，他们开始在家乡置田地、聘塾师、教子弟。短短一二十年之内，“三湘”大地开始兴起一股教化之风。尤其是在洞庭湖一带，更是文化昌明，全国各地有才华的人都愿意到那里去教书。

讲到湖南的风气之开，还有一个人物不得不提，就是陈寅恪先生的爷爷陈宝箴。

陈宝箴在湖南巡抚任职期间，积极推行新政，开设“时务学堂”，出刊《湘学报》，整顿吏治，革除旧习，起用和推荐“维新”人物谭嗣同、梁启超等，可谓“营一隅为天下倡”。

19 世纪末 20 世纪初，湖南成了全国最有生气的省份，教育事业发达，新式学堂之多名列全国前茅，时务学堂尤为著名。

《湘学报》名满海内，陈宝箴功不可没。其人虽仕途蹇涩，但家族文脉却绵延不绝。其孙陈寅恪是中国现代最负盛名的历史学家、古典文学研究家、语言学家之一。

陈氏一脉虽不是湖南人，却和湖南渊源甚深，湖南是陈寅恪的第二故乡。新中国成立后，陈寅恪也遭受到了政治风波的冲击。当时陶铸（湖南祁阳人）任中共中央中南局书记，出于对陈寅恪的尊敬和爱护，时常到中大去访谈，嘱托有关方面给陈寅恪以照顾。由于陈寅恪当时已双目损坏，陶铸亲自关心陈寅恪的助手配备情况和眼疾治疗，还嘱咐在他院子里修一条白色通道，让他闲余散步时不至摔倒。殷殷关怀成了知识界的佳话。这也算陈寅恪晚年与湖南人的一段缘分吧。

除了物质条件大发展，曾国藩也为湖湘文化注入了新的精神内涵。战争把曾国藩和湘军推到时代的前列，南征北战让世代居住在穷乡僻壤的农民有了外出闯荡的机会。见识过人世间最复杂、最严酷的斗争后，他们的眼界大为开阔，胸襟大为拓展，见识大为提高。湖湘文化在最广大的层面上有了质的提升，国家、天下、道义等原本只是少数人关心的话题，开始挂在很多普通湖南人的嘴边。

千百年来，湖南人形成了独特的性格特质，而曾国藩、左宗棠等人的横空出世，让大批湖南人"走出去"，把财富与知识"请进来"，给湖湘勃兴添了最后一把火。

湖南人继承自远古楚人的奔放浪漫、天马行空式的自我主义后，逐渐提升为敢为天下先的创新意识，经世致用的功业追求逐渐变成忧国忧民、救世拯时的忧患情怀，轻生任侠的血性变成为理想而献身的牺牲精神，霸蛮易怒的祖传性格变成了顽强果毅的坚执定力。从物质到精神、从眼界到心胸，湖南终于彻底升华了。

当然，以曾国藩、左宗棠为代表的湖湘俊杰，并非是从石头里蹦出来的，而是厚积薄发的结果。

明代初期，湖广行省辖境约为当今湖北、湖南二省。康熙六年（1667年）两湖分治，雍正元年（1723年）两湖分闱，除了行政分开之外，更主要的是科举录取分开，这是湖南近代崛起的重大契机。

在此之前，湖广行省的科举录取名额不分南北，这对于广大的湖南考生来说简直是噩耗：相当于把一个不发达地区和发达地区同等对待，并且考场设在湖北武汉，湖南考生要想前往则有八百里洞庭阻隔，波涛不测，所以很多人裹足不前。因此，历年来湖南学子考上举人的数量，不及湖北学子的四分之一甚至十分之一。

分闱之后，湖南近两百年间人才辈出，星光璀璨，彻底改写了湖南在全国的地位。晚清湖南重臣郭嵩焘认为，近代湖南人文鼎盛，两湖分闱应居首功。

嘉庆、道光年间，湖南出现了以陶澍、魏源为代表的"湘系经世派"。他们都具有强烈的经世意识，主张积极入世，通经致用，治国、济民、平天下。现代著名历史学家萧一山曾明确指出：

> 曾国藩、左宗棠、胡林翼皆标榜经世，受陶澍、贺长龄之熏陶者也。

如果说曾国藩是湖南百年风流的上半场代表人物，那么在他去世二十一年后——光绪十九年（1893年）——湖南近代史下半场的代表人物毛泽东出生。

十七岁的毛泽东外出读书临行前，改写了日本人西乡隆盛的一首七言绝句：

> 孩儿立志出乡关，学不成名誓不还。
>
> 埋骨何须桑梓地？人生无处不青山。

且不说诗本身的好坏，但这是一首典型的立志诗，湖南人经世致用、壮怀激烈的精神特质已经在其中有所体现。

在青年毛泽东的一方天地里，曾国藩也占有独一无二的位置。毛泽东的老师杨昌济把自己对曾国藩的崇拜悉数传递给了这位学生。毛泽东早年曾经下苦功研究过曾国藩的著作。曾国藩的治军方略和处世之道，深深地触动过毛泽东的心灵，使他发出了“独服曾文正”的慨叹。

当毛泽东走上革命道路后，很多人攻击他不懂军事。这种说法其实很可笑，湖湘天生重血性，再加上湘军余威犹存，毛泽东在湖湘这片江湖上学了很多东西。比如，拿家喻户晓的《三大纪律八项注意》与曾国藩编写的“行军歌”对照，会发现前者简直就是后者的翻版。而且，毛家一直有着从军打仗、驰骋疆场的家族传统。毛氏家族的始祖毛太华便是“以军功拔入楚省”。此后，毛太华的子孙秉承他的刚毅和血性，投身行伍、闯荡天下者代不乏人。以曾国藩为首的湘军崛起后，大批毛氏子弟加入湘军，形成一股从军潮。

在这样有军事传统的家族中成长，毛泽东耳濡目染，不可避免地会受到尚武精神的影响。据韶山的一些老人回忆，毛泽东从小好角力，喜欢玩打仗的游戏，对《三国演义》《水浒传》《说唐》等描写战争的书爱不释手。毛泽东的思想、志向和军事才华，都和湖南这片土地有很深的渊源。

在国共战争中，毛泽东和蒋介石正面对决。蒋介石是曾国藩的狂热信徒，但他更多学的是私德，而毛泽东则是从学习到扬弃，更深刻地学到了曾国藩经世致用的精神内核。蒋介石身边浙江人居多，而毛泽东身边则围绕着一大批优秀的湖南人，如刘少奇、彭德怀、任弼时等，结果是霸蛮的湖南人打败了灵秀的浙江人。

从1853年曾国藩建湘军到1949年新中国成立，短短不到百年，湖南一地汇聚澎湃汹涌的能量，涌现出的一大批风流人物，为中国境内所仅见。

如今大家几乎众口一致地认为，现代中国发展于文化中心北京或沿海对外中心上海、广州，湖南则被普遍描述为一个偏僻落后、需要加以启蒙的内陆省份。然而，先后诞生曾国藩与毛泽东的湖南，完全够格来讲述近代中国的百年风流。湖南人波澜壮阔的一百年，改变了中国的历史，也重塑了湖湘精神。

三湘四水

讲完纵向的百年风流，我们再横览一下湖南的“三湘四水”。“四水”没有多大争议，指的是湘江、资水、沅江、澧水四条河流。但“三湘”是什么？很多湖南人也说不清楚。有人说“三湘”是潇湘、蒸湘、沅湘的简称。也有人说“三湘”是指秦灭楚时，湖南境域内基本就是楚之三郡——洞庭郡（湘中）、黔中郡（湘西）和苍梧郡（湘南）。秦灭楚后，将洞庭郡、苍梧郡合而为一，成为“长沙郡”；又合黔中郡、巫郡为“黔中郡”。后世以湖南境域基本为楚之三郡而称之为“三湘”。

洞庭湖所在的湖南北部偏东地区，地形以湖泊、平原、丘陵为主，明显不同于湖南西部、南部的崇山峻岭。因此，如今也有人把洞庭湖辐射区域称为“湘中”，即湖南的经济文化中心；把西部雪峰山脉地区称为“湘西”；把南部靠近南岭山脉地区称为“湘南”。

偌大的中国，除了老家贵州之外，湖南是我走过省内每个地级市的少数省份之一。多年来我们受湖南各方面委托做了很多策划项目，对这片土地也了解得更加深刻。

长株潭不说，还有开发德国风情小镇的常德、面朝湖北背朝湖南的岳阳、因异蛇而出名的永州、“船到郴州止，马到郴州死，人到郴州打摆子”的郴州、铁血柔情并存的湘西、蛮勇的邵阳等，我们均有涉足。

湖南像一块夹心饼干，总体风格统一之下又各具特色，随便拎出几处都很有韵味。第一片就是以常德为代表的湘北区域。

常德之于湖南，就像潮汕之于广东。常德说的是西南官话。常德既有湖南的蛮勇，又有湖北九头鸟的精明。我20世纪八九十年代第一次去湖南时就是到的常德，当地人都戏称湖南是“德国人”统治。

常德人经商厉害，从政也很厉害，拉帮结派，互相提携。湖南人讲起常德的时候，总有点异样的感觉，这点也很像潮汕人。

常德还有一大特色——米粉。米粉可是长江流域中上游几个省份的“硬通货”，云、贵、湘、赣都在争，各执一词，各有所长。其中，常德米粉靠着其精细的制作工艺和精心准备的原料，先是占领长沙，之后又走向中国，真是不能小看。

与常德一样，岳阳同属湘北。不同的是，洞庭湖边的岳阳乃是千古名城。绝大多数中国人知道岳阳，是因为范仲淹的《岳阳楼记》。其实，范仲淹根本没有来过岳阳。所谓的旅游就是这样，看景不如听景，听景不如想景。去了以后却发现原来不过如此，但想景却可以神游八极、思接千载。范仲淹就是通过想景留下了这一篇千古绝唱。

因为靠着洞庭湖和长江，千百年来，无论是战乱避祸，还是闯荡求生，来自东西南北的人们穿越中国南北分界，岳阳都是重要的人口中转站，只是现今有些沉寂了。

繁华不再的，还有湘南地区的郴州。

三十多年前我第一次到湖南采访时，听到湖南人常说：

> 船到郴州止，马到郴州死，人到郴州打摆子。

我当时就产生了浓厚兴趣。这些年来搞策划，我专门去了郴州，发现这里江水丰盈、风景秀美，城市也很漂亮，是一块没有被开发的宝地。

对于前面提到的俗语，很多人的解读是“郴州交通闭塞、疟疾横行”。其实恰恰相反，这句话描述的是郴州骡马古道的繁茂场景。“船到郴州止”是指，郴州是湘江南下的客货船水转陆枢纽，船只到郴州后没有水路可行，只能在郴州改为骡马运输。“马到郴州死”是指，马要日夜驮运大量的货物，劳作到死。“人到郴州打摆子”说的则是，众多船工、挑夫一年到头辛辛苦苦，累得像打摆子。

湖南另外一个极具特点的片区就是湘中地区了。

湘中地区“重山叠岭，滩河峻激，而舟车不易为交通”，在古代是南蛮栖居之地。险峻的自然环境与蛮夷充满原始野性生命活力的文化精神相结合，造就了湘中的血性。湘中地区可谓是“典型湖南”。

湘军的缔造者曾国藩就是湘中地区的湘乡白杨坪（今属双峰）人，湘中的山农一直是湘军主力，“吃得苦，耐得烦，不怕死，霸得蛮”的湖南性格使湘军成了远征劲旅。

前段时间网上有篇很火的文章《走向存量残杀的危险世界》，里面就讲到作者老家邵阳的匪帮横行，究其原因，除了他文章中说到的工业崩溃之外，还是和当地民风有很大关系。工业转型是很多地区的痛点，但一言不合就决生死，整座城市陷入黑帮混战，这样的蛮勇斗狠可能还真就邵阳人做得出来。

娄底的涟源、邵阳的邵东，地处湘中腹地。涟源人、邵东人成了湘商帮中的两支劲旅。仅以经营户逾六万的长沙高桥大市场为例，来自涟源、邵东的商户数量就超过60%。这些商户们从身无分文的山农起家，肩挑背扛，到身家巨富，甚至身家百亿。

20世纪80年代初的湘中山区穷乡僻壤，多少农民承受着山穷水尽、衣食难周之苦。农村经济的落后与生活的艰辛，使他们产生了改变贫困命运的强烈愿望，一些有胆量的人开始带头弃农从商，离开故土，走出去、闯未来。他们从沿街叫卖、露宿街头、摆地摊开始，走长沙、闯南昌、上义乌、跑重庆、下广州……风雨沧桑、辛酸苦辣。由沿街叫卖到租店批发，由小本生意到大宗买卖。经过多年的打拼，终于形成了农民商人聚落，并在激烈的市场竞争中站稳了脚跟。

我1990年出版的第一本书《中国走势》，就是和邵东书商合作的。当时长沙的黄泥街书市还是全国四大书市之首，聚集了上百家书商。这位老兄就是邵东人，于长沙黄泥街起家，辗转到了广东发展。其人虽文化水平不高，只是个中学毕业生，但有极其敏感的市场嗅觉。他有一手绝活：从没看过的书随便翻开一页，闭眼一闻，就能闻出这本书大概日后的销量有多少。

我当年火遍中国的《谋事在人》也是他帮我出的，日后他到北京一家出版社担任总经理，出了很多畅销书。他的装帧、设计和风情，在20世纪90年代可谓是引领风尚。

他还告诉我一个很有趣的数据，在纸质书还畅销的年代里，我的书卖得最好的两个省，一是浙江，一是湖南，说明湖南人的确有读书的习惯。

关于长株潭，我也有过深入了解。21世纪初中国开始高速城市化进程，湖南能量有限、马达不够，想要在国家的"中部崛起"中占据主动，就必须做强做大长沙。然而，长沙本身的体量又不足以支撑起一个大型城市，所以湖南不得不考虑走区域联合的路子，长株潭正好提供了实施的路径。

当时，有关方面请我去做长株潭一体化的策划，甚至还把岳阳、常德、益阳、娄底、衡阳五个城市拉到一起，提出"3+5"城市群战略构想。

但即使如此，长沙的气魄天然还是差了武汉一筹，毕竟武汉的水陆大码头、九省通衢的自然条件摆在那里；另外，郑州的崛起对湖南的压力也很大。

但是，其实长沙这几年不声不响，发展速度还是很惊人的。从 2001 年到 2017 年，长沙 GDP 增幅高达惊人的 1300%；2001 年长沙 GDP 只有武汉的一半多，现在已经达到了七成多。

以"三一重工"和"中联重科"两家公司为代表，长沙的装备制造业撑起了一大片天。2008 年长沙适时提出要打造"中国工程机械之都"，2011 年又提出打造"全世界最大的装备制造基地"。准确的战略选择让长沙顺利分享了中国大基建时代的红利。

同时，长沙对土地财政依赖度很低。没有被房地产绑架，这也相当不容易。今天高铁的崛起，使得大铁路系统再度成了中国经济发展的血脉，长株潭如果能搭上高铁时代的便车，那么前景一片光明。

湘西就是完全另一种风情了。

"大湘西"大致以张家界市、湘西州、怀化市为主体，与传统意义上的"湘西"基本重合，至今还保留着丰富的神话传说和民族风情。

我做怀化策划时，对于日本为什么在芷江投降十分好奇，也专门研究了一下。

原来，芷江是抗战时保卫陪都重庆的军事重镇，驻扎有大量军事机构、精英部队——包括最先进的空军部队，还拥有曾让日军闻风丧胆的当时远东第二大军用机场——芷江机场，所以这里才成了受降城。

湘西这个地方，自古便多民族杂处。20世纪七八十年代，小说《乌龙山剿匪记》与《湘西剿匪记》轰动一时，还有一本描述湘西剿匪的小说《武陵山下》也很火爆。这使得湘西剿匪后来居上，超越东北，成为人们茶余饭后乃至政治生活中的热门议题。

湘西的剿匪相比东北的剿匪来得更要酷烈些，也更错综复杂。这些都给少年的我留下了湘西匪气重的深刻印象。

湖西为什么出土匪？我认为有自然、人文两方面原因。

湘西山水带给外人的是外来者惊鸿一瞥的美丽，但如果牵扯到生存的话，那就叫穷山恶水。再加上这里民族混杂、山深林密，又处于几省交界处，天不管地不收，产土匪自然不稀奇。当时的土匪之多，文化人都不得不附丽于其间。

湘西凤凰人沈从文十四岁出去闯荡，漂流于沅江之上，远方青山云雾，近处江水湍湍，很多时候都是跟着船家甚至土匪游荡。日后远赴北京发展的沈从文，一辈子改不掉湘西土话，把弥漫着挥之不去的烟雨湘西带给了全世界。在近现代的枪火岁月里，远方边城的纯真与爱情成了天籁，拨动无数人的心弦；然而，尽管沈从文有意淡化笼罩在湘西土地上的有关“匪区”的传闻，但不经意间总能透露出一些神秘而残酷的真相。

当然，湘西不只有匪气，更有文气、灵气、铁血气。湘西有沈从文这样精于文墨，笔风简峭，将故乡山水的清美描绘得淋漓尽致的大作家，也可以有黄永玉这样终身放荡不羁、肆意驰骋的任性画家。

凤凰更出了近代史上闻名天下的“筸子军”。古语说：

无湘不成军，无筸不成湘。

筸子军铁骨铮铮、血气方刚,不但是戚继光抗倭时的主力,还是湘军大战太平天国的铁军。在抗美援朝时期,铁血湖南人更在上甘岭上留下了他们的身影。

纵览三湘四水,气质各自峥嵘。无论是常德商帮纵横商场,还是邵阳宝古佬的生猛,抑或湘西“筸子军”的铁血,都体现出了湘人性格中的“吃得苦,耐得烦,不怕死,霸得蛮”。

“霸蛮”是湖南人写在骨子里的精气神。“霸蛮”就是一种倔强、坚韧、执着的,屡败屡战、血性义气的地域文化灵魂。

路在何方?

湖南朋友多有政治情结,每每见面,他们多津津乐道于政军两界有多少湖南人之类的话题。毕竟湖南一向有此资本,晚清全国二十二个省,十个省督抚是湖南人。中华人民共和国成立后,湖南政军两界的大员也很多。然而近几年来,这个话题却说得少了,想来和湖湘人才青黄不接、局势进退失据不无关系。

的确,湖南人面临着有些尴尬的局面:湖南经济不差,但也不算好;风流人物的宝座早已旁落,但又不怎么甘心。

面对湖南的沉寂,有人分析说:从天时上来讲,国家承平日久,既无入侵也无内战,湖南人最拿手的打仗功夫无用武之地;从地利上来讲,改革开放以来,我国推行外向型经济,内陆地区与沿海地区的差距日益扩大,深处内陆的湖南已经无法继续开风气之先;从人和上来讲,惯出领军人物的湖南,也一代比一代边缘化,其带动效应也日趋式微。最终得出结论:湖南人适合扫天下,不适合治天下;君子之泽,五世而斩,湖南人的辉煌到头了!

真的是这样吗?我看未必。

首先天时一说就不成立。虽说“无湘不成兵”,但湖南人也不是天生会打仗,靠的还是骨子里的血性和家国天下的情怀。从古至今,战乱不休,也不见湖南人有多大声响,直到晚清才冒了出来,所以,说到了和平年代湖南就落寞,显然有问题。

至于地利说,倒有一定道理。湖南深居内地,的确机会相对少,但架不住湖南人往外闯得勤。从20世纪50年代初“八千湘女上天山”,到改革开放后大批湖南人走天涯——下广东、闯深圳乃至过海峡,全国各地都有湖南人的身影。

一位在深圳政府工作的朋友告诉我,深圳常住人口有2100万左右,其中外地人有1200万,湖南人就占了350万,四个外地人中就有一个湖南人,简直就是湖南省深圳市。

不止国内,湖南人还跑到了国外。七八年前我和一家央企在老挝合作项目时,发现了一个非常有趣的现象:老挝的中国新移民,以湖南人的数量最多、分布最广、影响最大。据不完全统计,在老挝长期经商务工居住的湖南人有15万左右。这些人主要来自邵东市、邵阳县,多数人自20世纪90年代初来老挝创业。他们分布于老挝各省、市、县、村,几乎涉足了老挝全行业。据当地官方统计,在老挝每年的摩托车销售额中,湖南人占了90%的份额;同时,老挝手机生意的60%、服装和箱包的50%以上的市场份额,亦是湖南邵东人的天下。在老挝开五金店的老板,十个有九个是邵东人。十万湖南人正在老挝演绎着一段经商传奇。

由此可见,地利说虽有一定道理,但也架不住“树挪死,人挪活”。

核心症结也不在此。

湖南真正的问题,出现在人和上。

近代以来,湖南人的抱负多在从政、从军、从文这三条路上。改革开放后,金钱成为社会通行的价值尺度,财富与欲望像洪水一样席卷过三湘大地,湖南人传统的军、政、文三条路被冲得七零八落,进退失据。

在军、政、文这三者中,军商合流是大忌,军队经商已经是尘封的历史;政商合流直接导致了层出不穷的贿选和贪腐现象;文商合流则让很多湖南人的心态发生了微妙的改变,本来在文坛独树一帜的"文化湘军"纷纷弃笔从商,娱乐至上成了三湘大地的主流。其中典型案例,就是诗人刘波。

现在很多人不知道刘波是何许人也,但在20世纪末21世纪初,他可是个风云人物:神童、诗人、北大博士、季羡林关门弟子、文化产业巨子、拥美在怀……他可以将当今风流于世的很多人甩几条街。我曾同他也有过若干交集。

二十多年前,一位大佬邀我一同去见一个非常神秘的人物,同行者是两个正部级干部。走过了王府井,拐到胡同里,迎面看到一个非常巍峨的大院。我曾经去过很多相当高级别的中央领导家,也没见过比这个大院还气派的。

大门打开,一位满头银发、风度翩翩的老人出来迎客,这副扮相放在电影里面至少是省委书记。我还以为他是主人,正想搭话的时候,他说:"各位来宾好,我是管家。"

连管家都像省委书记,遑论主人。兜兜转转到了最后一进院子,却看到躺椅上有个前摇后晃、优哉游哉的青年人,看样子不过三十多岁,我差点没问他:"你爹在哪里?"没想到一介绍,他就是这里的主人刘波,自称是个诗人,也是季羡林先生的关门弟子。

大家坐定之后,就开始谈生意。话说盛世修典,刘波策划了一套《传世藏书》,把经史子集、诗词歌赋全部囊括,希望流传后世。那天他找我们来谈的就是这个生意。

谈得七七八八后准备吃饭,刘波带我们到了包厢,各分宾主坐下后,只看他巴掌啪啪拍了两下,音乐声起,一帮宫娥彩女端着盘子,就像演出一样鱼贯而入,环佩叮当,婀娜多姿。我当时就暗想,他毕竟是搞文化产业的,排场上够讲究。

上桌后我坐中间,他在左边,右边空了一个位置。开席时,突然一位仙女飘然而至,坐到了我边上。这位姑娘的确气度不凡,貌若天人。但我是真不认识,就问旁人说这位女士是谁,他说是某某,我说某某是谁?

这个问题就惹祸了,所有的人都睁大眼睛瞪我,说某某这么大的明星你都不知道,简直就是土鳖啊!搞得这位女士嘴巴噘上天,从头到尾再也不理我。但是,没想到佳人一来,饭桌上就像多了盘超级下酒菜,气氛顿时活跃了起来。

那顿饭吃得宾主尽欢,走的时候很多话就好说了,刘波拿出几套《传世藏书》,和几位领导说,这套请你给某某副委员长,另外一套请你转给某某主任。这两位高官拍着胸膛说一定转到。我在旁暗自感慨,看来我这个文化人的生意经还是没有修炼到家。

刘波的背景我也是日后才慢慢了解到的。1990年代初期,曾是湖南株洲市团委工作人员的刘波,带着梦想南下海南,成为百万"闯海人"中的一员,开始了他在海南的传奇生涯。在海南混迹几年后,摇身一变成了国学大师季羡林先生的关门弟子。挂着季老的金字招牌编制《传世藏书》,让他实现了飞跃,也让他的"诚成文化"被誉为"文化产业第一股"。

日后我与刘波还有一些交集，就不多展开了。刘波的失败，归根结底还是被人性的三大弱点——贪婪、虚荣、侥幸——所驱驰。2003 年刘波出逃日本，因骗取银行巨额财产，还上了红通名单，直至 2017 年猝然离世。

斯人早逝，"风流总被雨打风吹去"，不论是非成败，刘波把湖南人身上的野心、聪慧、气魄和投机心理展现得淋漓极致，同时也成了湖南这几十年快起快落的，从百年风流、铁血潇湘转向娱乐至上、活色生香的真实缩影。

湖南不仅有刘波，更有湖南卫视。我和魏文彬先生也是老朋友了，对湖南卫视的发展也有一定了解。

现在的年轻人们，要是回到 1997 年之前打开电视，肯定会怀疑自己看的是个假湖南卫视。彼时湖南卫视格调甚高，而且内容深刻，"指点江山，激扬文字"，颇有《湘江评论》风范，吸引了一大批有志青年的加入。

老魏本身也是一个很有追求的人，然而形势多变，发现新闻立台这条路走不通后，他的态度一下子发生了一百八十度大转弯，从"文化湘军"的先锋，变成了"娱乐湘军"的探路者，坚决走年轻化、偶像化、娱乐化的道路：面向市场，娱乐至上，开创了《超级女声》《快乐大本营》等一系列娱乐节目，在娱乐化的道路上越走越远。

不止湖南卫视，从影视节目到日常生活，"重度娱乐化"成了三湘大地的新主流。长沙因遍地洗脚房而被称为"脚都"，虽说是调侃，但也带有一些隐晦的意味。

2018 年去长沙考察，我问，湖南既然是文化大省，有哪些代表性的文化作品可以一看？于是，几位湖南朋友带我去了"田汉剧场"。以田汉大剧作家命名的剧场，想来水准很高。当我心存庄重地去了剧场，却发现和赵本山的"刘老根大舞台"没什么区别。理应严肃的剧场里演出的是搞笑低俗的脱口秀。主持人不断高呼“娱乐至死”,人群听众不时哄笑,充满了快活的空气,真是让我感慨万千。

在跟一部分湖南老板打交道的过程中,我发现他们确实百无禁忌,底线颇低,加上湘菜多味、湘女多情、湘水多姿,离醉生梦死也差不远了。

关于湘女多情,还可多说两句。我年少时读了《李宗仁回忆录》,书中写到李宗仁当年驻军湖南时与一位湘女的缠绵纠葛故事。因此,湘女多情也给我留下了深刻印象。

以上所述种种,不是说娱乐不好,娱乐化、年轻化也是当下文化产业发展的潮流,但湖南真正的底蕴绝不仅仅是唱歌、跳舞、捏脚这些,湖南应当追寻更大的舞台。

在历史的舞台上,谁都有机会成为主角,也都会迎来谢幕时刻。“人事有代谢,往来成古今”,历史的规律向来如此。世上哪有千秋不熄的香火?百年风流已经足以彪炳史册。湖南真正要思考的,是如何光大百年风流留下了的丰富遗产。

湖南人心高气傲、能干事、肯干事、百折不挠、敢于求新求变的性格,最适合做有挑战性、自由度的事业。今日之中国,面临着百年未遇之大变局:政治改革风起云涌,经济前途扑朔,科技天翻地覆……如今更需要的是“破坏性创新”,需要协同合作的精神、开放的眼光和勇于任事的态度,这些恰好都是湖南之所长。

在移动互联网时代,多少湖南人也逐渐走到了尖端领域的台前。“微信”的张小龙、“快手”的宿华、“陌陌”的唐岩、“IDG”的熊晓鸽,还有姚劲波、李一男、龚海燕…… “湘军”崛起、群雄逐鹿的盛况正在重新浮现。

湖南能否把握机会再书风流,就要看七千万湖湘子弟自己了。

湖北——中国的丹田

无论地缘还是文化，湖北都堪称中国的丹田：上下求索，左右勾连，纵向来看有悠久的历史传统，横向来看则有大流通带来的大视野，内能化育精气，外能吐纳天地。一口丹田气，万里湖北魂。

不服周的楚人

在中国用一句话来描述一个区域，恐怕没有什么能比“天上九头鸟，地上湖北佬”更深入人心。绝大多数中国人对湖北人的印象，可能都来源于这两句话。中国写地域的俗语很多，如“京油子，卫嘴子，保定府的狗腿子”（卫，指天津卫，今天津）等，但这些远没有九头鸟的影响广泛且深刻，也就“上有天堂，下有苏杭”差可比拟。

细品起来，“天上九头鸟，地上湖北佬”和“上有天堂，下有苏杭”还有所不同。后者明显是褒义，充满对江南风月的向往；而前者则面目模糊，意味深长。湖北并不缺乏个性，但这种个性究竟是什么却众说纷纭，甚至湖北人自己都说不清楚。

有人说湖北人像九头鸟一样聪明机敏。这点我是认同的。我新华社的前辈、老朋友杨继绳就是湖北人，其聪慧、敏捷、勤奋都没得说，更重要的是敢担当，敢还青史以眉目，算是新华社为数不多能名留后世的大记者。

有人说九头鸟有九条命，寓指湖北人生命力强；有人说湖北人像九头鸟一样，九头各有主见，窝里斗；有人扯上先秦楚文化、乡贤张居正的事迹，说张居正改革时曾任用了九位湖北籍的官员；还有人说湖北人像九头鸟一样好勇斗狠，如林彪的“上战场，枪一响，老子今天就死在战场上了”；还有人说湖北是九省通衢等牵强附会之解……

“九头鸟”作为湖北的一种文化符号，已经深入人心，被大家广泛认同和传播，但不管是褒还是贬，至少有一点大家是高度认同的，那就是湖北佬厉害：经商厉害，做官厉害，算计利害，打架厉害，读书厉害……反正挺厉害。

湖北人自古就挺厉害。

自商朝起，湖北地区就形成了广泛的部落联盟，号称“楚蛮”，也就是楚国的前身。楚的兴起与衰亡的过程，几乎与整个周代相始终。为开拓疆域，楚王熊绎将都城由丹阳迁往郢都。此后楚国都城虽历经辗转更迭，但大抵未出今天湖北境内。楚国直到末期势穷力竭、强弩之末之时，在秦强大的军事重压下，才迫不得已将都城步步东迁，最终选择寿春为都，直至灭亡。

作为楚的发祥地，湖北浓缩了楚文化的精髓。这片土地上，无处不散落着古楚国的余韵，见证了楚国从蛮荒走向文明，也见证了楚国从骄阳走向黄昏。楚地气候湿热、虫蛇出没，楚人由此形成了信祀好巫的民风。湖北大量出土的漆器与青铜器，复杂精美，具有鲜明的巫文化特征，这种特征反映在文学、音乐、绘画等艺术上，则表现为浓厚的浪漫主义色彩。

如果说春秋战国时期，北方诸国属于周文化，楚国则独树一帜，另立门户。楚文化与中原地区的正统文化形成了鲜明的对比，以至于现在以“楚”字组成了很多词语，如痛楚、凄楚、酸楚、楚楚动人，这都是楚文化的遗存。

湖北话中有句俗语叫“不服诌”，就是不服气。

按照一些学者的考证，“不服诌”应写作“不服周”，说的就是周和楚的恩怨。在交通落后的古代，楚和中原的连接纽带很微弱。楚人在周和商争霸时选择了武装中立，只是在周天子定鼎天下之后才进京朝觐，接受了封号。这就让周天子对这个迟到的蛮夷国家心怀芥蒂，无论是在封号级别(楚王实际上只是子爵级)上,还是在领土范围上,都对其极尽限制之能事。

对于楚,周始终怀恨在心;而对于周,楚国也始终若即若离,后来干脆自封楚王,和周朝彻底翻脸。楚王不服周的典例,当属“春秋五霸”之一的楚庄王。《史记·楚世家》载:

> (庄王)八年,伐陆浑戎,遂至洛,观兵于周郊。周定王使王孙满劳楚王。楚王问鼎小大轻重,对曰:“在德,不在鼎。”

楚庄王这个问题问得相当不怀好意。

“国之大事,在祀与戎。”鼎之轻重,可以问乎?可楚庄王偏偏就问了。不仅楚庄王“问鼎”,后来楚灵王、楚顷襄王都一再“问鼎”,其不臣之心昭然若揭。“问鼎中原”这个成语也是这么来的。

楚国的强大让秦国都心怀忌惮,并将其视为称霸天下的主要对手。应该说在战国的很长一段时期内,论地盘、人口、综合国力,秦、楚是最有可能统一天下的双雄。秦国虽强,但也奈何不了楚,两国长期对峙;周边的小国白天投靠秦国,晚上站队楚国,正所谓“朝秦暮楚”。

虽然楚国最终还是灭亡于秦之手,而且败得很憋屈,但“楚虽三户,亡秦必楚”的诅咒也广为流传。事实上也的确如此。陈胜建立“张楚”政权,项羽自立为“西楚霸王”,刘邦是沛郡丰邑(在秦灭六国前属于楚地,今江苏徐州丰县)人,正是这三个和楚相关的人,最终推翻了秦王朝。

历史上楚国的国土远不止于湖北。大体上以今湖北全境和湖南北部为中心,向周边扩展的广阔范围,都曾属于楚国。因此湖北、湖南都源于楚文化,只不过是湖北称“荆楚”、湖南称“湘楚”罢了。相比之下,湖北更多传承了楚文化的精髓,毕竟楚国的国都郢都就在今湖北荆州。湖南人津津乐道的三闾大夫屈原,其实也是湖北人,只是遭到排挤后才被贬谪到湖南，从中也能看出湖北地区在楚国的中心地位。

在历史的大多数时间中，荆、湘本是一家人。从地形上来看，今天的湖北与湖南连为一体。湖北省东、北、西三面分别为大别山、伏牛山、武当山、巫山，中南部为平原；与之相对，湖南省则东、南、西三面环山，北面敞开为平原，二省连起来才是一个完整的地缘结构。

汉代时，今湖南、湖北，还有河南、贵州、广东、广西的一部分统称为“荆州”。到了隋唐时期又改称“鄂州”，今天湖北的简称“鄂”就是来源于此。到了宋太宗末年，天下分为十五路，这里又改名为“荆湖北路”，简称“湖北路”，“湖北”这个名字首次出现。

元世祖至元中期设置“湖广行省”，因其辖境兼及宋代时的荆湖南路、荆湖北路、广南西路而得名，治武昌路（治今湖北武汉市武昌区），辖境相当于今湖北长江以北的小部分、长江以南的大部分，湖南全省，广西全区，广东茂名以西地区，贵州除北盘江流域以外的地区。

明代初期，湖广行省北界扩展至今湖北省界，西部划归贵州省，划出原广南西路地区另置广西省，但省名仍然相沿不改，辖境约为当今湖北、湖南二省。直到清代康熙六年（1667年），将湖广行省以洞庭湖为界一分为二，形成了今天的湖南、湖北，通常仍然称呼总理此二省的总督为湖广总督。

雍正元年（1723年），两湖分闱，科举录取分开。对于湖南来说，这是其近代崛起的重大契机。但对湖北而言，两湖分治好像也没什么大不了的。无论从经济、政治、文化哪方面来看，湖南的自立都不足以让湖北伤筋动骨，毕竟湖北可是个好地方。

湖北是个好地方

从区位角度来看,湖北是个好地方。

如果把中国传统的文化版图按照南北来划分,北方文化包括中州文化、秦晋文化、齐鲁文化、燕赵文化、泛东北文化、蒙古文化、西域文化等,南方文化则包括江淮文化、吴越文化、闽台文化、赣文化、荆楚文化、巴蜀文化、滇黔文化、岭南文化等;不同地域的自然环境特征差异巨大,所形成的文化也是气质不同、风格各异。

湖北虽然属于荆楚文化,但其实是各种文化风云际会的交锋点。湖北的区位特点,一言以蔽之,"不南不北,不是东西"。如果把中国拟人化,湖北就是中国的丹田。一方面,它是由长江连接贯通的荆楚、吴越、巴蜀三大文化的中间地段;另一方面,它也是南北文化交汇的核心枢纽。

且不说"龟蛇锁大江"的武汉,也不说"千万年,屏吾国"的襄阳,举一个县——黄梅县——的例子就能很好地说明什么是枢纽。

今天的黄梅默默无闻,仅仅是黄冈市的下辖县。但在历史上,黄梅却扮演了非常重要的角色。

禅宗四祖道信、五祖弘忍都曾长期活跃在黄梅地区,形成名扬天下的"东山法门",从此中国禅宗得以正式成立,因此黄梅可以说是中国禅宗的发祥地,甚至有"佛教大事问黄梅"之说。

除了禅宗,黄梅戏同样源自黄梅,后来传到安徽发扬光大。为什么黄梅这个不起眼的县城,能够在中国文化地图上扮演这么重要的角色呢?

当年智纲智库曾给江西省南昌做战略策划，我和市领导交流时，他曾讲到一个观点，叫作“东南锁钥”。中国历代王朝更迭，南渡北归之时，中原文明往南逃有条通道，从河南第一站到达湖北，之后再顺江而下，黄梅和对岸的江西九江就是这个重要的过江渡口，自然也成了军事重地。三国时期周瑜作为东吴最重要的将领，就是领军驻守在鄱阳湖口的柴桑（今九江）以防御刘表、曹操。

南印度人达摩（中国佛教禅宗创始人）当年远涉重洋到达广州，从广州出发前往南京见梁武帝时，也同样经过了黄梅－九江这条通道。所以黄梅既是移民迁徙的通道，也是风云交织的战场，更是一个文化交融、汇聚和杂居的大熔炉。

我曾经因工作几次到访黄梅，当时特地邀请了湖北省文联主席熊召政先生一叙旧情，探讨关于湖北这段南渡北归的历史。熊先生之前也和我打过不少交道，这位老兄真是才思敏捷、文采飞扬，七八两酒下肚即兴题诗相赠，挥笔就来，我现在家里还挂着他当年即兴赠我的诗。不只诗书畅达，此君身上还有着学而优则仕的传统士人情怀，他送我的书便是自己写的《明朝帝王师》。商界政界都人脉通达，他也算是一个奇才。

见微知著，整个湖北都是一个东南西北的大通道。

正所谓“南船北马”，北边骑马，南边行船，湖北就是马和船的转换之地，自然形成了南北文化交融、东西人文荟萃的特征，甚至可以说它是整个中华民族的锁钥、枢纽和丹田。

从物产角度看，湖北也是个好地方。

湖北号称“千湖之省”，论物产丰富是没得说，江汉平原肥沃富庶，两江河鲜味极鲜美，在这点上，号称“鱼米之乡”的江浙也比不过湖北。《洪湖赤卫队》电影插曲里面唱道：

四处野鸭和菱藕，秋收满帆稻谷香。

人人都说天堂美，怎比我洪湖鱼米乡！

此言诚然不虚。

在长江流域的所有省区市中，湖北可能是水资源优势最明显的省份。长江经济带在湖北境内全长一千多公里。省会武汉是来往长江沿岸城市的水利枢纽。将来湖北能在中部经济地带中率先崛起，很大程度上要依赖于长江这条黄金水道。

不过，物产丰富并不意味着无灾无难，湖北还有一句俗语：

沙湖沔阳州，十年九不收，收了狗子不吃糯米粥。

如果说黄河有“黄泛区”的话，长江也有“长泛区”，正所谓“万里长江，险在荆江”。由于荆江段的河道非常曲折，加之江水刚从三峡的束缚中奔涌而出，导致每逢汛期荆江周边地区极易酿成水患。在治水、修坝、建桥等技术没有成熟的时期，江汉平原就是水乡泽国的代名词，长江汉水一旦洪水泛滥，整个江汉地区一夜之间桑田变沧海，昨日天府转眼一派苍凉。

我在写河南的文中曾写到“黄泛区”给河南带来的深刻影响：周期性的水患导致了泛区人朝不保夕的心态，“无恒产者无恒心”，只能是“今朝有酒今朝醉”，“放辟邪侈，无不为已”了。

但“长泛区”跟“黄泛区”还有不同：黄河一淹就完，长江却还能“春风吹又生”。这种一年饥一年饱的生态，对于当地人影响非常深刻。

“奸黄陂，狡孝感，又奸又狡是汉川”这一形容湖北各地人情的俗语中，涉及的三个地名都在“长泛区”的范围内。

每次洪水冲刷过后，“长泛区”的地貌都会发生极大改变，要么使田地变成湖泽，要么使湖泽变成淤地，同时会带来很多肥沃的土壤，而且这种地貌变化非常频繁，导致江汉平原上土地、湖区秩序常常陷入无政府状态。农民之间对田土、湖权的争夺，只能用暴力分出胜负。因此，以邻为壑、宗族械斗非常常见。

当然，这句俗语的产生，可能还和跟码头文化对农耕文明的欺压有很大的关系。明代成化年间，汉水截弯取直，在入江口一带形成天然良港，汉口市镇开始形成，并逐渐成为繁华的水陆大码头。码头文化从某种意义上说就是商业文化，经商者自然相对精明，不仅精明，甚至还要内部排个座次。老实巴交的传统农耕文明，自然看着极为不顺眼。“又奸又狡”从某种意义上说也是农耕文明对码头文化的嘲讽和回敬。

这样的故事还有很多，我在兰州上大学的时候，总听人说起甘谷，而且是一说起来都大摇其头，说甘谷人不地道。并不是甘谷人真的有多坏，只是由于在铁道线附近，南来北往，商旅众多，甘谷形成了悠久的商业传统，和老实巴交的农民比起来，自然显得精明。凡是有经商传统的地方，在农耕文明眼里总是不地道。推而广之，今天流传甚广关于湖北人精明算计的揶揄，可能也和这种心态有关。

天下荆襄，江湖武汉

提到湖北，大家总会马上想起武汉。今天的武汉一家独大，不只省内其他城市难以望其项背，甚至在全国都称得上头角峥嵘。“茫茫九派流中国，沉沉一线穿南北”，毛泽东这两句词写尽了大武汉吞吐山河的气势，有此格局的城市在中国都不太多。

武汉在省内一骑绝尘，使得武汉人也是一副睥睨湖北的气势。我认识的一个武汉人聊起武汉周边市县时，其语气仿佛在谈论东北的铁岭，既遥远又落后，在她眼中武汉就足以代言湖北了。

从经济上来看，武汉一城代言湖北一省或有一定道理，但从更普遍的角度而言，武汉顶多算是湖北文化版图的鼎立三足之一。

清初地理学家顾祖禹在《读史方舆纪要·湖广方舆纪要序》中写道：

> 湖广之形胜，在武昌乎？在襄阳乎？抑在荆州乎？曰：以天下言之，则重在襄阳；以东南言之，则重在武昌；以湖广言之，则重在荆州。

这句话明确指出了襄阳之于天下、武昌之于东南、荆州之于湖广的重要性。所以说，讲湖北绕不开这三座城市。

如果说湖北是中国的枢纽，那么枢纽当中最核心的节点就是襄阳。

我第一次游历湖北是1982年，大学刚毕业。我第一份出差就是从四川到重庆再到湖北，走水道过三峡顺流而下到宜昌，然后一路从宜昌、荆州沙市到襄樊（今襄阳）。一路走来，我对宜昌印象非常好：街道整洁，餐饮可口，而且街上的姑娘们很水灵。后来去了沙市，印象更好。沙市曾经是租界，因此商业氛围很浓厚，中山路上商店、旅社、餐馆、电影院应有尽有，非常洋气。

出了沙市就开始坐车北上，一路尽是三国古战场。后来到了襄樊，发现它跟在武汉的所见所闻完全不同，反而很像河南，口音、饮食习惯、民风都属于河南文化的覆盖区。那里的姑娘相比宜昌来说，也略显土气。因此，当时对襄樊没什么感觉。直到后来深入襄阳做了很多项目后，才重新认识了这片土地。

从地貌上来看，襄阳和河南的南阳同属南襄盆地，只不过一者在南，一者在北。从大的地理分界线来看，作为中国南北方分野的秦岭-淮河一线，从西向东有三个非常重要的节点，都具有举足轻重的作用：一是汉中，二是襄阳，三是两淮之间的寿县。秦岭一线崇山峻岭、山路崎岖；江淮大地湖泊湿地众多，又有淮河作为防线；唯有居于中间的南襄盆地，一路通达，因此自古就是兵家必争之地。

南襄盆地之所以重要，就在于它是中国的十字路口，是连接南北东西的战略要地。它北通中原；南抵江汉；东南有随枣走廊直达武汉；西有汉江河谷，是从中部通往四川的陆路必经之地；西北有武关道，早在春秋战国时就是秦国出征楚国的必经之地。一旦丢失它，就有丢掉半个中国的危险。在这个路口上，江汉地区乃至南方势力，和中原进行过无数次博弈。无论是楚国"问鼎中原"，还是三国时期多方争夺荆州，抑或是南宋和北方少数民族的多次鏖战，都发生于此。

南襄盆地的最南端就是襄阳。襄阳也肩负着守卫整个江汉平原乃至长江流域地缘安全的重任，历史上的白起、关羽、岳飞、李自成等名将都曾在此鏖战。《三国演义》共一百二十回，有三十二回发生在襄阳。据史料记载，历史上有名的战役，至少有一百七十二次发生在襄阳，这个数字确实惊人。

南宋时，蒙古大军入侵，襄阳凭此一城硬抗几十万蒙古军队，前后历时三十八年，双方死伤超过四十万人。在《射雕英雄传》中郭靖、黄蓉死守襄阳城，这部小说虽是虚构，但襄阳之战却是真实的元灭宋时最激烈的战事之一。襄阳大门洞开后，南宋王朝很快就一败涂地。襄阳的重要性，由此可见一斑。

2014 年我去武当山做项目时，路过了一趟襄阳，深深地被汉江之美震撼。三千里汉江，精要在襄阳。汉江之辽阔丰满，我觉得不逊色于长江；襄阳之沉郁顿挫，也令人动容。其历史的厚重与沧桑，也极富审美价值。一千多年前，襄阳人孟浩然在这里留下诗句：

人事有代谢，往来成古今。

江山留胜迹，我辈复登临。

曾通达天下、身经百战的襄阳，在如今英雄迟暮的时代，还有一段很长的路要走。

武昌之于东南的重要性，一点不比襄阳之于天下差。

长江作为连接整个南方的纽带，战略地位极高。长江在湖北之前水势急湍，尚有天险可扼，一过湖北，江面开始变宽，军队便可顺流而下，直取江东。能不能守住东南的分界点，就是武昌。因此，对于割据东南的政权而言，控制武昌及其周围地区是重中之重。

整个南北朝时期，除了南北之争这个大主题外，南方的区域性战争主要就是湖北与江南之争，很多大规模叛乱都是从湖北发起，顺江而下，直指东南。可以说，谁控制了武昌，谁就能控制江南。

上面讲完了襄阳、武昌，其实，真正的湖广形胜在荆州。

荆州是传说中的中国上古地理区划“九州”之一，早在《尚书·禹贡》中就有明确记载。自古以来，割据湖北地区的政权，大多以荆州为首都。楚国曾定都荆州四百多年，南北朝时期的萧绎以江陵为都，隋朝末年的萧铣也以荆州为都。

在唐代，中国的政治、经济，以长安、洛阳为中心，辐射到全国。中国的经济通道基本路线，往北就是洛阳－保定－北京，往南就是洛阳－南阳－襄阳，从襄阳南下到达江汉平原和长江边上的荆州，然后再通过水路到达湖北、湖南各个地区。就是这样的地理大格局，决定了荆州长期都是湖北的行政中心。

到了元、明时期，武昌从军事要塞转变成经贸中心，以其强大的经济力把相争数百年的襄阳、荆州二镇甩在后面，逐渐取代荆州成为两湖的中心。

曾经的湖北是襄阳、武昌、荆州三足鼎立，今天的湖北却是武汉一家独大。

细心的读者可能早就发现，为什么我只说武昌而不提武汉？

因为比起古老的荆州、血性的襄阳，武汉实在太过于年轻。直至清末，武昌、汉阳、汉口三镇仍然分立，尚未形成统一的行政建制。在张之洞手上，三镇才开始合流。1927年，三镇正式合并为武汉，距今尚不到百年。

虽然武汉年轻，但三镇底蕴却很厚重：武昌与汉阳不必多说，稍年轻一点的汉口，到了清代嘉庆年间也已成为与河南朱仙镇、江西景德镇、广东佛山镇齐名的四大名镇之一。围绕三镇拉开骨架的新武汉，可谓气象万千。

外地人到了武汉，第一感觉就是大。武汉之大毋庸置疑，它是国内不多的几个可以和北京、上海比大的城市。

沿长江顺流而下有三座江城，重庆、武汉、南京。这三座都是名城，在历史上也是鱼龙混杂的大码头。相比之下，重庆更粗犷一些，毕竟那里的长江湍急，激流冲撞，声势浩荡，再加上“袍哥文化”，所以重庆的江湖气最重。

南京则完全是另一番风貌。虽然也是虎踞龙盘，但可能是因为其经历的灾难太多，又或是文风太盛，总差了一些帝王州的气象：定都南京的王朝不少，但大多是短命王朝。“金陵王气黯然收”，只剩下秦淮八艳的脂粉气和一份英雄末路的悲情。

反观武汉，如果说重庆是江湖，南京是风月，武汉就是介乎两者之间的综合体。很多武汉人喜欢称武汉是江湖气最重的城市，但我认为，武汉的江湖气是要逊色于重庆的，或者说武汉的江湖是一种圆融汇通、左右逢源的江湖。

重庆山高水长，地形闭塞，抱团性很强；武汉却很开阔，四面透气，八面来风，露风漏气。武汉更像一个江湖与市井的结合体：武汉人的彪悍多体现在嘴上，“婊子养的”不离嘴，脏话成了武汉甩不开的标签；但在行动上，武汉却是出了名的精明。

不止武汉，整个湖北都是如此，湖北人是有名的不抱团。相形而言，山东人见了老乡眼睛都放光，广东人也很看重同乡情谊，温州人也同样如此，都是抱团一致对外。有些湖北商人做生意的时候会算得过于精，算账时把个人身家和一时成败考虑得太重，导致生意规模起不来。

我认识一个在武汉做生意的老兄，多年前也风生水起。他是四川人，在武汉当兵，转业后下海从事地产行业。我一开始都不相信他是外地人，因为实在太精明了，简直是比武汉人还武汉人。他的发家史很简单，就是把账“算死”。二十年前他在武汉郊区以十万块一亩的价格拿了几百亩地，先付定金。他不花钱做广告，只雇佣一些闲散人员去撒传单，几乎省去了所有可以省的开销，导致卖一千块一平方米的别墅他都有钱赚。一千块一平方米，十来万就可以买套别墅，再加上按揭，三万块钱就可以住进别墅区。我觉得简直不可思议，怎么能够把成本摊得这么低。接触武汉人多了，发现不止他一家，很多老板都是这么做生意的。

不只在生意上精明，在生活中实惠也是武汉人相当重要的标准。21世纪初，武汉的“东湖论坛”很火，我受邀参加过几次。一次会议结束后，一位武汉老板请我到她的饭店吃饭送行。武汉饭店的场景真是吓住我了，大厅里正在承办一场婚宴，密密麻麻有上百桌宴席，一桌坐十二个人，只要三百块钱，菜谱上居然还有鱼翅，鱼翅真假暂且不说，但成本之低外人根本想象不到。这让我对武汉的市民消费留下了深刻的印象。

这种精明最典型的体现就是“过早”（吃早餐）。“过早”有三个特点，第一很便宜，从小学生到上班族，人人都吃得起；第二，花样繁多，无论多少家小吃店都容得下，可以做到一个月不重样；第三，端着就可以吃，一边走路一边吃饭应该是武汉人的绝活，我猜测这也是为什么热干面在武汉风行的原因，没有汤汤水水，方便端着吃。这充分体现了湖北码头文化的特点：风风火火，雷厉风行，并且实惠到了极致。

重庆、南京、武汉这三大江城还有一个共同特点，就是女人比男人厉害。重庆的吴亚军、南京的董明珠都是如此，但武汉的女人更厉害。

在广东的老板圈里有句传得很广的段子：

> 广东妹子"要家"，不管你外面怎么乱，我只要一个稳定的家庭；湖南妹子"要情"，毕竟湘女多情；四川妹子"要钱"，你爱怎么耍怎么耍，钱给我就行；湖北妹子是"要命"，敢爱敢恨，绝对不含糊。

湖北女人"要命"有以下几点：

第一，不好哄骗。湖北女人太聪明，不像其他地方的女人三言两语就可以哄得心花怒放。湖北女人，你还没有开口，她就知道你要说什么，让你分分钟就失去哄骗的信心和欲望。湖北女人思维之严谨、逻辑之严密，辩论起来，中国绝大部分省份的男人都自愧不如，更不用说哄骗的小伎俩。如果你碰到一个容易哄骗的湖北女人，要么就是她在配合你演戏，要么她就是一个假湖北人。

第二，两手都抓。湖北女人是典型的实用主义，跟大部分地区女性的要么要钱、要么要人不同，湖北女人是两手都要抓，而且两手都很硬。你赚钱少了，她看不起你；你赚钱多了，她会看死你。你在家里，她不省心；你在外面，她不放心。总之，娶了一个湖北女人，基本上就是请了一个女皇，你的一切都是她的。

第三，豁得出去。湖北女人豁得出去，放得下面子，弯得下身子。比如吵架,是骂是打还是摔东西,各种项目随你选,她都奉陪;不分时间、地点,大半夜大街上,随时都能进入战斗状态;而且体力好、斗志旺、战斗力强。一般而言,男人都会缴械投降。总之一句话,湖北女人好像是伪装成女性的男人。

家中有湖北夫人的朋友和我聊天时,我给他们总结了三大阶段:第一狼狈不堪,第二缴械投降,第三家庭稳固。他们一边哈哈大笑,一边深表认同。

既然湖北女人这么"要命",那为什么这么多男人不要命,抢着娶湖北女人呢?

首先,湖北女人水灵,颜值上普遍过关。其次,湖北女人虽然有不太像女人的一面,但她们普遍洁身自爱,并且独立自强,像要求自己的男人一样要求自己。还有一个很重要的原因,湖北女人在经营家庭方面,绝对是一等一的好手,有湖北女人的家庭,一般小日子都过得风生水起。

还有一个现象值得关注:湖北女人一旦被迫从幕后走到台前,那个惊天动地的能量,那个长袖善舞的本事,是湖北男人都难望项背的。

我和一位湖北女老板是老朋友,算起来相识二十年。她就是典型的武汉女人,从芳华绝代到天命已知,她的个人史就是一部武汉风云录。每次相遇,都让我不由感慨,湖北女人真是了不起。

我 2019 年去武汉时更是惊喜,她的女儿也能独当一面了。这个小姑娘从美国留学回来以后,直接被发配到一个偏僻的山区做项目,从前期就驻场,一扎就是三年,环境之艰苦,根本不像常人想象中的所谓富二代锦衣玉食,直到去年才回到武汉准备接班。这位女老板设宴给我接风,席间她女儿一直在旁边侍应,做着服务生的工作,端茶倒水催菜,近三个小时不曾坐下,沉稳有度,落落大方。我不由感慨:一代新人换旧人,湖北女人真是厉害啊。

大舞台与小市井

武汉是个大舞台，但同时也是个小市井。

从2001年开始，做强做大武汉就成了湖北省的战略抓手。武汉也确实争气，不光吐纳整个湖北，而且向北拉动河南，向南影响湖南。搞得河南、湖南都颇有压力，只好选择各自做强做大郑州、长沙。

今天郑州已经是气象初具，其铁路运输实力不差武汉，航空与水运各占胜场。郑州和武汉，一个坐拥黄河，一个坐拥长江，形成了中国中部的双子星座。

相比之下，长沙就有些勉强了。虽然湖南也在搞“长株潭一体化”，但城市的格局和体量摆在那里，导致长沙和武汉完全不在一个体量上。当年毛泽东在《湖南农民运动考察报告》中就写道：

> （湖南的）土豪劣绅们，头等的跑到上海，二等的跑到汉口，三等的跑到长沙……

由此可见，武汉之大是得到大家公认的。

从某种意义上说，武汉很像上海。上海是滩涂，武汉是码头；上海吸引了全国的精英，武汉浓缩了整个湖北的精华。上海滩真正的主角从来不是上海本地人，而是各个地方来的枭雄们，“乱哄哄你方唱罢我登场”，上海人则退居二线；武汉也同样如此，风云人物大多不是武汉人。新武商和老武汉人甚至矛盾还挺激烈，很多新武商见到我第一句话就是：“我不是武汉人，没有老武汉人的毛病，我是新武汉人。”然而，金鳞岂是池中物？无论矛盾怎么激烈，这种风云际会、一朝化龙的契机，只有武汉才能提供。我们说武汉大，不仅是人口多、城市大，更是一种内蕴的气象。应该说，整个楚地都给人一种辽阔之感。

思接千载，神游八极，在中国没有哪个地方能比得上湖北。所谓“子在川上曰：逝者如斯夫”，江河万古很容易让人产生关于时间的联想，这种大气磅礴的江河容易出名人，也总能出好诗。从屈原到闻一多，从苏轼到毛泽东，无论是不是楚人，都能在这里留下千古绝唱。毛泽东的诗词中，我觉得最精彩的就是《水调歌头·游泳》：

才饮长沙水，又食武昌鱼。万里长江横渡，极目楚天舒。不管风吹浪打，胜似闲庭信步，今日得宽馀。“子在川上曰：逝者如斯夫！”

风樯动，龟蛇静，起宏图。一桥飞架南北，天堑变通途。更立西江石壁，截断巫山云雨，高峡出平湖。神女应无恙，当惊世界殊。

这首词不仅思接千载，用典精到，而且还不动声色地写出了两大工程：长江大桥“一桥飞架南北”，三峡大坝“高峡出平湖”。这两大工程对武汉乃至湖北的影响，是极为深刻的。

昔日武汉的交通不便，现在人很难想象。躺在江边上的大城武汉，却只有一座长江桥。即使到了20世纪90年代，情况依然非常恶劣。武汉人上班之痛苦也令人印象深刻，每次赶公交要跟着跑上两三百米才能抢上去，车上的乘客拥挤不堪，挥汗如雨，摇摇晃晃一个半小时才到单位。

要是想从武昌到汉口的汉正街逛一逛，更是和赶集一样：早上七点半出门，单程预留一个半到两个小时，因为公交车车次严重不足，还要做好扒公交车门的准备。如果说贫困年代里整个中国都处于短缺经济的话，武汉就是其中典型。

不仅交通不便，武汉还是“三大火炉”之一。我当年坐火车经过湖北的时候，深为此处奇观所震撼。炎炎夏日，成千上万的湖北人搭铺盖睡在马路上、睡在露天阳台上，天做被、地当床。据说，他们还要提前去抢地方，洒点水，铺席子。长达三个月的酷暑，武汉人要这样硬生生地扛过去。

后来我也曾有幸领教过武汉的夏天，真是和蒸笼一样，热到昏头昏脑时，我满脑子只能想起一句诗，这就是所谓的“气蒸云梦泽”罢！当年抗日战争中“武汉会战”打响时，正值酷暑，战场温度甚至超过了四十度，因中暑而丧失战斗力的日军比战损的还多。

试问，武汉人和其他湖北人为什么既精明又好勇斗狠呢？我认为跟生存质量和生存方式有很大关系。恶劣的环境对湖北人的影响是很深远的。我曾作为新华社记者两次到湖北采访，住在汉口新华社招待所里，晚上突然听到隔壁在吵架，而且是越吵调门越高，搞得我根本睡不着，只好过去调解：“你们夜半三更吵什么，有什么事平心静气地说嘛。”他们也很莫名其妙：“不是，我们在谈心啊！”那时我才发现湖北人的大嗓门真是不得了，可能跟气候的炎热有很大的关系。当然，他们现在温和多了。所以说，空调的产生真是伟大的发明啊，把很多地方的人的性格都改变了。有人说，空调是违反自然的发明，对人不利。要我说，真应该把他送到20世纪80年代夏天的武汉去试试。

“惟楚有才”

与六省市搭界的湖北，是南北融合、东西碰撞的大杂烩。中国还没有哪一个省份，像湖北这般经受全国性的地域文化冲击和洗礼。

明清时期的汉口，“商贾辐辏，杂有吴越川广风”。身处中华文明各路支系的交汇点，湖北人保留楚风楚韵的同时，也打上了临近省份的诸多烙印。长期的交融和进化，让湖北人成为一个面目模糊的九头鸟。

湖北人有湖南人的书香气，而没有湖南人的霸蛮。同为洞庭滋润，同享楚风拂面，自古书香鼎盛，但湖南人比湖北人更完整地保留了南方人基因里的霸蛮。都是干架，湖北人是审时度势、尽兴就好，场面上过得去就行；湖南人是豁出所有、死磕到底，出手就做好决裂的准备。

湖北人有江西人的精明，而没有江西人的含蓄。同为码头重地，同拥千年商都，作为吴头楚尾的江西，比湖北人更多了一丝含蓄儒雅。同样是精于算计，湖北人是一手钱一手货当面算清，可以不占便宜但绝不能吃亏；江西人是可以月结，小账可以缓一缓，但算总账的时候，同样把算盘打得滴水不漏。

湖北人有安徽人的勤勉，但没有安徽人的谦和。同样是重农崇文，同样是勤勉上进，安徽人比湖北人多了一份难得的谦和。多灾少田的安徽，稍有不慎就面临饿肚皮的窘况，求人就要懂得放下面子；相对于湖北人不愿求人也不轻易帮人的禀性，安徽人的容忍和谦和让他们的勤勉得到了更丰厚的回报。

湖北人有河南人的聪明，而没有河南人的变通。同为中国之中，同样四通八达，河南人比湖北人多了一份变通。湖北人虽然也善讨巧，但终有自己的束缚，不会破格也很难出格；而河南人的变通，上天可为龙，下地可钻草，在现实面前可以抛开历史包袱，但过于善变了就如同刀口舔血，稍有不慎就会害人伤己。湖北人的聪明大部分用于自己身上，如能变通到推己及人，一般都有大出息。

湖北人有陕西人的文化气，而没有陕西人的敦厚。同为文明策源地，同样文化气重，陕西人比湖北人多了一份敦厚，既是对文化的坚守，也是对历史的敬畏。陕西人不会来事，更不是无事找事，但也从不怕事。如果说湖北人是一杯啤酒，看似气势磅礴，实际度数不高，那么，陕西人就是一壶烈酒，表面风平浪静，入口烧喉蚀骨。

湖北人有重庆人的火爆气，而没有重庆人的率真。同为“火炉”，同样嗜辣如命，脾气一样火爆，但湖北人发脾气既会照顾情绪也会兼顾形势，该发脾气的时候绝对不会放过表演的机会，但不该发脾气的时候也能面色如常、压制怒火。最可怕的是，重庆人往往发完脾气就完事，湖北人则一般会心里记下这笔账。

不过，自古楚人多才。塑造湖北人性格的，最起码有三个方面：

第一，湖北拥有悠久的稻作文明。从楚国繁华到三国鼎盛，再到明清的“湖广熟，天下足”，湖北一直是农耕文明的重镇，尤其是江汉平原，耕读传家成了天经地义的事情。对于湖北人来说，读书是一个毋庸置疑的普遍性主题，要么读书，要么当兵，只有万般无奈之下才会去做生意。这也导致了武汉虽然在经济上独领风骚，但在基础教育上反而优势不大，在全国的名声还不如小小一个黄冈。

第二，湖北是水陆交汇的通衢要地。这里首先要澄清一个误区：很多人以为湖北人善做生意，其实并非如此。直到晚清、民国，湖北本地人在当地商业中的参与比重都非常低。清末重臣张之洞认为：

> 汉口之商，外省人多，本省人少。

20世纪初，日本驻汉口总领事水野幸吉认为：

> 如汉口之大商业地，其有力之商人，大概为广东、宁波人；而湖北之土人，却不过营小规模之商业，工业颇幼稚。

所以，说湖北人善做生意，更多只是想象。

那么，九省通衢给湖北带来的究竟是什么呢？说得通俗一点，就是流通，这是湖北的灵魂。湖北人为什么聪明，纵向来看有悠久的历史传统，横向来看则有大流通带来的大视野，以及随之而来的开明开化。我的老家贵州，大山一锁，谁也出不来；而八面来风的湖北，天下风云际会，久而久之,湖北人想不聪明都不可能。

第三,湖北的自然生存环境极其艰难。尤其是武汉,其环境之恶劣在全国都是数一数二,北面是水,南面是山,夏天南风吹不进来,冬天北风却顺着汉水往里灌,想舒服点都不可能。

但我走遍中国后发现,越舒服的地方越难出人才:因为资源富集之下,人也就没有了拼搏奋进的必要,自然慢慢退化,成了植物脑;相反,环境越恶劣,越能激发人的血性和智慧。我曾沿长江顺流而下,天气炎热难熬,然而触目皆是草木葱翠。人和植物的道理是一样的,人的忍耐力非常强,辛苦一点,困难也就过去了,但品格却磨砺了出来。今天中国的处长和司局级干部,湖北人所占比例相当之高,这也是明证。

春秋更替、兴衰沉浮,湖北曾因区域而兴,也曾因区域而衰。湖北、重庆是中国"唯二"既不靠海也不邻国的,也不和任何靠海的或邻国的省区市接壤的省区市,即想要从湖北出国,必须要跨两个省区市以上。在沿海崛起的时代,湖北乃至武汉,的确沾不上什么光。当然,湖北也不算吃亏,毕竟它扼住了长江的腰部,多年来的发展还称得上差强人意:正如它的 GDP 一样,排在全中国的中不溜,虽然比不过沿海省份,但比之周围的兄弟省份还是强不少。

作为新中国成立期间国家布置的中部核心工业基地,湖北在共和国的建设中起到了应有的支柱作用。此后,湖北虽然也能稳住 GDP 全国前十的位置,但多少褪去了昔日的光环。

湖北曾经拥有全国数一数二的工业基础和明星企业,当前产业的发展,与其说是技术和产品的转型升级,不如说是思维和体制上的更新换代。

湖北曾经引以为傲的汽车产业,顶着国家第二汽车制造厂的光环,产量上早已跌出前三;中高端家用小汽车方面,除了合资的日产、本田,基本乏善可陈。

湖北曾经拥有红极一时的钢铁产业，“红钢城”号称国内唯一的城中之城，关上门都可以独立运转，如今却被并入宝钢。

湖北曾经寄予厚望的机械产业，号称产业基础和配套可以吊打中部各省，在工程机械、高端装备等方面却一再延误战机，被湖南打得满地找牙。

湖北的重工业，与东北面临的问题极其相似，但又有根本的不同。东北重工业的沉沦，很大一部分原因是产业衰落加上人口流出；而省会武汉，坐拥武汉大学、华中科技大学等名校，每年有四十万毕业生，人才就在家门口。湖北在重工业上的失利，除了大企业病，更多的是大体制病，在市场化转型的过程中积重难返；当然，也有大武汉病，在后起之秀汹涌向前的时候，多少有点托大、自封的犹豫。

在轻工业方面，一度是全国最大的小商品市场的武汉，一面被天时、地利都不占的江浙等地蚕食殆尽，一面被全国纷纷建立起来的轻工业品牌压得喘不过气，武汉赚小钱、赚快钱的小商人意识一览无余。

不过，伴随高铁时代的到来，湖北的“流通”基因正在重新焕发光芒。不同于古代的车船交通，人流、物流、信息量、金融流、科技流这五大流的汇聚，就是湖北的未来。

接下来，聪明绝顶又善于计算的湖北人，在人工智能、物联网、互联网等新兴产业方面，将展现出自己巨大的优势。这些产业一个很重要的特点就是技术至上，一个人一个项目突破就可能带动一个产业的振兴，不像传统产业需要大部队的联合作战。

武汉独特的地理位置，使它在现代服务业方面的优势更是得天独厚。在传统的商贸物流、现代的金融服务、前沿的科创文创上，武汉都可以有更大的想象空间。如果策略得当，小则可以自称一核，成为中部地区的中心，大则可以借势过道武汉的长三角，问鼎中西部龙头。

当然，武汉还有一个大文章就是文旅。武汉的旅游资源，即使在文化鼎盛的中部地区，仍有明显的优势。在做大武汉的大背景下，周边市县统筹发展的同时，以武汉为中心，用一条旅游黄金路线将湖北串联起来，将楚风楚韵、楚山楚水、南北交融、东西汇合的文化特色重新包装，推向日渐兴盛的体验旅游大市场，必然会是全国一道独绝的风景。

“极目楚天舒”

前段时间我再次到访武汉，暌违数年，武汉真是每天不一样，气象和格局已经全出来了。原来仅仅一桥飞架南北，今天有十二座跨江大桥，地铁轻轨比翼齐飞，这里面必须要感念时任市委书记阮成发的作为。

作为全球最大的江城，武汉的发展潜力尚待开发。武汉现在人口大约一千六百万，但其自然环境承载力还远没有到极限，有可能成为全球唯一人口能达到五千万量级的城市。产业升级也好，先进制造也罢，乃至文旅，这些都是锦上添花；对于武汉这样坐拥超级腹地的城市而言，最简单粗暴的人口红利依然是巨大的机会。

然而，喷薄的人口红利，既是机会也是困惑。在武汉2049年远景规划中，武汉被定位为洲际中心城市、世界性战略节点城市。今天的武汉已经是世界第一大江城，未来成为世界最大城市也是指日可期，但这座超级大武汉真的能吸引并留下五千万人吗？

今日武汉拥有八十多所大学，百年以上历史的大学就有五所，华科、武大在全国都拥有极高声誉，每年在校大学生百余万，这让武汉成了全国有名的高教重镇；然而尴尬的是，武汉的大学生往往一毕业就飞向深圳和北京等。留不住人，成了武汉最大的痛。

现在的武汉人口仍然在增加，怎么实现从量到质的转变，让高教重镇变成人才重镇，是武汉要思考的重要问题。不止武汉，整个湖北都在面临高素质人才的流失，富饶的土地并不是留住人才关键；东三省同样土地富饶，人口流失依旧触目惊心。

什么是城市乃至区域发展的最高境界？如何才能提高吸引力？孔子在三千年前就给出了答案：近悦远来。翻译出来就是：让生活在其中的人高兴，让远方的人向往。用我的话来讲其实就是三“生”有幸：生活便利和舒适，生意通达和兴旺，生命丰富和多彩。从粗放式的以经济建设为核心的竞争型增长，转向精细化的以社会治理能力为核心的信任协作型增长，一座城市如果能做到这点，近者焉能不悦？远者焉能不来？

几年前去武汉，晚上在东湖与朋友把酒言欢，适逢中秋，一轮朗月高悬夜空，让我不禁触景生情，吟诵起了苏轼的《赤壁赋》：

> 月出于东山之上，徘徊于斗牛之间。白露横江，水光接天……

这可能是我喜欢湖北的真正原因。徜徉于湖北，一路上都在与古人唱和，就像我非常喜欢的《三国演义》主题曲中唱的那样：

> 暗淡了刀光剑影，远去了鼓角铮鸣。眼前飞扬着一个个鲜活的面容……

千年的英雄、美人、才子、渔夫、僧侣、商贩在此川流不息，一幕幕大戏在这个舞台上演。

无论地缘还是文化，湖北都堪称中国的丹田：上下求索，左右勾连，内能化育精气，外能吐纳天地，生命于此处仿佛能打破时间的线性。当风流人物随大江滔滔东逝，唯有江流万古、江风浩荡，点滴沉淀下来的是我们弥足珍贵的文化基因。这是湖北的幸运，也是中国的幸运。

阴阳巴蜀

成都与重庆，一阴一阳、一柔一刚、一静一动，互相攻讦，却又始终山水相连、水乳交融，最终形成了这幅造化天成的巴蜀太极图。阴阳相济，造化万物，巴蜀双城记的未来也在于此。

巴蜀双城记

地域如人，有的人个性鲜明，有的人形象模糊。纵观中国，有一个奇特的现象，文化渊源相近的区域，总会演绎出两座不同的高峰，如同双子星般交相辉映。不管是古时候常说的齐与鲁、秦与晋、吴与越、滇与黔，还是今天的港深、广深、宁杭、佛莞甚至武郑，这些被并列提起的区域，往往在经济、人文、地理等方面有某些可比性，又因难分伯仲而潜藏着某种经久不息的瑜亮情结。每每提及，总能引发不少笔墨官司，这也让“双城记”成了经久不衰的人文地域话题。其中，成渝这对谁也看不上谁但谁也离不开谁的欢喜冤家，可以说是最典型也最有趣的一对。

同属西南的成都和重庆，常常被以“巴蜀”概括，两者个性迥异也就罢了，偏偏偌大一个西南有且仅有这两座超级城市。当舞台上只剩下两个人，唱对手戏的时候就来了。从古巴国、古蜀国存在的商末周初算起，这两座相隔不过几百公里的西南重镇，相爱相杀了三千余年。从秦至宋，巴、蜀分属不同行政区；元至民国，又划归统一行政区管理；直到1997年，重庆成为直辖市，两者再度分家。在分分合合的岁月中，巴、蜀既互相渗透，又貌合神离，虽山水相连，偏偏形成了迥然不同的文化底色，放眼全世界都很少有两座毗邻的超级城市能呈现出如此奇特的面貌。今日愈演愈烈的成渝双城记，不过是这部历史大戏的延续罢了。

成渝这两座城市，都和我有极深的渊源。巴山蜀水间的风物人情，令我印象深刻，更让我有种发自内心的亲切感。今日聊记几笔，也算是对这两位“老朋友”的一些个人观察吧。

烟火成都

不至巴蜀，不识中国。

因为咨询行业的特点，过去几十年间我参与过许多城市的变革，其中感触最深的当属成都。谚语有云“上有天堂，下有苏杭”，苏杭固然物产阜盛、人文风流，但却很难说得上多接地气，所谓“天堂”更多只是一种美好的向往。中国千年农耕文明最典型的代表城市，还是成都。

这里有三国的刀光剑影，有武侯祠的竹影红墙，有当垆卖酒的浪漫传奇，更有烟火人间的市井气息：一席川菜，一壶川酒，一出川戏，一桌麻将……不论贫富，你都可以在成都找到惬意生存的空间。真正的“典型中国”不在“天堂”江南，而在“天府”成都。

成都的“天府”之称由来已久，《华阳国志·蜀志》有云：

> 水旱从人，不知饥馑，时无荒年，天下谓之天府也。

但很少有人知道，最早的“天府之国”其实本是指关中平原。在《战国策·秦策一·苏秦始将连横说秦惠王》中，苏秦向秦惠王进言，称赞秦国曰：

> 田肥美，民殷富，战车万乘，奋击百万，沃野千里，蓄积饶多，地势形便，此所谓天府，天下之雄国也。

可见当时的“天府”指的尚是关中平原。

两山夹一平原的成都，固然占据了四川盆地最精华的区域，但是，在都江堰水利工程兴建以前，时常泛滥的岷江给这片土地带来了无尽的灾害。江水从高山峻岭中突然注入成都平原，落差极大，雨季涝灾严重，遍地河沼。如果不解决水利问题，成都的发展根本无从谈起。因此，从三千多年前充满神秘色彩的古蜀文明开始，蜀地治理者的主要内政基本上就围绕着对成都盆地的洪水和沼泽治理而展开。传说中的蜀王杜宇、鳖灵，无不与治水——尤其是对岷江的利用——有关。

这场旷日持久的“人水战争”，到秦昭王年间终获成效。蜀郡太守李冰组织蜀人移山凿河，将时常泛滥的岷江一分为二，二分为四，不断分支，使源源不绝的天河之水分散流淌于广袤的平原地区，才让成都平原变成千里沃野，成为秦国地大物博、经济富饶的战略大后方。“天府”美誉原本属于关中平原，随着八百里秦川的承载力过剩、水土流失，也很快让给了成都平原。

史学界有一种说法，这场耗资巨大的都江堰工程，其实是秦国攻灭六国的战略决策。秦军原计划是以蜀地为据点，从岷江上游出发，沿长江而下攻楚国——楚亡则天下并。没想到嬴政继位时，秦国的国力已经远超山东六国，这条巴蜀水道终究没有用上。不过，它却浇灌出了一片富饶的“天府之国”。

因为得天独厚的自然条件，成都繁华了数千年，成都人也安逸了数千年，发源于黄河流域的中国农耕文明在这里达到了极致。

在中国，农耕文明的终极理想莫过于《桃花源记》：

> 土地平旷，屋舍俨然……黄发垂髫，并怡然自乐……不知有汉，无论魏晋。

但现实与理想往往存在落差，发源于黄河流域的农耕文明，靠天吃饭的现象非常严重，夏季酷热、冬季严寒，十年九旱更是常态，再加上黄河时常泛滥、改道，以及战乱频仍，可以说广阔中原大地上的百姓常年只受耕耘之苦，未享富庶之乐。

相比之下，长江流域的生存环境相对良好，但其问题在于水土。在没有发明铁器前，那里濡湿黏滞的土壤很难耕作，而北方黄土高原疏松肥沃的黄土，相对更适合于使用石器和木器的先民。这也是为什么中国早期农耕文明周、秦、汉、唐都崛起于黄土地带。

除了土之外，水也成问题。长江流域水网纵横，极易形成洪涝灾害，因此长江流域农业发展水平与治水技术的成熟度密切相关。

伴随着生产力进步，在水土的问题克服之后，长江流域的农业发展水平后来居上，迅速超过黄河流域，这也是全国经济重心南移的重要基础。

成都占尽长江流域自然条件优势，加上拥有四川盆地只聚集不耗散的地缘特征，一马平川、气候湿润、良田万顷，逐渐形成了农耕文明最理想的聚落形态。

“九天开出一成都，万户千门入画图。”吃喝玩乐、诗词歌赋、酒色财气、柴米油盐在这里应有尽有。

讲到吃，成都对于美食的评判有一套自己的标准，不在环境与服务，而在于味道。“食在中国，味在四川”，这句话是当今美食家们的口头禅。成都餐馆的数量超过十五万家，全国第一；拥有一万多家茶馆，总数大于北上广深之和。在成都，哪怕是又小又破的馆子，都可以看到有人在排队。这些馆子小则小矣，味道却从不将就。相反，我曾在成都吃过一家所谓的私房菜，用米其林餐厅的做法来处理川菜，燕翅鲍肚，晶莹剔透，我吃着却索然无味，盖因其失去了川菜真正的灵魂——烟火气。

讲到喝，成都人喝酒也喝茶，川酒能祛寒，川茶能养心。在成都老街巷偶遇一个小茶馆，门口的对联颇有巧思：

余生很长

何事慌张

再就是人民公园的鹤鸣茶社，开了近百年，可以同时容纳三千人，一壶茶、一桌麻将，很多老成都人在这里喝掉了大半生的时光。

讲到穿，成都号称“锦城”，蜀锦往往引领一时潮流。南朝刘宋文人山谦之在《丹阳记》中这样说：

江东历代尚未有锦，而成都锦独称妙。

当东南沿海地区还不知道丝绸是什么玩意的时候，成都已经把丝绸玩出花样来了。

讲到住，成都虽然地处内陆，但属于海洋性气候，年温差、日温差都不大，住起来很舒服。

讲到行，成都人的爱玩好耍在历史上是有名的。《宋史》上就有巴蜀人“好音乐，少愁苦，尚奢靡，性轻扬，喜虚称”的记载。况且成都可玩之处又非常多，如武侯祠、杜甫草堂、青羊宫、宽窄巷子、望江楼等，简直玩不过来。陆游曾写有《梅花绝句》：

当年走马锦城西，曾为梅花醉似泥。

二十里中香不断，青羊宫至浣花溪。

说的就是成都人“好耍”的天性。

更为典型的一个例子是在民国时期，四川省内军阀林立，军阀头子刘湘、刘文辉等相互之间打得天昏地暗，他们的亲属家眷大多安置在成都，敌对双方的太太却是闺蜜、麻友，一边打麻将一边谈笑风生，殊无半点敌意。军阀们打完仗回城之后，也是呼朋唤友，打麻将吃火锅。有时对垒双方在一张桌子上巧遇，赢家得意扬扬，输家则往往不服气：“龟儿子你给老子等着，明天战场上见。”第二天部队拉出去再打，打完回来麻将接着搓、火锅接着吃。这就是典型的成都故事。

吃喝玩乐穿住行样样不担心，成都人性格自然优哉游哉。其实，几经灾祸洗礼，再加上贯穿历史长河中的四次大移民的成都，早没了纯粹的成都人，几乎都是外来移民。但是，“自然比人强”的演化规律，却一直潜移默化地发挥着作用。无论来自东南西北的各色人等，在成都久了都会被改造为成都人。

我经常说，成都像是一个超级泡菜坛子，来自天南海北的萝卜白菜跳进坛子又捞走，但味道沉淀了下来。这股从容淡定、乐天知命、随遇而安、追求享受的成都味儿，不仅仅属于成都人，而且是全体中国人——上至精英权贵、下到升斗小民——的共同理想。

典型中国

一晃三千年，烟火满人间。三千年未变城址、两千五百年不改名字、连续十余年入选“中国最幸福城市”的成都，今天正在变得越来越时尚、年轻、国际化。

在当今中国，除了有北漂、深漂之外，还有一类人选择做蓉漂（蓉，成都别称），这些年轻人或是被美食吸引，或是被美景吸引，或是被美人吸引，一头扎进成都，乐不思“离”蜀，其中甚至不乏老外。曾任《纽约客》驻华记者，出版过《江城》《寻路中国》的“中国通”何伟，也携家人去而复返，在成都开始了新的生活。在他看来，号称“天府之国”的成都，是观察中国的最好窗口。

然而，在十来年前，成都困扰重重。

在对外开放政策下，中国的经济版图发生了深刻变化。沿海、沿江、沿线的城市，如上海、广州、青岛、武汉、重庆等，迎来了超级发展机遇。东部地区依靠通江达海之便迅速超越内陆的农耕经济，成都近邻重庆作为直辖市横空出世，成都则被划为中国经济社会版图的第三梯队，“天府之国”的盛誉摇摇欲坠。

在这样的大背景下，成都何去何从？是沉浸在小富即安的温柔乡？还是走传统工业化道路？是否还有第三条道路可走？一切充满未知数。

2003 年，我受成都市的委托，为整个成都市的战略发展做策划。当时成都仅仅只有五百万人口，还面临着城市地位和城市竞争力快速下滑的困境，谁也看不清成都的未来。在一次聊天中，时任市委书记问我：“志纲先生，你认为成都将来有机会成为超大型城市吗？”

面对书记的疑惑，我肯定道，成都绝对有成为超大型城市的潜力。首先，成都自带休闲气质，文化上具备超大型城市的气度和吸引力。其次，成都水源丰沛，是得天独厚的成为超大型城市的资本。

在中国的农耕文明时期，其实没有城市这个说法，只有城镇、集市和都邑。人们居住在城镇中，周围就是大片农田，日出而作、日落而息。集市是定期举行交易的地方，里面有小商贩、小手工业者等，定期开市闭市。都邑则是一片区域的政治、文化和经济中心。但是，就算是最大的都邑，和现在的城市概念也完全不同。

现代意义上的城市起源于工业化。工业需要各种生产要素的高度集聚以控制成本、提高规模效益，现代化城市由此产生。

伴随着技术革命，消费升级和全球产业链的转移，城市也出现了分化和分类，如工业型城市、交通枢纽型城市、资本型城市等，而成都则代表了更高级的生活方式类城市。

什么叫良邦？孔老夫子在两千五百多年前就说过：“近者悦，远者来。”什么叫好城市？按照亚里士多德的说法就是：“人们为了追求美好的生活而建成了城市。”2010年上海世博会的主题“城市让生活更美好”就是脱胎于此。

随着中国逐步从“吃饱”进入“吃饱了撑的”的时代，人们追求的目标逐渐由温饱变成了美好生活，成都式的休闲文明与生活方式将是一座超级富矿。它必将迸发出超级能量，推动成都弯道超车。

从区域发展的角度看，长三角、珠三角、京津冀这三个城市圈，是中国城市化进程中起步最早、发展最成熟、最具规模化的地区，在相当长时期内仍将担负中国城市化领头羊的角色。这三大引擎所连接的沿海地区犹如一支长弓，而长江流域经济带则犹如一支利箭，张弓搭箭，确定了中国经济发展和迈向全球化的大格局。弓如满月，箭在弦上，唯独缺的就是弦上的那个支点。

在这个引弦蓄势的格局上，幅员广袤、发展滞后的西部急需中心城市作为发力点，这个支点只可能出现在西部。这是历史给予的一个巨大的天时：谁能成为支点，谁就能成为“西部之心”，就能把握西部其后二十年最大的发展机遇。

基于以上的判断，我们为成都制定了“西部之心·典型中国”的总体发展战略。

“西部之心”作为国家层面上的战略选择，毫无疑问只会花落西安、重庆、成都这三大西部城市。其中，西安得天时——六朝古都，展现汉唐之风；重庆得地利——长江中上游特大型城市，通江达海；而成都则得人和，一是领导眼光长远，邀请外脑，抢占先机，更重要的是成都人那种与生俱来的休闲气质。

如果成都能够担当起中国东西部经济联动的主力二传手、主传动轴，成为中国西部的支点，那么将会为其发展带来巨大的张力，让它不再仅满足于做西南区域的经济中心城市。

“典型中国”其实就是把成都的特色与魅力发挥到极致，把生产、生意、生活、生命、生态全部融为一体，把成都打造成中国的休闲之都。

无论是从前还是现在，很多人对成都人的生活方式不无批评，因为在他们眼里，休闲就意味着懒散、小富即安、不思进取。但无论怎么批判，成都人与生俱来的生活习惯似乎无法改变。即使在其他城市中的人们为了生存与发展“一万年太久，只争朝夕”地打拼之时，成都人依然我行我素地在遍布城乡的大街小巷里悠闲地喝着茶、搓着麻将，仿佛成了不思进取的典范。但换一种角度看，这种人无我有的城市气质，反而是成都厚积薄发、打造城市竞争力的“胜负手”。

公允地说，成都人好玩爱耍是真的，但贪图玩乐一说有待商榷。每个城市的年轻人其实都一样，充满了斗志和活力，成都的安逸不是放纵，更多的是生活和工作之间的平衡。

如今消费大时代来临，消费就是生产力，成都的经济更是迸发出了前所未有的活力。

我们当年为成都做策划的关键就在于，调动了它内在的力量：利用四两拨千斤的手法，把成都这种蕴蓄千年的生活观推出来。其中最典型的案例就是“宽窄巷子”的横空出世。

在为成都做策划时，我就住在宽窄巷子边上的成都房管局招待所里。每天吃完晚饭，我喜欢穿条短裤、踩双拖鞋出来散步，总经过破破烂烂的宽窄巷子老街，看巷内寻常人家煮饭洗衣的日常市井生活。

当时，关于宽窄巷子的未来，政府虽然举棋未定，但基本上已经确立了旧城改造的思路，打算把宽窄巷子进行拆除进行地产开发，无非是时间问题罢了。我住了大概半个月之后，成都项目终于圆满收官。在最后，我明确地对成都领导班子提出，成都如果要对外打造“西部之心·典型中国”，一定要善于留白，对于那些有着深厚历史根源的区域，如宽窄巷子、文殊院等，不能够为了眼前利益就交给房地产商，否则，看似好像能马上赚到十亿八亿的土地收入，但整个城市就会变得平庸无奇。应该把这些地块单独拿出来，打造成为城市名片、文化橱窗。只要把宽窄巷子的价值做起来，周围一大片区域都会跟着水涨船高，这才是市场利益与文化价值双赢的玩法。而且，这种项目根本用不着政府去操心，只要提供一个平台就够了。

为了“宽窄巷子”的运营，我们设计了一套商业模式，后来在中国传得很广：第一，坚决不能拿来做房地产，不能搞土地招拍挂制度。第二，要交给一家运营商来管理。什么是运营商呢？我打了个形象的比方，运营商就像是机关食堂，一不赚钱，二不亏钱，三要人人叫好。这既是机关食堂的特点，也应该是运营商的特点。只要达到这两个标准，不成功都不可能。

城市名片的打造必须要结合城市性格，“宽窄巷子”项目要想成功，就要深刻理解成都消费城市的特质，像石崇斗富一样，你铺四十里紫丝，我铺五十里彩缎，争奇斗艳、异彩纷呈，把大众的虚荣心尽量调动。鼓励爱玩、爱耍、爱炫耀的成都人把宝贝展示出来，把天府的审美观、消费观和文化呈现在这个方寸之地中，邀请天下人一起体验天府生活。须知虚荣、贪婪、侥幸均是人性难以避免的弱点，但只要经过合理的利用，反而能创造出巨大的生产力，强行遏制反而不美。

秉承着机关食堂模式和调动虚荣的思路，宽窄巷子一经推出，火爆程度远超我想象。成都人民非常踊跃，民俗风情、吃喝玩乐、各种稀奇古怪的店铺都进驻了宽窄巷子。其中还隐藏着一个“白夜”酒吧，是翟永明女士所开，有人称她为“东方最美丽的女诗人”。一到晚上，一帮诗人在里面用成都话摇头晃脑地朗诵诗歌，品评美酒。它也成了很多男女心中的文艺与爱情的地标。成都的这种雅兴与诗意，在快节奏的现代社会几为绝品。

“白夜”酒吧的故事很精彩，宽窄巷子中有着这样精彩故事的店铺又何其之多！经过八年的淘选，宽窄巷子终于形成了独特的生态圈，乔木、灌木互相依存，让成都的精气神在商业时代焕发新生。虽然其在商业化开发过程中也有一些用力过猛、操之过急，但总体上算是一张成功的城市名片。

作为项目战略策划者，如今回首再看，我们的视野还远不够开阔——虽然判断成都有成为超大型城市的潜力，但其崛起之速度还是远超我们当年最大胆的想象。

数据不会骗人，如今落户成都的世界500强达285家，全国第五，成为名副其实的名企后花园，18个领事馆落地成都，仅少于北上广，国际友城和友好合作关系城市高达93个，由青白江国际物流集散地开往欧洲的蓉欧快铁，让全国汇聚于成都的商品物流浩浩荡荡地销往欧洲。同时，其空中丝路也遍布全球，截至目前已经开通国际航线126条，位居中西部第一，覆盖了亚洲、北美、欧洲、大洋洲、非洲的各大国际城市。成都正在成为越来越多的企业和个人追逐财富、梦想的最佳选择。

这一切归根溯源，都离不开“西部之心·典型中国”这个真正的魂。尽管几经风雨波折，但是成都市后来的历任领导班子基本上是按照这个“魂”来走的。这不是简单的萧规曹随，而是一种对规律、常识、本质的尊重，最终让成都走出一条后工业化时代的新城市之路。

江湖重庆

如果说成都是个大泡菜坛子，那么重庆就像一盆麻辣火锅。同为西南重镇，夏季别名“火炉”、冬季雅号“雾都”的重庆远没有成都那么宜居。拿重庆与成都做对比，简直是天壤之别。

李白曾作五律《送友人入蜀》：

见说蚕丛路，崎岖不易行。
山从人面起，云傍马头生。
芳树笼秦栈，春流绕蜀城。
升沉应已定，不必问君平。

诗中描述的正所谓“巴山蜀水”。“巴山”是重庆的山——纵横曲折、崎岖难行，“蜀水”则是成都的水——江流绕郭，田畴交错。按说重庆也多水，但那是滚滚长江水、滔滔嘉陵江，与成都温柔的、曾经可以浣花涤锦的府南河完全是两码事。重庆山多显阳刚之气，成都水富含阴柔之美，这也正是这两个城市的典型特征。

从人文上来说，自古蜀出相、巴出将，一个是汇聚文人骚客的平原沃土，一个是吸引江湖豪杰的水陆码头。在文的方面，唐代巴蜀地区共出了六十八个进士，属于今天重庆区域内的仅有一个。不过，在武的方面，商周年间的巴人就作为“雇佣军”参加武王伐纣之战。三千年以降，巴蜀地区出的将军元帅中大部分人的籍贯都位于巴国疆域，巴人的尚武与刚烈一览无余。

同样是酒，成都人叫卖自己的“文君酒”，重庆人则卖“巴将军酒”。成都有看不完的人文古迹、抒不完的怀古幽情，重庆则有壮怀激烈的铮铮铁骨、九死不悔的火热激情。这种热情最直接的体现就是重庆的夏日火锅。

1988年8月，我初次到访重庆，去采访时任四川重庆市委书记肖秧，气温高达近四十度。可以说中国之大，没有哪个城市比重庆热。武汉虽热，但地势平坦，所以不会出门就有爬坡之累；南京虽热，但绿荫如盖，尚有遮阳遮阴之处；广州虽热，但海风习习，热而不燥。相形之下，重庆位于山坡之上，任骄阳滥晒，山路高低不齐，时而扶摇而上，时而急转直下，所以，人不动已是一身闷热，一动更是大汗淋漓。

令人惊奇的是，在酷暑之下，重庆的火锅店生意依旧兴隆。从江北区到南岸，从观音桥到解放碑，从城郊到市中心，密密麻麻，火锅店到处都是。香港有“银行多过米铺”之誉，足见香港金融中心的地位；对比之下，重庆俨然堪称“麻辣中心”。

天气本就足够炎热，招待我的朋友却说，越是夏日炎炎，越要吃火锅，这叫“以毒攻毒”的法门。半信半疑之下，我随着朋友进入火锅店。吃至酣处，我终于体会到了“以毒攻毒”的妙处。汗水顺着脸颊打湿衣衫，浑身毛孔全部张开，剧烈地呼吸火锅散发的味道。这种大汗淋漓的酣畅在冬日是没有的。吃罢出门，夜间的浩荡江风一吹，就像成千上万台风扇对着你的毛孔用力吹拂，冷气钻进身体，游弋于每一个细胞，最终化作一声长叹，这才是江湖。

的确，重庆是一座江湖城市。如果说成都是农耕文明最典型的聚落形态，那么重庆就是商业文明浸染下八面来风的码头江湖，毕竟从巴国时代开始，重庆的商业属性就远强于其薄弱的农业属性。

从地理角度来看，重庆位于川东岭谷地带，连绵的山脉给农业发展和城市扩张带来了巨大的困难。美国汉学家费正清从飞机舷窗俯视重庆时，曾写下这样的印象："此地并不适合人类居住，因为没有平坦的陆地，人们简直成了力图找到安身之地的山羊。"

但是，如果从商业视角来观察，重庆天然就是四川盆地物资的汇聚点。古人逐水而居，在生存本能的驱动下，一些人最终选择落脚在这个江河汇流、山水合抱之地。四川全境的主要河流都是以重庆为顶点的扇形展开的。川北、川东的重要城市，可以经涪江、嘉陵江、渠江直接沟通重庆；川西、川南的城市，则可以经由雅砻江、大渡河、岷江、沱江，在攀枝花、泸州、宜宾三城中转，走长江连接重庆。此外，重庆本身产盐，古代聚居于此的巴国人，就是通过贩卖井盐给蜀国和楚国过上了"不耕而食，不织而衣"的生活。

不仅对内四通八达，从重庆经三峡到宜昌直通江汉平原，还是四川盆地从水路东出的唯一通道。北宋灭亡以后，随着中国经济中心南移，长江中下游日渐富庶，沟通四川盆地和关中盆地的艰难蜀道逐渐被三峡水道取代，重庆的地位也进一步提高。

除了商业上得天独厚，重庆的军事战略价值更加重要。西控巴蜀、东引荆襄、北达中原、南极潇湘的重庆，既是大西南的门户，又是顺江而下夺取东南的关键；既是中原向长江以南推进的要枢，又是长江流域乃至全国军事战略的命脉。正因为重庆在军事上扼关转枢的地位，中国古代的秦、汉、隋、宋、元、明、清等王朝均以夺取重庆为统一全国的关键。

宋朝末期，重庆以钓鱼城为犄角，坚持抗元达四十年，大小战斗两百余次。公元1259年，正当成吉思汗的后裔们摧枯拉朽般横扫半个欧洲，罗马教皇惊呼"上帝罚罪之鞭"降临之际，欧洲人突然发现，这批剽悍骁勇的蒙古军队竟如潮水般退去了……谁也不知道，甚至连重庆合川钓鱼城上鏖战正酣的南宋军民也不知道，正是他们的殊死抵抗，让号称“上帝之鞭”的蒙哥大汗(元宪宗)命丧钓鱼城下。正准备进攻莫斯科和埃及的蒙古大军军团统帅们，以及正在中国南方诸省征战的蒙古各路亲王，纷纷原路折返，为争夺汗位发生内讧，席卷天下的蒙古兵锋为此一滞，整个世界的命运也由此而改变。这足见重庆的战略价值。

尽管重庆的交通、商业、战略价值极高，但在农耕时代还是成都略胜一筹。制约重庆发展的，除了山形险要外，还有三峡的险滩激流。诗篇中的三峡，雄浑壮丽、气象宏大，具有“千里江陵一日还”的速度之美，但在一泻千里、船行似箭的诗意背后，则是居高不下的事故发生率，逆流而上的艰辛，以及纤夫们日复一日拉纤在岩壁间刻下的累累纤痕。即使到了现代三峡航运依旧时有事故发生，更何况技术落后的古代！因此，川江水道始终无法得到最大化利用，重庆也只能以功能单一的地方军事重镇形象示人，长期居于成都之下。

重庆真正大放异彩，开始进入全国乃至全世界的视野，要追溯到一百多年前的开埠事件。

在1840—1842年第一次鸦片战争后，中国正式进入了近代社会，列强的经济殖民开始进入中国。当时的主要交通网络是水路，所以开埠从沿海、沿江开始。在近半个世纪后，列强终于盯上了长江上游最大的码头——重庆。

早在重庆开埠之前，英国领事就曾预言：重庆一旦实现开埠，将在短时间内变成“华西之上海”，毕竟如果打开重庆大门，那么四川平原就唾手可得。富庶繁荣、消费发达的成都，既是重要的原材料产地，也是尚未被染指的商业处女地，以此为跳板，可以辐射西南全域。因此，开埠重庆成了列强志在必得的目标。

开埠作为列强掠夺原料、倾销商品的经济殖民手段，严重侵犯了我国主权，同时也在客观上推动了重庆的现代化进程。

与其他城市不同的是，重庆人民对于外来的新鲜事物表现出了极大的欢迎与热情，日益繁忙的交通运输也让重庆发生了翻天覆地的变化。为了满足商贸需求，重庆开始出现庞大的金融服务网络，具有近代金融色彩的票号与银行层出不穷。火柴业、纺织业、矿业等企业也相继兴办，城市风貌也逐渐为之一新。由此而形成的浓厚商业氛围和扎实的工业基础，使得重庆在近代成为西南地区首屈一指的政治、经济、军事、金融重镇，后来还被赋予了陪都、直辖市等重要历史使命，可以说出尽了风头。三教九流，龙蛇出没，也让重庆的码头色彩更加鲜明。

作为一座既经商业浸染又有军事磨砺的大码头，重庆自然沾染上了浓重的江湖气。

晚清民国时期，川渝一带的袍哥会，与中国东部沿海、南部沿海的青帮、洪门并称为"天下三大帮"，号令江湖。据说，"袍哥"之称源于《诗经》"岂曰无衣，与子同袍"一句。性命交兄弟，情义大过天，何况两件衣衫？这就是袍哥的气节。这种介乎官民之间的，人人皆称兄道弟的，不讲级别上下、不讲地位高低、只讲义气二字的袍哥文化，正是重庆江湖气的写照。江湖气也是重庆的精髓所在，其中既包含契约精神、义气、勇敢、坚韧等特质，也包括火爆冲动、是非不分、丛林文化甚至某种亡命之徒的色彩。

重庆江湖气的由来，还可以归根于其条件恶劣却又八面来风的自然环境。巴山纵横，江水浩荡，逆境出英雄。越是生存境况不佳的地方，越容易生长出张扬的激情与不凡的志向。早在先秦时期，重庆就是诸侯国巴国的都城，巴人尚武、爽直的性格特点，虽然经过了历代移民的演替嬗变，但一直浸染着生息于这片土地上的人们。千年以降，这座大码头走出无数冲锋陷阵的猛将，诞生了江湖义气的袍哥，走出了肩挑背扛的山城棒棒军，也形成了是与非、对与错之间广阔的灰色江湖。

曾有一段时间，重庆出现一股非红即黑、非此即彼的潮流，携杀伐果断之威，试图让翻滚沸腾的火锅变得清澈见底，泾渭分明。殊不知一个城市的气质和文化精神是其最宝贵的精神财富和核心竞争力，任何刚性的政策和手段可能压抑之、扭曲之，但不可能强制改变之。想要净化江湖的人最终在江湖冲刷下消失得无影无踪，只余一句“逝者如斯夫”的浩叹。

重庆的江湖气孕育了热血男儿，也孕育了闻名全国的重庆美女。到重庆不“打望”美女，便不算真的到过重庆。在解放碑前，男性东张西望，女性精心打扮，热闹非凡。这“打望经济”的潜力，甚至超过法国巴黎的“T 台经济”。

重庆女人不仅是一个话题，更是一道城市风景。人们谈到重庆女人，往往有两个印象，一是重庆出美女，二是重庆的女人像男人。这两个看似矛盾的判断，其实恰好暗合了重庆的城市气质。

在巴蜀地区，有一句俗语在民间广为流传：

成都的男人像女人，重庆的女人像男人。

此言虽有些一概而论，但的确有几分道理。“成都女人一枝花，成都男人耳朵粑。”成都男人怕老婆的故事之多，在中国大概数一数二。成都男人和上海男人，应该是中国最有生活情趣的男人，说话腔调柔和，不紧不慢，爱好下厨，动不动就与围裙相伴，与炒锅相随。而重庆女人的热情果敢、阳刚霸道，我在前面所说的初次到访重庆时就已亲身领教过。

重庆人在酒场上喜欢猜拳，尤其是在穷街陋巷的小店里，更是划拳声不断。其间对阵者不止须眉男儿，更有妙龄少女。男人只着短裤，赤裸上身，让酒精、麻辣重炙下的汗水顺着裸露的肌肤哗哗下淌；女儿家也仅多件背心，止不尽的汗水渗透薄薄的蝉衣，露出雪白的大腿，甚至有走光之虞。在那个纯真年代，尚年轻的我第一次在光天化日之下看到异性的大腿，一时颇有些尴尬，可重庆姑娘们却丝毫不在乎，大马金刀踩在凳上，继续酒场厮杀，这丝毫不弱于须眉的气势，让我至今印象深刻。

至于为什么重庆的女人如此个性张扬，我想是因为，重庆的自然条件相对恶劣，生存殊为不易，女人当男人用，男人当畜生用，光靠男人撑不起家，女人自然就变得强悍了起来。而且重庆自古多战乱，在这种背景下能够延续的血脉，妇女起到了重大的作用。天灾、人祸，反而造就了重庆女性的独立个性。

至于重庆为什么出美女，我想有以下几个原因。

第一，混血形成优良基因，是美女频出的最直接原因。其实历史上重庆并不产美女，重庆本地的土著巴人属于古羌族，身材偏矮、皮肤黝黑，也鲜有美女的记载。按照遗传学的观点，混血儿多出美女。重庆在历史上曾有多次大规模的人口迁入，大量外来人口与原住民不断融合，再加上近代开埠后，重庆成为西南地区的中心，四面八方、三教九流均汇聚于此，混血形成了优良基因。

第二，是地势原因造就的。平原上生活的人很难理解山城的概念，错落复杂的山形地貌注定了重庆姑娘从小就得爬坡上坎，天天锻炼，自然练出婀娜多姿、曲线玲珑的身材。

第三，是气候和环境促成的。重庆依山临水，两江夹市，日温差不大，全年无霜期长、雨量丰沛，而且素有“雾都”之称。氤氲水汽滋润，再加上日照少，所以重庆女人往往皮肤很好。

除以上原因之外，我觉得与其说重庆出美女，倒不如说自信出美女。在走遍中国的这些年岁里，我也曾接触过不同地域的美女，她们各自风韵不同，气质各异。抛却容貌、身材等通俗标准，气质之美是评判美女的重要指标。如果说成都女人如水，百转千回、温柔婉约，那么重庆女人就如同美酒，重情重义、豪爽刚烈。两者各有美感，但如果从社会层面来看，重庆女性多有自己的事业，男人们也往往乐于支持，所以重庆出了很多女强人，这也更强化了重庆女人的自信风采。重庆女人固然喜欢他人对自身容貌的夸赞，但更喜欢别人对自己能力的认可。

我和出生于重庆的“龙湖”董事长吴亚军女士是多年的好朋友，她身上有着非常鲜明的重庆女人特质：勤勉、干净、谦虚、有韧性，从不沾沾自喜，时刻居安思危。相交二十多年，她不停刷新我对“女子能顶半边天”这句话的理解。也让我更深刻地认识到，真正代言这座江湖之城的，与其说是充满阳刚气的重庆男儿，或许更应该说是巾帼不让须眉的重庆女人。

重整河山

我和重庆最深的渊源，还要从一场江边夜话讲起。2019 年，我受朋友邀请再度到访重庆，看着璀璨的江边夜景，感慨万千，不由想起当年的故事故人。

2006 年，举世瞩目的三峡大坝即将全线竣工。同年底，应重庆市政府邀请，智纲智库介入了大三峡旅游发展战略。

三峡大坝总投资近两千亿元。移民总量史无前例地超过120万人，重庆承担了全库区移民搬迁任务的85%，涉及16个区县。三峡大坝即将落成，以一国之力为三峡输血的时代行将结束，三峡库区怎样才能具备自我造血的能力？库区生态环境保护与经济发展的矛盾如何解决？无论是环境治理、地质灾害治理还是城市发展都需要资金，库区经济下一步的增长点在哪里？

三峡大坝改变的不仅仅是地理环境、生态环境，而且还有整个区域的社会经济环境、人文环境，如果不能从根本上解决问题，后三峡时代的可持续发展将是一场矛盾错综复杂、漫长而痛苦的征程。

2006年年底的一个夜晚，时任重庆市委常委、副市长特地请我吃饭，席间他讲了个有趣的小故事。重庆作为水陆码头，来往旅客如云，但几乎所有游客到了朝天门以后就坐上船离开了。重庆市专门为此开会：怎么把游客留住？至少也得让他们吃顿火锅，能住下来更好。但怎么留住游客，想了半天没招。万般无奈之下，市政府只好下发文件，要求所有游船必须晚上八点以后再开，逼得游客在附近吃饭。但他也明白，行政手段终究解决不了根本问题。

听完副市长的故事，我说道："我走遍了全世界，没有哪座城市有重庆这样的立体感、节奏感和流动感。在重庆直辖近十年后的今天，旅游已不是撒点胡椒面——可有可无的点缀，而是富民兴邦、城市营销的重要手段，也是城乡统筹、重整河山的重要抓手。晓以时日，如果我们真的能把库区和城区打通，山城与水面打通，从上往下看是舟楫纵横、流光溢彩，从下往上看更是万家灯火通明的'天上街市'，重庆将会打造出世所罕见的奇观。"

这场夜话过后不久，我们正式介入了大三峡策划。花了七天时间彻底走完三峡后，我深刻地认识到工程建设完成只是万里长征第一步，必须要以国土整治的思路通过大旅游、大策划、大投入、大项目、大营销，才可能让三峡以全新的面貌展现在世人面前。

何为国土整治？纵观欧美发达国家，随着“二战”后日益严重的人口、资源和环境问题，无一例外都深刻思考了在可持续发展的基础上进行大规模的国土整治。伴随着中国的高速崛起，生态环境的破坏比起西方国家是有过之而无不及。这种情况虽在所难免，但在付出了巨大代价之后，中国也必将经历“原始生态—破坏生态—再造生态”的过程，也就是史无前例的大规模国土整治。

国土整治，首推大江大河的治理。究其原因，大江大河沿岸往往是人类居住、活动最集中的地方，同时也是在工业化初期发展过程中污染最严重的地方。从国家战略的高度来看，长江自古一直是中国最重要的黄金水道，新国土整治运动将为三峡带来契机。在我们看来，大三峡极有可能成为中国新一轮国土整治的破题点、闪光点和示范点。

在这场国土整治中，振兴旅游毫无疑问将是三峡重整山河的最佳手段。作为长江精华所在，三峡一向是千古英雄折腰之地、无数骚人吟咏之处。但我们同时也看到，三峡旅游业近年来的发展却不尽如人意。人们往往会归罪于三峡大坝的修建淹没了许多名胜古迹，导致三峡对游客的吸引力下降。的确，三峡蓄水之后，“千里江陵一日还”的景象不复存在，但最根本的原因并不是大坝本身，而在于对旅游观念理解的严重滞后。

以传统旅游的眼光来看，最美的三峡已经在水下了，但如果用现代旅游的眼光来看，蓄水之后的三峡将是一座长达六百公里、最宽处达两公里、面积约一千平方公里的峡谷型水库区。多出一条黄金水道，也多出了许多可以腾挪施展的新空间。如何进行新空间的塑造，将成为三峡旅游重现生机的关键。

因此，在最终提交的“重整河山——大三峡旅游再造策划案”中，我们明确提出了“游轮也是目的地”的主张。无论游客从哪个地方来，到了豪华游轮上，既可以饱览高峡风光，又可以享受各种现代设施。到达每一个景点，或是丰都鬼城，或是巫溪、巫峡，都可以离船上岸进行游览。正所谓“观光没有目的地，休闲才有目的地”，新三峡的旅游不再是沿江的一条线，而必须点、线、面相结合，把以前分割的景点变成一个全局性的思路。因此，三峡旅游想要突破的关键在于，让游客慢下来，留下来。只有慢下来，才能够细细品味三峡丰富的文化和独特的氛围。

纵观国际大河，无论是尼罗河、莱茵河还是多瑙河，无不高度重视游船的拉动作用。三峡自然风景资源，以及沿线民俗、文化、城市，绝对可以媲美任何一条国际大河，只是在游船的质量和服务上有差距。随着三峡游船数量和档次的提高，三峡成为世界级休闲目的地并非遥不可及，重庆也将因此而迸发出新的活力。

匆匆十余载过去，如今的重庆成了游客争相打卡的魔幻网红城市。每到夜色降临，“天上的街市”大放光彩，江面游轮交相辉映，游人如织、朝气蓬勃。不知当年苦恼于强留游客吃顿便饭的那位副市长，是否也会像我一样感到欣慰？

火锅话巴蜀

火锅是风靡巴蜀之地的共同爱好。成都和重庆的区别，从这股火锅旋风中也可一窥究竟。

川菜最大的特点就是化腐朽为神奇。历史上的巴蜀虽为“天府之国”,但劳苦大众依然很贫穷,川菜中许多叫得响的多来自民间,甚至是底层阶级的创造物。火锅就是一个典型的例子。

火锅在中国的历史,可以追溯到战国。如今风靡全国的麻辣火锅,则发源于清末民初时期,是重庆嘉陵江畔、朝天门等码头上讨生活的船工纤夫们喜爱的街头大众饮食。最开始的火锅食材大多是牛羊下水,盖因朝天门码头有屠宰牲口的屠户,宰牛后只要牛肉、牛骨、牛皮,内脏等一概不要,任其顺江漂走,岸边的水手、纤夫们将其捡回,加入辣椒、花椒等调料一锅煮,没想到竟然鲜美无比。

日后逐渐有人经营起这门生意,而且几乎成了中国最早的自助餐。涮菜用的锅以铁片纵横分为九宫格,食材均放在碟内,食客自备酒水,自选一格,站在摊前,且烫且吃,最后按空碟子计价。这种廉价实惠的又能驱寒、祛湿的吃法,迅速受到码头力夫、贩夫走卒和城市贫民的欢迎,名声也流传开来。但是,声名远扬并不代表能登大雅之堂。重庆人虽然发明了火锅,但失之于粗拉,在早期,店家使用的汤底经年不换,所以被称为“老灶火锅”;再加上当时的火锅多在猪圈旁的平整之地上搭棚开灶,因此也被称为“猪圈火锅”。

1980年我第一次去重庆,专程去老灶火锅店体验,一是解馋,二也是慕名来访。在逼仄的火锅店内,一个老头和几个年轻人共用一锅,黑红黑红的汤底分成四五格,老头默不作声专心吃,年轻人们却在吆五喝六地喝酒划拳。稍一观察,就发现这老头在悄悄使诈,他放进锅里的都是五毛钱一碟的豆芽、白菜,捞出来的却是鳝鱼、鹅肠、毛肚等,而旁边那些年轻人却只能捞起豆芽、白菜。原来,这些年轻人把好的菜品往锅里一倒后,就只顾着喝酒划拳,老灶火锅的九宫格底部连通,老头用筷子慢慢搅拌,只要使对巧劲,就能让年轻人的格中的毛肚等“游”过来,让自己的白菜、豆芽“游”过去。我心里不禁暗想，游来游去的恐怕不止食材，而且还有不知多少食客前赴后继的口水吧！

不管是“老灶火锅”还是“猪圈火锅”，好不好吃且不说，总归难登大雅之堂。真正将火锅推向五湖四海的，还是成都人。

在成都这个典型的消费社会中，公子哥们吃腻了山珍海味后，也要吃一吃下里巴人的火锅尝尝鲜。被火锅的美味折服后，成都人不但接受了火锅，而且将它进一步提炼升华，去粗取精。

成渝火锅不仅做法不同，连吃法也不大相同。成都火锅讲究“麻辣鲜香”，味道更细腻、讲究，层次感更强，不仅涮的菜品多，摆盘也精致好看；而重庆火锅则注重“劲爆火辣”，原始的“码头食物”如毛肚、黄喉、鸭肠、老肉片一如既往都是必点菜品。同一顿火锅，成都人吃的是饮食之乐，重庆人吃的是通透之爽。成都火锅的桌上很少有酒，大多是佐餐用的小瓶豆奶；重庆火锅桌上则是无酒不欢，兄弟义气、手舞足蹈、狂饮高歌，不尽兴不罢休。

一个小小的火锅，就能折射出巴蜀文化的独特韵味：巴人受“码头文化”的深刻影响，富有激情，同样擅长创造，但缺乏精细；蜀人乏于拼搏，喜欢享受生活，带有浓重的市民文化色彩，追求品位与格调。

火锅这个巴人创造出来的新生事物，经过蜀人之手精心修饰，珠联璧合，快速打遍全国，冲向世界。

巴蜀道源

成都与重庆这对欢喜冤家,看似阴阳相对、泾渭分明,但其本质的生命观、精气神可谓殊途同归。毕竟巴蜀文化曾经作为一个有机整体,在四川盆地这个半独立地理单元内经过了几千年的积淀,两者早已不可分割,互相浸润、共享基因。这种文化基因正是道家特有的哲学观、生命观和世界观。

多年前,我曾偶遇一位成都的官员,他名片上的头衔居然是道教博士。他提出了一个很有意思的观点:"道教不是一种宗教,而是一种生活观。这种生活观总结起来就是三个词:顺应自然、敬畏规律、珍惜当下。"

后来我才了解到,坐落于成都西部的鹤鸣山,就是传说中的道源——东汉时张道陵在这里创建了天师道。在考察中国唯一的本土宗教——道教——的诞生过程中,有很多问题令我疑惑不已:为什么张道陵会不远千里,从故乡沛国丰县辗转来到蜀郡成都,并在这里创教?巴蜀这块神秘、神奇的土地到底赋予了道教什么?

四川能成为道源,有其深刻和广泛的社会原因,一方面是和当时四川地区堪舆学的风气盛行和黄老道术的流行有关,另一方面也和当时西南地区少数民族中的神仙方术和巫术的盛行有关。反过来,道源对巴蜀文化的影响,则更多地体现在生活方式和人生哲学上。

2008年5月四川西北部的汶川发生大地震后,国外有媒体刊登了一张照片:一名男子把在地震中遇难的妻子绑在背上,用摩托车载回家。

别人问他在干什么，他说："背婆娘。""背婆娘干什么？""背回家去埋。"

这张名为《给妻子最后的尊严》的照片打动了世界。外人震撼也罢、悲伤也罢，男主人公却很坦然，不会号啕大哭、痛不欲生，也不需要别人的怜悯和同情。在他看来，"生死有命，富贵在天"，既然是天意，自然无所谓悲伤。

那个男子身为普通百姓，其做派却暗合庄子"鼓盆而歌之"的生命观。这也是巴蜀地区的共同特点："死去何所道，托体同山阿。"即使办白事守夜，麻将摊也在灵前支起来，亲朋好友们打个不亦乐乎。

不管是成都人还是重庆人，乃至扩展到整个巴蜀地区，其文化中都有着相同的道家色彩：好享乐、尚自由、不畏死、不避祸。

成都人爱把"安逸""巴适"挂在嘴边上，只要过得去，就不必太过复杂。这种达观背后的精神内核，正是顺应自然的生命观。重庆人的性如烈火、快意恩仇、精彩每一天的背后，同样是面对江河奔流，逝者如斯、追寻逍遥自在的大解脱。天地不仁，人生无常，自然无须一惊一乍，要做的就是珍惜当下，只不过一者选择享受生活之乐，一者选择张扬生命之美罢了。

成都与重庆，一阴一阳、一柔一刚、一静一动，互相攻讦，却又始终山水相连、水乳交融，最终形成了这幅造化天成的巴蜀太极图。阴阳相济，造化万物，巴蜀双城记的未来也在于此。

从前面的火锅就可以看出，巴蜀文化间的互补性远强于对立性。巴蜀之间的所谓的口水战，更像是千百年来形成的独特交流方式。

伴随当下交通环境快速迭代造成的"时空收缩"效应，地理上的劣势被快速弥合，金融流、人流、信息流正在更广泛的范围内自由流动，巴蜀的合作竞争将不再囿于西南一隅，而是会突围地域限制。全国乃至全世界的广阔舞台，正期待着巴蜀联合奏响一出更加精彩的阴阳传奇。

日鼓鼓的贵州

“江南千条水，云贵万重山。五百年后看，云贵胜江南。”三十年间，天翻地覆，王车易位，贵州之变何尝不是中国的缩影？英雄与时势的辩证法充满了永恒的魅力，贵州这块“豆豉粑”孕育了一大批国际级的人才，这批人才又赋予了这片土地更深刻的内涵。一省如此，一国亦如此：最核心的竞争力永远是人。

日鼓鼓的贵州人

中国人初次见面寒暄时，除了聊天气、饮食这些缺乏营养的话题之外，打开话匣子的重要手段就是聊各自的家乡。就像喜欢品评人物一样，人们也喜欢议论地域，不止中国，全世界概莫能外。一方水土养一方人，这是个很有趣的话题，也是个谁都能说两句的话题。

从1978年负笈北上那天起，家乡这个问题就困扰了我很多年。彼时的贵州在整个中国经济垫底、文化边缘，常常是“落后”的代名词。出到省外，免不了“君自何处来”的寒暄。我的回答百无聊赖：“我来自中国的‘第三世界’贵州，贵州的‘第三世界’黔西。”最后再加句“说了你也不知道在哪里”，以堵住别人的嘴。

大西南山脉间的贵州，多年来都有些灰头土脸：作为内陆，它没有沿海发达；作为高原，它没有西藏神秘；作为民族地区，它又没有云南那么多的风情；就算是同为盆地的省会贵阳，比之成都，富庶繁荣也差一大截。讲到贵州对于中国的贡献，仿佛除了“夜郎自大”和“黔驴技穷”这两个成语外，就只剩下“天无三日晴，地无三尺平，人无三文银”的调侃了。

我还算勇敢，不掩饰自己贵州人的身份。很多在外的贵州人，提起贵州就顾左右而言他，以至于我见到一些稍微闯出点样子的贵州人，都恨不得把自己“漂白”，要不说自己不是贵州人，要不说自己虽然出生在贵州，但爹妈不是贵州人，以此脱离黔籍，这种现象是非常普遍的。

当四十多年前走出贵州大山时，我就曾思考过这个问题：假以时日，三十年，四十年，在我们这代人乃至下一代当中，如果贵州真的能产生一批优秀人才的话，世人对贵州的看法才可能有所转变。

令人欣慰的是，这种迹象终于在今天显露端倪了。

当下中国最热门的话题就是“中美关系”，审视中美关系经历过的历史，有几个贵州人在其中所扮演的角色和使命特别重要。远的不说了，就谈谈龙世昌、戴秉国、龙永图、任正非这几个贵州老乡。

任正非喜欢说“上甘岭精神”，其实，籍籍无名的苗族小伙龙世昌，就是在上甘岭用胸膛挡住美军推出来的爆破筒的战斗英雄。

光着脚走出大山，险些凑不齐学费的戴秉国，日后出任国务委员，大部分精力都在处理纷纭复杂、惊心动魄的中美关系。他的《战略对话——戴秉国回忆录》中，对于中美关系有非常精彩的描述。

龙永图一生从事经济外交，漫长的中国加入 WTO 谈判，让他成为时任国务院总理朱镕基所说的“从黑发人谈成了白发人”，他的主要对手就是美国。

回顾这几个挺立在“抗美”前线的贵州人，都有一个共同的特点，那就是“日鼓鼓的精神”。所谓“日鼓鼓”，简单说就是倔、认死理、坚韧不拔、百折不挠。

日鼓鼓的贵州人与牛哄哄的美国人，在中国的外交史上形成了颇为有趣的对比。

当下这段时间，伴随“华为事件”的迅速发酵，低调了几十年的任正非，终于藏不下去了，走到前台来接受全球媒体采访，几段采访视频迅速成了全球瞩目的焦点。

看完视频后，我最大的感慨就是人与时代的深刻辩证法，只有大争之世，才能造就任正非这样的人物：

第一,艰难困苦,玉汝于成。自幼生长在物质匮乏、资源贫瘠的贵州大山,再加上时代剧烈转折所带来的挑战与磨砺,培养了任正非强大的抗压能力、反弹能力、捕捉机遇能力、忧患意识,还有革命的乐观主义精神。这些优点都是承平盛世中出生的人们很难具备的。

第二,“兵者,国之大事,死生之地,存亡之道,不可不察也”。任正非在军队里面待过,尽管只是工程兵,但从参军那一刻开始,他就不可避免地打下了军旅烙印。战争是竞争的最高阶段,军队的思维逻辑和普通人完全不同。任正非的军事语言、军事思想,在对华为的管理上得到全面体现。

第三,任正非作为20世纪40年代生人,既是极左运动的受害者,但同时又是理想主义的狂热追随者。毛泽东作为极为杰出的军事家、哲学家和战略家,给那个时代刻下了深刻的烙印,任正非成为毛泽东思想的身体力行者,也就不足为奇了。

在那几段采访视频里,任正非的精神面貌非常好,集中体现了毛式的语言风格、毛式的战略思维——“与天奋斗,其乐无穷”,可以看出他现正处于斗志昂扬的状态。

著名经济学家张五常说:“在中国的悠久历史上,算得上是科学天才的有一个杨振宁,算得上是商业天才的有一个任正非。其他的天才虽然无数,但恐怕不容易打进史书去。”

不过,我倒认为,任正非不是纯粹的商人。商业的本质是逐利,自工业革命后,金融化、资本化更是一浪高过一浪,商业和资本有着天然的契合。然而,任正非却大相径庭:他对资本的贪婪高度警惕,对自己的贪婪也高度警惕,他的行为已经超出了简单逐利的范畴,而带有某种理想主义色彩。

任正非的横空出世,有力地推动了坊间对贵州的重新认知。

在前不久的一场活动中，我的一位贵州籍朋友龙建刚，在席间突然手机铃响，匆匆离席。我还很好奇，这个微信年代居然还有人打电话。一会儿龙建刚回来后，对我附耳讲："王老师，龙永图先生刚刚给我打了个电话。我在朋友圈中发了一段您关于贵州的论述，龙先生看到后很感兴趣，知道我俩在一起后，所以打电话来致意。"

龙建刚发在朋友圈的那段论述，语出我二十多年前在浙江杭州的一次讲演。当时演讲完毕后，很多江浙老板恭维我说："你们贵州出人才啊！"

我说："错了，你们这显然是恭维，而且还没恭维到点子上。你们江浙物华天宝，人才浩如森林。贵州怎么能与之相比？光这旁边的绍兴，名人就数不过来：周恩来、蔡元培、鲁迅……院士和科学家更是数不胜数。在科举时代，物阜民丰、人杰地灵的江南，随便一个小小的县城，状元、探花、榜眼一大把，可谓人才辈出；而贵州自明朝建省以来五百年，满打满算只出了三个状元，还有一个是耍枪弄棒的武状元，跟江南没法比。"

但是，我话锋一转："江浙像一片无边无际的森林，人才如雨后春笋般涌现；而贵州土地贫瘠、风貌奇绝、信息闭塞，生存艰难，杰出人物就像贵州大山里的奇松怪柏一样，不可能批量出产，但一旦从山旮旯里蹦出来，就是怪才、奇才、鬼才。"

就是这段话，让龙永图先生看到后心有戚戚焉，一边打电话向我致意，一边甚至要转给任正非先生分享。而他们这两位人物，其实就是我观点中提到的典型的贵州怪才。

如果往上溯，从贵州走出来的怪才还有不少。名动一时的晚清重臣张之洞，时人称"张南皮"，因其祖籍为直隶南皮（今河北南皮）；可是，张之洞生长于贵州及至弱冠，却鲜为人知。

幼年张之洞就以文采名冠贵州，十三中秀才，十五中解元，二十六中探花。踏入仕途的张之洞果然不负众望，“力行新政，不变旧章”，是最负盛名的洋务派代表，最终官拜军机大臣，成为力挽天倾的清廷巨擘之一。

如果说张之洞只算“客家”贵州人，那么丁宝桢就是土生土长的贵州人。丁宝桢的祖籍离我家只有三十里地，他留给后世的除了耳熟能详的“宫保鸡丁”外，还有就是日鼓鼓的贵州精神。

在丁宝桢任山东巡抚时，慈禧太后宠爱的贴身太监小名“小安子”的安德海，携娈童歌伎，乘龙船顺运河南下，沿途招权纳贿，耀武扬威。

权倾一时的人物驾到，地方官吏溜须拍马尚来不及，谁知丁宝桢根本不吃这一套，直接在泰安境内把“小安子”拿下，星夜解送济南，以清宫祖训“太监不得私自离京”为由，宣判斩首示众。就在此时，慈禧太后发来刀下留人的懿旨，丁宝桢果断“前门接旨，后门斩首”。

当时名满天下的重臣曾国藩，听闻此事后都自问做不到，感到佩服不已。丁宝桢过世后，时人议曰“生平处大事无所趋避”“知有国而不知有身，其天性然也”。寥寥数语，一个日鼓鼓的贵州人形象跃然纸上。

远有张之洞、丁宝桢，近有龙世昌、戴秉国、龙永图、任正非，甚至还有目不识丁的“老干妈”陶华碧，一批批杰出贵州人的出现，开始让世界重新认识贵州。而他们的某种鲜明共性，不由让人思索：贵州这方水土究竟有什么神奇之处？为什么会孕育出这样一批人？

贵州人逐渐崛起，贵州的物产也风行天下。再加上近年来影视界刮起的贵州风，一批新锐的贵州籍导演、演员冒头，生猛鲜活的贵州方言成了荧幕上的宠儿。

贵州人、贵州物产、贵州旅游，乃至贵州话，一改颓势，存在感越来越强，以至于让很多原本对贵州不屑一顾的人都开始惊叹：“贵州怎么了？”

神秘的豆豉粑

“贵州怎么了？”在2019年某次广东省贵州商会（联盟）的活动中，我做了题为《贵州是块豆豉粑》的报告。一说到“豆豉粑”，台下近五百名贵州籍的老板都露出了会心的笑容。这块不起眼的豆豉粑，就是打开贵州的一把钥匙。

很多人都不知道豆豉粑是何物，但几乎无人不知“老干妈”的大名。现在的“老干妈”，不光是贵州IP，甚至成了中国IP。

不走出国门，就不知道“老干妈”究竟有多大的海外影响力。在美国，超市里的“老干妈”价格奇高，还极受欢迎。在欧洲，同样如此。甚至在迪拜的高档西餐厅里，居然也有“老干妈”拌牛排这种吃法。真可谓是一罐辣椒走天涯。

虽然“老干妈”风行世界，但其实贵州本地人吃得并不多。几乎所有的贵州阿婆，无论是在田间地头，还是在苗乡侗寨，都炒得一手好辣椒，风味丝毫不逊色于“老干妈”。只有在外打拼、走州逛县的贵州人，才会不得已用“老干妈”凑合。我对此深有感触。

1978年是中国恢复高考制度的第二年，我负笈北上，从贵州坐上了晃晃悠悠的绿皮火车，来到上千公里外的兰州，几个穿着羊皮大袄的老乡用卡车把我从火车站拉到了兰州大学。

本以为西北戈壁滩已经够落后了，没想到在同学们心目中，我干脆就是从原始地区来的。同学们关切地问我：“你是苗族吗？”“你是仡佬族吗？”“你们是不是要骑马去上学？”“你们是不是还刀耕火种？”就差问我长不长尾巴了。还有人夸赞我身材高大,不像贵州人,真是令人啼笑皆非。

班上的五十七个同学分别来自全国各地。我们一个宿舍的八个同学,就分别来自八个省区市。卧榻闲聊,各地风物令人大开眼界,而率先征服所有人的,就是贵州油辣椒。

那时,家里常给我寄一些自家做的油辣椒。刚见到辣椒后,大家惧而远之。俄尔稍尝之后,无论天南还是地北之人,都蜂拥而上:“辣椒还有这么好吃的!”……不顾吃相,风卷残云。以至于后来,我家辣椒一寄来就成了被“偷窃”的对象,迅速被一抢而光。

在去年的同学会上,三四十年没见的同学见面后,什么荣华富贵、官大官小都是过眼烟云,一张口就是:“王志纲啊,当年你家的辣椒太好吃了,我们每次都结伴来偷个精光,没想到辣椒能这么好吃!”同学们的记忆如此深刻,贵州油辣椒的魅力可见一斑。

早在“老干妈”火遍世界的几十年前,我就深知贵州油辣椒的潜力,以至于我下海后,第一单策划就是带了一位香港老板到贵州,希望他来投资开发油辣椒。由于种种原因,这个构想没能实现。好在东方不亮西方亮,“老干妈”还是做起来了,成为世界各地饮食男女的宠儿。

贵州油辣椒风行世界!号称“辣椒之乡”的四川、湖南,为什么打不过一个小小的“老干妈”?人们只看到了辣椒,却没看到辣椒背后的奥秘:湖南的辣是干辣,四川的辣是麻辣,贵州的辣是香辣,香就香在这神奇的豆豉粑上。

作为东亚地区广泛存在的作物,黄豆有很多种做法。最简单的是豆瓣:把黄豆用水泡涨,再将其煮烂,沥去水分,放在木板上摊凉,然后拌入面粉后发酵。

日本在豆瓣的基础上做出了纳豆。日本人现在几乎顿顿早饭吃纳豆,纳豆成了一个巨大的产业。

纳豆再升级就是大酱汤,韩国人把大酱汤做到了极致。大酱的主要原料也是黄豆。在历代朝鲜半岛的王朝中,大酱都属于国食,朝鲜族的姑娘们也都以大酱做得好为荣。

黄豆的1.0版本——豆瓣、2.0版本——纳豆、3.0版本——大酱汤都有了,4.0版本是什么呢?其实中国早在三五百年前就有了,那就是豆豉。豆豉分为干豆豉、水豆豉,干豆豉黝黑发亮、酱香浓郁;水豆豉则更加湿润,发酵程度比之于干豆豉不够充分,制作也更加简单,通常用作小菜比较多。

贵州人在豆豉的基础上,发明了5.0版本——豆豉粑。

我曾经开过一个玩笑:贵州人是天生的贵族,他们的生活方式、产品工艺和西方贵族非常契合。

第一,茅台就是典型的例子,原料和酿造工艺缺一不可。制取高粱出酒曲,土曲后发酵再烤酒,然后烘焙再发酵。在酿酒过程中,基酒、老酒和调味酒都是从原始状态里面提炼出来的,不加任何添加剂。正宗的茅台一定要酿造三年,这也是茅台能够登顶中国的重要原因。

第二是晒醋。在茅台的老家赤水河畔,有一种醋叫"晒醋",靠自然发酵,在太阳底下晒制而成。我有一年专门去了意大利的托斯卡纳,住在香奈儿夫人曾居住过的庄园里,考察当地的火腿和奶酪,看了号称古罗马时代延续下的晒醋厂。当地晒醋厂的工艺跟贵州赤水河畔完全一样,一小瓶晒三年的醋就开出五百欧元的高价。

第三就是豆豉粑了。小时候我姑妈会做这个。她把土黄豆买回来蒸熟,加上曲子,一般要蒸一晚上,第二天一早去山上找来豆豉叶,用豆豉叶将蒸熟的黄豆包裹在容器里发酵。有白丝丝后,将黑色豆豉舀出来,烤干成豆豉颗粒,舀装在坛子里像打糍粑一样弄成团,用菜刀拍成方状,再用苞谷(指玉米)叶包起来,在太阳下晾晒十天。最后放在坛子里贮存发酵,豆豉粑就成了。到吃的时候打开坛子,起码方圆一华里都能闻到那股穿透力极强的味道。

豆豉粑吃法很多。我们一般是把辣椒和大蒜洗干净,然后一起放进擂钵里面擂,擂成泥之后放进热油里炸炒;接着把豆豉粑拿一块出来横切成块,放在锅中慢煎至两面焦黄,再撒入蒜苗和味精颠匀了起锅,就会有一股香味出来;最后,再放进油里和肉丁爆炒,奇香无比。我家的油辣椒就是这么做出来的,所以当年才会被同学疯抢。

不要小看这一块不起眼的豆豉粑,贵州的精气神都在里面:咫尺神秘、稀奇古怪。虽然用料是最常见的黄豆,但通过纯粹、天然、有机的发酵过程,最终的成品弥漫着一股神秘之气,难以用言语形容。乍一看上去貌不惊人,又臭又硬,但其实气韵深藏,只有烈火烹油之后,其深藏的香气才会显露出来。

"咫尺神秘、稀奇古怪。"我在十年前就和时任贵州省委书记说过,贵州的魂也正是这八个字。

为什么说"咫尺神秘"?这是因为,贵州的地理环境,虽然和长三角、珠三角这些繁华地域隔得很近,但在古代,山岭交错,交通闭塞,贵州得以最大限度地保持了神秘。在工业化时代,由于贵州发展的滞后,又让它在文化同化的大潮中保持了独特性。到了交通大改善的今天,贵州离发达地区不过咫尺之遥。从广东到贵州,飞机一小时、火车三小时就到了。但是一提起贵州,很多人还是懵懵懂懂。正是这种不明不白,反而充满了神奇感。

为什么说"稀奇古怪"?没见过的山川地貌就是"稀",说不清的风物习俗就是"奇",悠远神秘的民族风情就是"古",没吃过的美食就是"怪"。稀奇古怪,是贵州最突出的生产力。

举个简单的例子,比如说荔波的瑶族,一般人认为他们野蛮凶悍,避之不及,但在我看来,这种尚武精神价值连城。北上广的游客们跟着瑶族小伙去打猎,一起带着钻山犬,背着弓箭,三条猎犬咬着一只野猪,肠子都流了一地还不松口,这是城里长大的人绝对没见过的景色。打猎回来,就是狂欢节,在瑶家买米酒,围着篝火烤野猪、野兔,这种体验只可能在荔波这个最后的狩猎部落中再现。

落后的生产力、失落的传承、远逝的文明……诸如此类咫尺神秘、稀奇古怪的风土人情,是贵州最大的富矿。

因路而生的贵州

贵州到底是什么时候才有完整文化记忆的?贵州在文化上的实质是什么?什么时候才有一个的完整“贵州”?这些都是研究贵州时绕不开的问题。所谓的夜郎国,早已散佚在故纸堆中;真正普遍意义上的贵州,可以说是因路而生的。

清末民初,梁启超最先提出“中华民族”的概念;在此之前,中国只有纵向的阐述方式,而无横向的观察角度。

现在中国历史的整体性,被西方民族国家视角的学术框架切割得支离破碎。因此,西方国家很难理解中国古代的空间观,也想象不出昔日中华帝国的秩序和结构。

在古代,华夏之外就是东夷、南蛮、西戎、北狄。同为南蛮的云南尚且有过大理国,在历史上还有一席之地,而贵州只有夜郎国的遥远传说。

在明朝以前,贵州基本上是蛮荒之地,社会形态是土司制,也就是少数民族酋长制，中土王朝顶多对其是羁縻遥领。

到了明朝，土司表面归顺，但是实际上还是各自为政，自成一国。归顺与反叛、操控与反制、一统与分裂的明争暗斗，从来没有停止过。因此，明成祖朱棣下决心经略云贵，“改土归流”：中央派驻“流官”，架空土司。一边发官印，一边动刀兵，经历了数百年。有明一朝，土司既和日本、朝鲜一样作为朝贡体系的一员，又作为明帝国的行省存在，这种双重身份也体现出贵州地区的复杂性。

到清朝雍正年间，贵州才算真正纳入中土王权的管辖范围。

但是，其实在明朝，贵州就已经逐渐开化。有两个明朝人对贵州做出过关键性的表述，一个是被贬到贵州龙场（修文县治）当驿丞的王阳明，其职位相当于高速公路收费站的站长。他贬官贵州，龙场悟道三年，终于创立了彪炳天下的“心学”。现在的龙场简直成了道场，慕名参拜的人络绎不绝。

另外一个是徐霞客。他壮游天下时路过贵州，也是历史上对黄果树瀑布进行详尽记载（见《徐霞客游记·黔游日记一》崇祯十一年［1638年］四月二十三日）的第一人。通过他俩零星的描述，贵州才开始走入大众的视野。

回顾历史，我们会发现贵州是一个因路而建的省份。在元代，今天贵州的地域分属于云南、四川、湖广三个行中书省，中央政府都是利用四川来绕道控制云南。到了元末天下大乱，历经磨难的四川损失惨重，人口锐减至原先的二十分之一不到，依托四川来控制云南变得难以实现。

另外一方面，中国政治经济中心逐渐南下，加上大运河的贯通，“湖广熟天下足”的说法开始出现，要想控制云南乃至西南地区，开辟一条新的道路直达湖广是最好的办法。两相权衡之下，元朝政府就开辟了一条东路，叫普安路，就是现在的湘黔线、滇黔线。

明朝时期，为进一步控制云南，加强对贵州的统治，达到巩固边防的目的，在元朝原已开通的驿道基础上进行整修，全面展开以贵阳为中心的道路、驿传建设。要确保进军云南的军事道路畅通，维持这条数千里之遥的漫长驿路，大力经略驿道沿线地区，便成了明廷在整个西南经略的关键环节。

为了保住这条建于元代的，东起湖广、横贯西南的驿道，明廷在贵州驻扎重兵，沿这条古驿道形成了一条穿越数省、长达数千公里、周边面积达十余万平方公里的狭长地带。军队的到来不仅带来了兵器，还带了他们的生活需求、市场需求、文化需求，城镇圈、市场圈、文化圈也因此而产生。

在这个过程中，行政区划的不统一带来了诸多麻烦，有时一场官司要三个省来管。在这种情况下，明成祖永乐十一年(1413 年)，明政府平定思州、思南两宣慰使之乱后，废土司，设贵州布政使司，置思州、思南等八府，后来建立了贵州省。按照当时的情况而言，贵州省绝不是因为经济上富裕到一定程度以后才成立的，而是因为这条道路太重要了，必须派军队管理，在这个基础上才建的省。

鉴于西南地区的战略重要性，这条大通道堪称国之重器，崇祯皇帝曾发动嫔妃捐献首饰也要保护这条路。“天下有两件事情不能放下，一个就是辽事，另外就是黔事。”明代灭亡前夕，崇祯拼命要保的，除了北方边关，就是滇黔大通道。

全世界的历史上为一条路建省是绝无仅有的。奢香夫人、王阳明、奢安之乱、海龙囤、南明小朝廷……这条驿道上的每一棵树、每一块石板、每一座山，几乎都有着尘封的故事。为路建省这个重大的国家举措，不仅改变了整个西南的格局，也几乎重构了中国的文化版图。

探索完历史的纵深，如果再横向打开的话，我们会发现贵州文化实际上也分为两层——少数民族层和汉民族层。

贵州有一条非常重要的山脉——雷公山。这条山脉绵延将近两百公里，横跨贵州中部。它的地形特别破碎，形成了通透性、闭塞性并存的坝区文化。这条正好就位于长江水系、珠江水系交汇处的苗岭山脉，也成了文化的分水岭。以前少数民族经常被汉族打败，陆路走不通，只能找水路走，最后全部在贵州碰到了一起，有苗、瑶、壮、侗族等。

真正的贵州原住民，其实是仡佬族。仡佬族的人办丧事，灵柩上山是不需要“买路钱”的，因为他是原住民，不需要“买路”。其他民族的灵柩上山的话都要“买路钱”，因为他们都是外来户。随着外来少数民族的不断涌入，仡佬族被挤到了犄角旮旯里。但他们确乎是最早的贵州人。

由于荒僻久远，贵州民族交往融合的相关记载并不多，但在残章断简中隐约可见。由于山区特有的封闭性结构，很多山洼里的村寨在几代之后都各自演化成了新的民族。不过，各民族间很难清晰界定，到如今贵州还有很多说不上名字来的少数民族；在全国未识别的少数民族中，贵州就占了一大半。贵州的吊脚楼、银首饰、刺绣、蜡染等，不是哪一个民族所独有的，而是具有地域性色彩的、跨民族的象征。

虽然多数人对贵州的印象是一个少数民族聚居地，但其实自明朝之后汉族一直是贵州的主体人群。

历史上贵州共经历了五次大规模移民潮。

明朝时，大批军人、商贾的进入，直接改变了贵州的格局。

到了清代，为经济利益所驱使的自然移民大规模涌入贵州，主要来自三地：一是江西。在现代被严重低估的江西，历史上却是非同一般：在贵州各处水陆码头，势力最大的就是江西会馆。二是湖南。严格地说，湖南人背后也是江西人。三是四川，特别是川东这一块。这些移民到贵州的时间不一样、地域不一样、民族不一样，形成了丰富的文化多样性。

贵州的第三场大规模移民潮，是抗战年间由战乱引发的大规模内迁。地处西南边疆的贵州，成为长江中下游江苏、安徽、浙江等省逃亡者们的避难所，这批人被称为“下江人”，任正非的父亲就是其中一员。“下江人”像一股劲风，破门窗而入，带进众多的新事物，全方位地冲击了贵州的传统生活方式。

第四场移民潮源于解放战争。在解放前，贵州的党组织力量十分薄弱，因此上级决定，让来自山东菏泽的冀鲁豫南下支队和二野五兵团的西进支队，在完成军事任务后直接就地转业，接管贵州。从省直机关到地方基层，从工厂到学校，外省干部成为各级领导的主体。尤其是山东籍的干部群体，给贵州的上层建筑带来了深刻影响。

第五场移民潮发生在“三线建设”时。“好人好马上三线。”地处西南边陲，拥有山高、林密、洞多的地貌，能源矿藏丰富的贵州，成为“三线建设”的重点省份。大量企业开始从松辽平原、四川盆地、海河岸边、黄浦江畔、胶东半岛、赣水河畔、江浙水乡等地搬往贵州。

开始于 1964 年的“三线建设”，持续了十余年之久。它给贵州带来了超过十八万“三线移民”。这批数量大、群体性强、来自地域广、素质高的外来者，在命运被时代改写的同时，也改写了贵州。其中有两个上海人的故事值得一提，一位是王小帅，一位是李建忠。

其实贵州与上海渊源很深。我小时候的几位上海老师，他们带来的大白兔奶糖、的确良衣服、钢笔、收音机，都是我对文明世界的第一印象。很多贵州大山里的上海知青，以自己的蹉跎岁月为代价，点燃了苗乡侗寨的文明之光。

作为“三线子弟”的王小帅，从小在贵州长大。然而从《青红》《我11》到《闯入者》，他导演的这些电影中的贵州，有着始终如一的铅灰色天空、杂芜着乡村和陋巷的厂区，以及颟顸的贵州当地人。抛开艺术性不谈，王小帅作为在贵州长大的上海人，一直保持着骨子里那种居高临下的优越感，他一边用光影记录贵州，一边宣泄着他本人压抑的青春岁月。

另一个成长于贵州的上海人——“黔香阁”的老板李建忠——也是我很好的朋友。他幼年跟随父母来到贵州，在这里度过了青少年时代，然后又回到上海。然而，和王小帅截然相反，李建忠对贵州爱得深沉，处处以贵州人自居、以贵州为荣，以传播贵州文化为己任。在大玩家、大收藏家的基础上，他亲力亲为，推动黔菜走出大山，蜚声上海滩这个国际窗口，他把贵州菜做出了气象，做出了文化。

同是在贵州长大的上海人，一个“洒向人间都是怨”，一个“洒向人间都是爱”，两者对比颇有意思。

贵州虽然建省时间不长，但故事不少。百族汇苗岭、五州填贵州的迁移史，给贵州带来开放、包容的民风同时，也造成了凝聚力、向心力不足的问题。贵州人口构成复杂、分布散落，融合度本就不高，再加上移民大多来自文化昌明之地，因此，他们更是追根溯源，喜欢谈论祖上的荣光，而不认同脚下的贵州大地。这种现象，直到这些年贵州迎来大发展，才渐渐得以改变。

夜郎自大？黔行天下？

《史记·西南夷列传》曾记载：

滇王与汉使者言曰：“汉孰与我大？”及夜郎侯，亦然。以道不通故，各自以为一州主，不知汉广大。

这真是一段千古奇冤，典故中写得明明白白，因为道路不通，云南滇王再寻常不过的一次追问，躺着中枪的却是旁边的夜郎王。自此“夜郎自大”这顶大帽子便被扣在了贵州人的头上，而这一扣就是两千多年。

“一方水土养一方人”，总结贵州人的特质，从贵州的山川地貌中应该能找到某些线索。

众所周知，贵州多山。山阻隔了贵州和外面的世界，很多人一辈子都被山阻隔，永远走不出来；还有一少部分人，则被山赋予了超群的想象力，他们迫切地想要去看看山那边的世界。比地还大的是海洋，比海洋还大的是天空，比天空还大的是人的胸怀和想象，这种想象力足以穿透时空。

我小时候最深的印象，就是站在山头眺望着关山万重，总想着有朝一日能够去看看山外面的世界。

那时我们家住在大院里，一起住的还有几户人家。其中的一位发小，他父亲在煤矿上当采购员，每个月回来一趟，和他父亲聊天都会成为十三四岁的我难得的精神盛宴。有一次发小向我炫耀他父亲从海边带回来的贝壳和海螺，我第一次见到这么漂亮的东西，一边看贝壳，一边听他父亲讲海上日出、潮起潮落。“海客谈瀛洲，烟涛微茫信难求”的广阔，让我无比向往。长大以后，我专门去了故事里所描述的那片海岸，无比失望，那里只有一小片根本谈不上恢宏的海滩。但童年的故事与贝壳，极大地刺激了我的想象力。

大山就是这样，山里面的人要么颟顸、目不识丁、妄自尊大，要么是奇才、怪才、鬼才，把人类的想象力发挥到极致，穿透一切。这绝不仅仅是我个人的感受，而是一大批贵州人的特质。所以，当戴秉国、龙永图、任正非这些人走出大山的时候，他们的身上都有着强烈的好奇心、不屈不挠的意志、惊人的爆发力，这种爆发力是别人难以想象的。

然而，无论想象力多么丰富，现实却是偏远闭塞。小时候父亲给我讲王阳明的故事。王阳明被贬到龙场，在他的文字中描述的贵州，是一片瘴疠之地。那时我才七八岁，第一次听说什么叫瘴疠。所谓的瘴疠，是由瘴气引起的疾病；瘴气，是指南方热带山林中的湿热空气，古人认为是传染疟疾、瘟疫的病源。不过，用现代语言来说，瘴气就是云雾缭绕，负氧离子高，是空气质量好的象征。

在卫生条件不发达的古代，人们的身体条件普遍较差，饮食气候也多有不同，再加上很多是贬官至此，心情压抑，自然常有不服水土的现象。从江浙过来的王阳明，用居高临下的态度来评判，称贵州为瘴疠之地倒也不为过。

贵州作为弱势省份由来已久，以至于很多好东西都被兄弟省份抢走了。丁宝桢发明的“宫保鸡丁”，原本就是从贵州的“辣子鸡丁”衍生而来的，我老家那边田间地头的老太太都会炒一手辣子鸡，结果摇身一变却成了川菜名品。

贵州人出去，也常被认为是四川人。在四川巨大的虹吸效应下，贵州显得黯淡无光，更不要说跳出西南和全国比较了。所以，与其说贵州人夜郎自大，毋宁说是用自大来掩藏自卑，用蛮横来保护敏感。随着改革开放，越来越多的贵州人走出大山，这批刚走出去的贵州人进退失据、心态失衡是很正常的。

年轻时候的我也一样，因为出自弱势省份，在面对强大的外部力量时，常常变得敏感、嫉妒、偏执，反弹心理很强，因此说话尖刻，用语辛辣，把自己的不顺归咎于客观环境；慢慢见识多了以后，才逐渐变得宽容与豁达。

自卑和自大一体双生，贵州人的性格的确充满了两面性：他们很坚韧，但坚韧常常变成偏执；他们很机敏，但机敏可能变成市侩和小气；他们有独立意识，但弄不好就会演变成山头主义；就连他们最引以为豪的百折不挠、日鼓鼓的精神，距离颟顸、夜郎自大也只有一步之遥。

我常说，贵州人先天不足，后天可畏。正如霸蛮是湖南的基因，豁达是四川的空气，日鼓鼓就是贵州的灵魂。但前提是一定要走出去，走出村寨、走出乡县、走出市、走出省，甚至走出国门……囿于山中的贵州人和闯荡江湖的贵州人其间差距之大，简直不可以道里计。

只有走出去，你才能领略到风云变幻、天地恢宏，原有的缺点才会变成优点。用一句年轻人说的话：你连世界都没有观过，哪来的世界观？

当然，走出来只是第一步。真正的贵州精神不是一朝一夕所产生的，它需要长时间的培养、积累与磨炼，还有对自我认同的坚守。

山外的贵州人往往有两种，一种属于鸵鸟，能不说尽量不说自己是贵州人，即使被迫承认，也必须申明"我爹籍贯何处，我妈籍贯何处，我爷爷籍贯何处"，找到证明自己不是贵州土著的证据。

还有一种则更加勇敢，毫不避讳自己是贵州人，我就是其中一个。我曾和龙永图先生专门交流过这个问题：当十个、百个、千个贵州人纷纷成才，当张三、李四、王五都愿意承认我是贵州人时，天下谁敢小看贵州？

最近，我欣慰地发现，贵州人的自我认同感终于有了质的突破，从羞于承认自己是贵州人到勇于强调自己是贵州人，并且非常抱团，以至于引起周边那些发达省份的嫉妒羡慕，颇有点当年湖南崛起时"无湘不成军"的豪情。

看到这批豪情满怀的年轻黔商们，我非常欣慰。唯独有一点，像我这样早年出来闯荡的贵州人，普通话大多不好，说不来卷舌音，我在"喜马拉雅FM"上开设的《王志纲口述改革开放四十年》课程里，收到最多的评价就是内容很好，但是口音太重。当我听到这批年轻贵州人普通话说得字正腔圆的时候，反而浑身发痒，别扭极了。这也是所谓的“一个时代有一个时代的鸟，一个时代有一个时代的歌”吧。

“五百年后看，云贵胜江南”

明朝开国功臣刘伯温曾写过一首诗：

江南千条水，云贵万重山。

五百年后看，云贵胜江南。

几年前在我给江浙做策划的时候，当地的领导对我说：“当年刘伯温说的‘五百年后看，云贵胜江南’，现在看来真有可能了。”

我回答说：“在‘云贵胜江南’的过程中，云南是上半场，贵州是下半场，好戏还在后头哩。”

自古云贵是一家，但它们的发展走向了两条路。云南是坝子，在阳光下完美地展现自己的风情；贵州则是一片沟壑，你很难一下子就窥探到它的神秘。

云南的少数民族形成了大板块的团体，贵州的少数民族都是在沟壑中插花般的分布着。山水切割了地面，阻碍了各民族之间的交流，使世居贵州的民族始终难以形成诸如邻省云南历史上的滇国、南诏国、大理国等政治经济实体。

从事策划行业二十多年来，我几乎走遍了云南的山山水水，从昆明世博园，到大香格里拉，一直到西双版纳，深度地参与了云南的休闲旅游策划。在这个过程中，我深深地感到，云南领跑上半场后，下面就轮到贵州了。

很多人了解完云南之后，就会以为贵州和云南差不多。其实，贵州在千沟万壑里面的神秘与神奇，像一块神奇的“豆豉粑”，很值得人们去花时间琢磨。

因此，我曾大胆预言，在“吃饱了撑的”的大休闲时代，贵州会在云南的基础上再进一步，从1.0版本到2.0版本，从观光游到体验游，真正地领跑下半场。

两年前我在贵州省作报告的时候，也讲到了这个观点：云南上半场，贵州下半场。天时、地利、人和齐备，贵州后来居上的机会已经来了。不久后在贵州召开的首届世界旅游发展大会上，时任省委书记专门重复了这一观点，并表示高度认同。

天时——大休闲时代的到来。

在农业时代，平原最值钱；在工业时代，沿海最值钱；在休闲时代，山岳最值钱。若干年制约贵州发展的条件，今天都成了助力飞腾的资源。对于旅游休闲来说，落后是一种巨大的生产力。在工业化浪潮大肆冲击的时候，贵州因为交通不便，很大程度上躲过了这一波。虽然天天被“老少边穷省”的“贫穷”帽子压得抬不起头，但“塞翁失马，焉知非福”。今天的贵州仍是一片真山真水，耕读渔樵，民风淳朴，空气都可以直接打包出售。事实证明，贵州砸重金搞工业化，尤其是大搞庸俗工业化，必定失败；但是做休闲旅游，贵州一定是绝版资源。

地利——交通条件的跨越式发展。

贵州是近年来“铁公基”建设的最大受益者之一。九条高铁纵横，四座客运站林立，再加上一座大型编组站、一座大型货运中心，使得贵阳成了真正的“泛亚通衢”，成了中国西南地区最大的铁路物流集散地。再加上村村通公路、县县通高速、市市通高铁，贵州的交通近十年来发生了天翻地覆的变化。

六百多年前因路而生的贵州，如今又一次因路而兴。现在贵州就像棋眼，密布的交通网就像棋盘上纵横交错的线路。在珠三角、长三角填得很实的情况下，这些地方的人有休闲或者精神需求，都可以到贵州这个棋眼上来采风、采气。对于贵州来说，这真是一子落而满盘皆活。

天时、地利具备，最关键的还是人和。

咫尺神秘、稀奇古怪的贵州，孕育出了一大批日鼓鼓的贵州人。再加上贵州近年来执政者眼光长远，准确把握住了时代的脉搏——大交通、全域旅游、大数据，贵州的发展不快都不可能。而其中最大的亮点，就是“无中生有”的大数据产业。

大数据、云计算、人工智能正在重构我们的生活、生意和生命。贵州率先提出打造“云上贵州”，发展大数据产业，抢占了时代的制高点。论贵州的自然条件，可以说是大数据的最佳温床：第一，温度适宜，尤其是夏季凉爽，有利于服务器安置与存放，也为高级人才提供了良好的环境。第二，地质稳定，少发地震。第三，水电资源丰富，有便宜而稳定的电力供应。

如今苹果、微软、戴尔、惠普、英特尔等世界知名企业，阿里巴巴、华为、腾讯、百度、京东等全国大数据、互联网领军企业，纷纷来到贵州发展。高端人才，特别是信息相关领域人才，持续流入。

《中国大数据发展报告(2017年)》显示，贵州已经和上海、浙江一起成为全国大数据人才流入意向最高的省市。和北京出租车司机喜欢跟乘客聊上几句家国天下一样，你从贵阳司机嘴里听到的多半是大数据，而且他会非常自信地说：“大数据，我们最牛。”

每年在贵阳举办的数博会上，BAT三家的掌门都会齐聚贵阳。此情此景发生在北京、深圳或是杭州等城市都不足为奇，那些城市是互联网的聚集地，科技与财富共举，人们习惯于谈论资本，被互联网包围。但贵阳这个位于西南边陲的城市，因为大数据，仿佛一夜之间从边缘走到中心，成了中国互联网的新高地。诚然，大数据产业在贵州真正大放光彩还需要一定时间，它对市井的影响也是个缓慢的过程。但是，这种勇于求新的突破之举，正是贵州精神的最好注解。

放眼中国，从资源禀赋、地理区位、自然环境、文化风情、生态食品上，贵州的资源都是绝版。作为整个中华民族采风、采气的棋眼，启动内需的高端休闲度假平台，建立面向未来的大数据基地，贵州有着无限的潜力与价值。

行将收笔之时，我不禁感慨：近三十年来，作为贫穷落后的代名词的贵州，迅速崛起，变得让天下不敢小看贵州。如果说四川是中国的盐，湖南是中国的辣椒，贵州就是中国似臭实香、稀奇古怪却又充满神奇香味的豆豉粑。我们有幸见证并参与了这一巨变。

三十年间，天翻地覆，王车易位，贵州之变何尝不是中国的缩影？英雄与时势的辩证法充满了永恒的魅力，贵州这块“豆豉粑”孕育了一大批国际级的人才，这批人才又赋予了这片土地更深刻的内涵。一省如此，一国亦如此：最核心的竞争力永远是人。

最近我去欧洲各国考察，两相对比之下，更加深刻地感受到中国不可阻挡的生命力。回眸历史，哪一个大国的崛起不是乘着时代剧变的大潮而来？

物换星移，潮涨潮落，今天的世界又开始了新一轮洗牌和角力。时隔数百年，命运之神再次向东方露出了神秘的微笑。这一次，我们能把握住吗？

东北往事

从文化角度而言，东北可以说是大中华版图上最年轻的区域，是“开化”最晚之地。如果说中原大地如同规行矩步、仪态龙钟的老人，东北则是一个接触社会不久的愣头青。它敢作敢为、敢爱敢恨、不受约束、率性而为，充满了生活的烟火气。它的可爱、可恨、可叹、可敬，都表现在这烟火气中。

东北的快乐与忧伤

在这么多年的记者和策划生涯中，我几乎跑遍了整个东北。无论是沈阳、大连、长春、哈尔滨这些大城市，还是漠河、黑河、绥芬河、延边、丹东这些小城市，甚至包括内蒙古东部的呼伦贝尔等，我都曾因项目多次踏足，期间认识了不少东北朋友。

我们这一代人，既见证了东北的光辉岁月，也亲眼看着它慢慢走向沉沦。从“共和国的长子”到“投资不过山海关”，东北在经济增长不断失速的同时，也失去了舆论高地。日渐式微的家乡，是所有东北人心中的痛。

或许是我走得多、见得多的缘故，很多东北朋友偶尔会问我：“东北的未来在哪里？”我一时也无法回答。今天通过这篇《东北往事》解读这片承载着上亿人光荣与梦想、快乐与忧伤的黑土地，也算是给这个问题的答复吧。

对于大多数中国人来说，一提起东北，脑海中总会浮现出几张面孔。可能你身边仅有两三个东北人，但在沉闷的日子里，只要有他们在，话题一开，阴霾就会为之一扫，周围弥漫着乐活、喜庆的气氛。

不得不说，鲜明的存在感和辨识度极高的东北特质，让“东北”作为一种独特的文化现象风靡全国。

确切来说，东北并不完全是东三省。除了黑、吉、辽，河北北部的承德、秦皇岛市，以及内蒙古东北部的一部分——呼伦贝尔市、兴安盟、通辽市、赤峰市、锡林郭勒盟——都属于泛东北，内蒙古这五盟市的面积甚至占到了东北地区总土地面积的45.2%。

从文化角度而言，东北可以说是大中华版图上最年轻的区域，是“开化”最晚之地。如果说中原大地如同规行矩步、仪态龙钟的老人，东北则是一个接触社会不久的愣头青。它敢作敢为、敢爱敢恨、不受约束、率性而为，充满了生活的烟火气。它的可爱、可恨、可叹、可敬，都表现在这烟火气中。

不管是老一辈喜剧人还是年轻喜剧演员，东北人的比例都很高。老一辈如赵本山、范伟、潘长江、黄宏，年轻一代如“开心麻花”的沈腾、小沈阳，“快手”平台上超过五成的东北主播，乃至我们身边的普通东北朋友，他们让中国变得有滋有味、妙趣横生。

尤其是赵本山，俨然已经从普通艺人变成了一种深刻的文化现象。“出了山海关，都是赵本山”，既象征了东北人的幽默达观，也从侧面印证了赵本山文化产业帝国的成就。今天很多人都抨击赵本山，其是非功过本文无意多说，但不管这位“本山大叔”经过了多少风雨，他始终保持着一种难能可贵的与普通百姓共情的能力。

很多人看待中国广大的草根群体，往往抱的是科学家研究太平洋土著的心态，又或是成功人士俯瞰凋敝乡村时的悲天悯人。只有赵本山的小品，能让无数为生存奔波的人们，放下焦虑和疲惫，笑几分钟。你可以大加批驳其文化格调与艺术价值，但这几亿普通人的笑声和背后的共情，或许就是东北喜剧文化真正的魅力。

东北人的幽默感从何而来？我想大概有几个原因。

第一，东北地区纬度高，冬季气温极低，时间极长，所以，东北人几乎放弃了户外活动，只能在室内“猫冬”。在漫长且无所事事的冬天，人们主要的娱乐活动就是聊天，语言得以洗练凝华，逐渐成为东北人张口就来的日常用语，这大抵是东北人幽默的起源吧。

第二，东北过去是少数民族聚集区，生猛不羁，近代“闯关东”的汉人大多也是文化水平不太高的流民，不懂寻章摘句。因此，他们极善于用常见的事物来形容抽象的东西，这种语言的艺术充满了来自草根的生命力，画面感很强，让人耳目一新。

第三，东北喜剧能风行全国，和东北话的普适性有关。东北话和普通话极其接近，但更生动活泼，既让人能听懂，又趣味横生。哪怕是同样的内容，经东北人的口一说出来，再带上配套的方言口音和表情，就会完美地诠释出一种喜剧效果。即使那些外地人听不懂的“成语”，如吭哧瘪肚、破马张飞等，随意粗粝之下自有一种内在的生命力。

东北的地名也和东北语言一样，充满了随意性、幽默感。比如同样是一座山，在广东叫“笔架山”，在江浙叫“灵翠峰”，在东北就叫“一撮毛”；同样是一条河，在广东叫“珍珠滩”，在江浙叫“鉴湖”，在东北就叫“老母猪河”，你可以说它们少内涵、多粗鄙之词，但这就是鲜明的东北特色。

当然，幽默感、嘴皮子利索的另一面，就是口惠而实不至，也就是常说的“大忽悠”。1978年中国改革开放以来，社会生态愈加丰富，伶牙俐齿的东北人除了走上舞台，也走上了讲台，各色培训机构中的金牌讲师很大一部分是东北人，甚至有一小撮东北人走上了传销等邪路，但总之都是耍嘴皮子的工作。

除了东北人天生会说话之外，这可能还和东北地域的特殊性有关。江湖人行走在外，往往会披上一层佛道的外衣，当这些人不兼容于统治阶级时，最好的办法就是跑到关外；当时的东北山深林密，统治力量薄弱，民风剽悍，是流亡的最佳地点。长此以往，三教九流汇聚于此，再辅以民间盛行的原始萨满教遗痕，形成了东北“奇人异士”众多的局面。

这也算是东北一景。

由于融入中原文化较晚，没有经历传统礼教“三从四德”的束缚，东北女人也是一道迥异于全国的风景。

东北女人的优点很多，如热情爽朗、持家有方，但性格也要强。在东北，家里面必须要有一个拿主意的人，用策划的术语来说就叫作“抢占制高点，把握话语权”。这种掌控欲在土匪时代表现为“座山雕”，在军阀时代表现为“东北王”张作霖，在海晏河清的当下就表现为“能顶半边天”的东北女人。

我们公司曾经有个男员工，很有才华，性格却是温吞水，娶了一位东北夫人后，日常的生活就是被老婆追着打。无论他躲到哪个兄弟家里，都会被老婆在很短的时间内发现——和福尔摩斯破案一样如有神助，找到以后带回家继续打。被打得受不了了，他再跑。最严重的时候，真应了雪村《东北人都是活雷锋》里的那句“送到医院缝五针”……最后，两人就这样硬生生打得离了婚。有一次我开会，他的太太闯到了公司前台，威风凛凛，这位老兄“嗖”的一下跳出窗户，躲在了窗沿下的花丛里瑟瑟发抖。

后来在网上看到一则新闻，全国第一个男性家暴受害者庇护宿舍在沈阳开设，专门服务被老婆打得不敢回家的东北男士。我不由感慨，庇护所开得实在是太晚了一些……

我们智纲智库上海中心的总经理路虎博士和夫人都是东北人。对于东北女人的强势，他也感受很深。他夫人经常说：“跟你说多少次了，穿过的袜子不要乱扔！”“跟你说多少次了，用这个抹布擦碗，不是那个！”……老路很委屈地说：“她有五六块抹布，长得都差不多，我能分清楚吗？不做家务要被骂，拿错抹布也要挨训，语气还很凶。”

我曾在网上看过一个段子:“东北老婆太强势,怎么办?”网友回答很有意思:“在她面前砸个碗,要是她被镇住了,那没事了;要是她没被镇住,你顺势一跪也行。”这个答案虽然有抖机灵之嫌,倒也的确不失为一个好办法。

不管是男人还是女人,也不管是明星还是普通人,东北这片土地的精彩,一大半都要落在东北人身上。因此,想要了解东北,首先要认识东北人。

东北人的“三碗面”

哪怕再简单的人,也不是三言两语能说清的,更遑论数以亿计的东北人。从高官巨富到最普通的下岗工人,从城市到乡村,从网络到现实,从雪花大如席的东北到阳光椰林沙滩的海南,从海内到海外,他们共同构成了这一幅东北众生相。

作为近代最先接触外部世界的两大区域,东北、上海有很多相似之处。列强入侵带来了畸形的繁荣,也带来了“适者生存”的丛林法则,东北、上海成了鱼龙混杂的大江湖。纵横上海十里洋场的“青帮”大亨杜月笙,谈及人生经验时曾说道:

> 人生有三碗面最难吃:人面、场面和情面。

这“三碗面”与其说是上海特色,不如说是江湖规矩。最能体现这“三碗面”的,就是东北人。

东北人的第一碗面——人面,也叫体面。

体面，是我对东北人最早的印象：第一缕穿透贵州大山的现代文明曙光，就是东北人带来的。我十五六岁，到了工作的年龄，彼时“三线建设”如火如荼，母亲成天琢磨着给我在工厂找个工作。附近最好的工作机会就在六盘水的两个援建厂，一个是六盘水矿务局，另一个就是鞍钢援建的水钢。

矿务局上主要是山东人，钢厂则以东北人为主。东北工人们，一个个穿着劳动布裤子，脚踏翻毛皮鞋，身披毛领大衣，再带一个皮帽，简直体面得不得了。有些县城的青年有幸进了钢厂，搞到这么一身行头，过年回家探亲时就立马成了朋友圈的中心。至于那些说一口纯正的普通话、穿着打扮气派、象征着现代化和工业化的东北工人，更是我们这些小镇青年仰视的对象。

在很长一段时间内，不只是在贵州，就是在全国，东北的干部和工人都是香饽饽。改革开放之初，时任广东省委书记任仲夷，就是从东北调去的。当时深圳缺干部，面向全国招聘，东北籍干部占了大部分，局级一抓一大把，出自东北的市委书记、市长就有厉有为、黄丽满、李子彬、李鸿忠、刘玉浦、马兴瑞等。东北籍干部成批地出现，并不是拉帮结派，而是东北籍干部往往学历又高、形象又好、口齿又清晰、政治素质也强，总之一句话形容——有型有款，拿得出手。

1988 年，我第一次去东北采访，从大连一路到沈阳、长春、哈尔滨。那是东北最风光体面的时候，涌现出了大量的改革破题者和亮点：沈阳的关广梅，齐齐哈尔的宫本言，还有后来飞机失事的沈阳市市长武迪生，都是享誉全国的改革名人。我曾采访过武迪生，他确实是才思敏捷、雄辩滔滔，从形而上到形而下，从当前的形势到我们的任务，张口就来，这也算是东北官员的一个典型缩影。

那次东北之旅，有一件小事让我印象深刻。一日，我去火车站购买大连赴沈阳的车票，本来购买者二三十人，不太多；可售票窗一打开，如同在国内其他火车站常遇到的情景那样，人们一拥而上，一窝蜂将个窗口挤得严严实实。你撞我挤，都想在第一时间买到票。经验告诉我，在这种无序状态下，通行的只能是“生存竞争，弱肉强食”的法则了。

正值无奈，突见旁边冒出一个蓝色工装的汉子大喊着：“排队、排队！”一边扑上咬成一团的人群，又是喊又是拉，又是吼又是骂…… “乱世用重典”，汉子这略嫌粗鲁的维持秩序法竟是立竿见影：刚才还纷乱不已的人群，马上按他的调度乖乖地排成了队，秩序井然。汉子就挪到窗口边去防加塞者，继续扮演起警察角色来。经验告诉我，凭近水楼台之利，汉子应该优先购票了。话又说回来，自古“打江山者坐江山”，汉子优先购张票，相信众购票者也不会觉得过分的。然而，我的推断又错了。这位关东大汉守在售票口，硬是让排队的人一一买到票，他最后一个购票离去。

我当时真是感慨万千，在广东待了快五年，早就习惯了“人人为自己，上帝为大家”的冷漠，久闻东北人急公好义、豪爽坦荡，此番算是切身了解了。

在更深入了解东北文化以后，我逐渐找到了这种“急公好义”背后的原因。在东北人的世界观里，追求的不仅仅是功成名就、维持自己世界观的自洽、维护自己的名誉、保持自己的形象，维持基本的道义观念同样非常重要。这种世界观，一言以蔽之，就是体面。

东北人的第二碗面——场面。

东北人讲究排场很有名。辽宁有句俗语叫作“料子裤子，苞米面的肚子”，说的就是这种现象。经济衰落已久的东北，依旧是奢侈品销售的重镇，特别是钟表、珠宝、汽车等硬奢品。沈阳很多大牌奢侈品店，坪效比北上广深还要高。土豪们不必说,广大工薪阶级都热爱买奢侈品,一身家底大半在行头上,这在东北人看来毫不奇怪。

当年在哈尔滨,朋友们请我吃了一顿正宗东北宴席,让我对东北的场面有了真正的领教。

簸箕大的饭桌,狍子肉、飞龙、犴鼻子、熊掌、野鸡、大马哈鱼……每一盘菜肴都是盛得满满的,前前后后一桌共有二十来个菜,平摆摆不完,就像垒宝塔似的一层一层往上垒,足足垒了五六层。大虾刚吃了一只,就难觅第二只——已被其他菜盘牢牢压在底下。多数菜肴同大虾一样,刚露了个脸就被新上菜肴牢牢覆盖了。这到底是给吃还是给看?抬眼一看席间众人,已经投入激烈的酒场鏖战中去了。

不知不觉,两三个小时过去了。桌旁堆起两箱空啤酒瓶、四五个白酒瓶,就像撒满战场的空弹壳。众人酒足饭饱,服务员上来打扫战场。大部分菜肴至多动过三分之一,有的根本动都没动过。我问这些剩菜拿回去怎么办,朋友说:“喂猪呗!”我痛心于太过于浪费,朋友斜我一眼,质问:“人难道还能吃吗?!”

对于东北人来说,衣食住行的攀比只是寻常,最大的攀比项就是情人。在东北,包小三已经成为一种文化:并非东北人包小三者众,而是他们“包”得光天化日。

如果说南方人包小三是为自己包的,东北人大多是带出去显摆的:“看这脸蛋儿,看这身条,漂亮不!”包一个肤白貌美的小三,可能给人带来的精神需求满足甚至超过生理需求。

对于东北人来说,场面真是太重要了!

东北人的第三碗面——情面。

相较于千年华夏文明正朔,东北是中国最年轻的疆域。它像极了美国西部：文化尚浅，大进大出，无道德操守之垂范，无乡规民约之约束。即使是从中原“闯关东”过去的移民，那也都是属于生命力极其旺盛的一群人，甚至有些严格来说属于亡命之徒，“占山为王，落草为寇”，好勇斗狠，数不胜数。

我曾去牡丹江虎林——“林海雪原”故事发生地，意外发现：小炉匠等人，都是“闯关东”的山东流民，甚至都是胶东牟平县（今烟台牟平区）人。对于这群土匪来说，有枪就是草头王，好勇斗狠，为的就是谋生二字。他们各为其主，最后断杀，核心遵循的还是个“弱肉强食，你死我活”的丛林法则。这里几乎没有自圆其说的宗教，也没有支撑基层社会的宗族体系，再加上战乱频仍、社会不宁，维系社会的传统力量让位于江湖规则，导致了东北人的这种“丛林”意识，而且至今还有一些影子。

什么是江湖？家之外，国之内，均为江湖。这个典型的中国特色词汇，和众多中国式的概念一样，你无法给它下定义，但它又无处不在。

我曾经说过一句话：“这个世界比政党更大的是政权，比政权更大的是国家，比国家更大的是什么呢？”周围的人们你看我我看你，我说：“是江湖。政党可以更替，政权可以倒闭，国家可以衰亡，唯独江湖永存。”江湖不是一言不合就生死相搏，用“东北王”张作霖的话来说：“江湖就是人情世故。”

这么多年，我也见过不少东北道上的大哥，这些江湖大佬有的像浸淫政坛多年的大佬，有的像文质彬彬的读书人，还有的像和气生财的商贩，唯独不像黑社会；那些成天喊打喊杀的，往往只是最低级的街边仔。

明火执仗、嚣张无度的枭雄倒也有，但很快就消失在了历史的尘埃里；留下来的大佬们，做事情很有分寸，也很懂规矩。在某种程度上来说，在东北这样的丛林文化中,江湖大佬们甚至扮演着稳定器、变压器的作用,是社会中不可缺少的一组成分。毕竟这个世界在黑与白之间,有着广阔的灰色地带,这就是江湖的发挥空间。

在东北,很多事情都可以通过人情来解决,一群东北人谁也不认识谁的时候,往往会先自报家门:我是谁谁谁的同学,我是谁谁谁的朋友,我曾经和谁谁谁在一起吃过饭……拐弯抹角总能找到共同点,然后就是一见如故,推杯换盏,开始进入东北人最熟悉的氛围。

讲个我亲身经历的故事,读者或许能更直观地理解东北的江湖。

多年前,一位东北籍老板请我去哈尔滨考察,这位老兄在南方倒卖物资发了财,在黑龙江也算是一号人物。酒罢回宾馆,他先快步进入电梯,按住开门键等我进来。这下可好,电梯里还站了一个酒气熏天的男人,搂着一个姑娘,张嘴就是“妈了个巴子,浪费老子的时间”,随后就是一串熟练的污言秽语。

我这个老板朋友是个能动手绝不吵吵的人,一句话不说直接开打。两个大男人在电梯里扭打在一起,到了三楼电梯门一开,两个人搂抱着滚了出去。这个老板朋友的跟班在楼下听见动静不对,三步并两步从楼梯跑上来,围着醉酒男人就是一通猛揍,撒气之后才扬长而去。

没想到不久之后小弟来报:“不好了,刚刚揍的是某个江湖大佬的狗头军师。今天从号子里放出来,刚喝完接风宴就被我们给揍了。对方已经放出话来,没我们好果子吃。”一场大战即将开始。

当天晚上,我可算见识到了江湖究竟是怎么运作的。一个个电话流水般打出去,最后终于找到了中间人,是当地政法系统某高官,和双方都交情不浅。第二天,高官摆酒做东,两方人马来齐后,高官破口大骂:“妈了个巴子的,大水冲了龙王庙,都是自家兄弟啊!”几句场面话下来,原来剑拔弩张的气氛迅速缓和,推杯换盏几轮过后,两方甚至抱头痛哭，从此江湖上又多了一个好兄弟。

酒席散罢，我问那位老板朋友："如果没找到中间人怎么办？"他说："那只能开干了，干到一方认输为止。谁都不可能认怂，但谁也不想真干，所以最好的办法就是找中间人。"似笑非笑间，让我对江湖的认识又深了一层。

东北人的性格是鲜明的，也是复杂的。想要了解这种性格的由来，还要回顾东北的前世今生。

奇迹的缔造者

在中国历史上，东北由于偏居一隅，所以没有中原地区那么复杂的朝代变迁。在世界进入近代化以前，东北一直是本土少数民族的舞台，他们周期性地崛起或衰落，时而布武天下，时而深藏于白山黑水之间。

和很多以劫掠为主的草原民族不同，东北的游牧民族大多有着建立统一大帝国的野心。鲜卑建北魏、契丹建辽、女真建金、满族建清，这些东北游牧民族的一致性行为，和东北独特的自然环境有关系——既有深山密林，又有肥沃土地，东北的游牧民族身上集渔猎、游牧、农耕三大特征于一体，再加上距中原的距离和落后程度恰到好处，他们更容易适应中原文明，容易建立纵跨草原、中原的二元封建政体。

东北农耕文明与游牧文明漫漫两千多年的拉锯历史，最终以来自东北的满族入关，建立了中国历史上最后一个封建王朝作为结束。清朝也代表了中国中央集权制度的巅峰，成了最后的胜利者。

现在有一些狭隘的大汉民族主义者，把清朝批驳得一无是处，仿佛清王朝的腐败统治是中国近代沉沦的罪魁祸首。其实这是不够客观的。清朝就像是白垩纪末期的恐龙，进化得无比专业，无比适应环境。但正是因为彻底进化，才使其丧失了改变的源动力。一旦环境发生改变，三千年未遇之变局到来，清朝只能和恐龙一样成为大时代的殉葬者。

其实，在经略西域和草原方面，清朝远胜过中国其他封建王朝。满族入关，除了带来 160 万平方公里白山黑土的嫁妆外，更用一百多年时间陆续征服了明代疆域以外的准噶尔部、回部、西藏、青海、喀尔喀蒙古等，将王朝疆域推进至帕米尔高原以东的广阔领域，再将收复的台湾纳入版图后，基本奠定了现代中国的雏形。

有的时候，我们往往太沉醉于自己的历史叙事，而忽略了文明演进的复杂性。中国历史上纯粹的汉家大一统王朝只有汉、宋、明三个朝代。而且，任何王朝的历史发展都有游牧民族的参与，游牧民族不是与国家背道而驰的边缘性存在，他们有时也是挑起天下的中坚力量，支撑了中华文明的发展。清朝即使在王朝后期一再割地（总共割掉了 150 余万平方公里），中国仍有 1140 万平方公里，比明代疆域要大很多。这为中华民族日后的伟大复兴留下了宝贵的战略纵深。

来自东北的少数民族，曾经布武天下，煊赫一时，但东北本土长期以来都没有什么大的发展。

大清帝国建立后，把东北当成了自家祖宅和龙兴之地。清王朝在东北设立了三个将军——盛京将军、吉林将军和黑龙江将军，以将军府衙进行管理，只保护不开发。这当然也可以理解，毕竟是大清龙脉所在，守着大好江山，谁也不想在自家祖宅和祖坟上动土。自顺治朝至 1840 年鸦片战争前，两千里“柳条边”封禁东北，尽一切可能禁止汉人在东北定居、垦荒,以及从事采参、猎貂等活动。在这种封禁政策下,东北一直处于线性发展的漫漫长夜。新中国成立时,黑龙江地区的鄂伦春族、赫哲族等少数民族,还处在原始社会或半原始社会的状态。

从某种意义上来说,东北的古代史和近代史是半割裂的。如果说开发程度极低的古代史对于东北在工业时代的崛起有什么影响,那么可能只有一条:因为过度原始,导致东北几乎没有强大的地主或宗族势力。对比江浙、华南地区,东北的封建势力、小农经济对工业化的阻碍极小,加之人口以移民为主,没有太多历史包袱,容易诞生工人阶层。

东北真正的剧变,来自帝国主义列强扩张带来的现代化浪潮。在20世纪上半叶,东北以奇迹般的速度完成开化与开放,成为中国近代版图中极为重要的角色。纵观世界,这样狂飙式的发展都十分罕见,其速度堪比日后深圳、迪拜的奇迹崛起。短短几十年,东北不仅实现了高度的工业化,而且建成了完善的现代军事、教育体系。世人皆知旧上海、老香港的繁华,却不知20世纪20年代中期的哈尔滨、沈阳同样是最发达的远东城市之一。

东北的快速崛起,大致经历了日俄冲突、伪满洲国、共和国长子这三大阶段。

20世纪初期,日俄两大新兴帝国主义豪强在东北亚迎头相撞,导致东北的地缘重要性急剧升温,再加上铁路带来的大量资本输入,东北就这样被列强生拉硬拽,进入近代工业社会。这是东北崛起的第一个阶段。

此前几百年来,东北一直是偏僻冷寂之地,虽然地处于几国交界,但俄罗斯的远东地区天寒地冻,人口比东北还要稀少;朝鲜虽然属于中国的藩属国，但处于农耕文明，对中国几乎无影响力；而日本也还处于闭关锁国的幕府时代，整个东北亚可谓黎明静悄悄。

19世纪中后期，东北亚的地缘政治格局开始发生变化。这种变化首先来自沙俄。沙俄作为新兴帝国主义豪强，在瓜分世界的步伐上远远落后于老牌帝国主义国家。但其优势在于地域广阔，横跨欧亚大陆。如果把沙俄比作西伯利亚双头鹰的话，两个鹰头一个西顾欧洲，一个东顾亚洲。沙俄国策也是时而重点经略西线，时而掉头向东。

三百年来，寻找不冻港是沙俄始终的战略目标。当时的沙俄在西线已经扩无可扩：中亚和巴尔干地区均陷入僵局，再加上克里米亚战争的失败，沙俄对奥斯曼帝国的推进也告一段落。在东线战局实现对中亚和新疆的成功入侵之后，这只西伯利亚双头鹰开始掉头东顾，这也直接引发了东北亚地区的百年风云。

通过中俄《北京条约》等不平等条约，沙俄鲸吞外东北，将黑龙江以北，乌苏里江以东的部分纳入版图，其中包括港口重镇海参崴。1886年，沙皇亚历山大三世下令：按最短的路程修建一条横贯国土的铁路。这是沙俄东部大开发的第一步，也是中国东北崛起的历史性契机。

这条西起莫斯科，东至远东太平洋港口海参崴的“远东大铁路”，主要战略目标就是图谋占领朝鲜、中国的东北及西北，进一步扩大侵略中国，以期在中国东北或朝鲜夺取不冻港，进而控制太平洋沿岸，同英、美、日等帝国主义列强争夺海上霸权。

俄国在中国东北的举动，深深地刺激了另一个新兴帝国主义豪强——日本。原本只是蕞尔小国的日本，在“明治维新”后快速雄起，其野心持续膨胀。岛国的局限性限制了日本的发展前景，因此日本开始实施大陆经略政策，“征服中国，必先征服满蒙”，将东北视为第一站。

为了牵制日本，清政府也采取了以夷制夷的策略。1896年，清政府派遣特使李鸿章赴俄祝贺沙皇加冕典礼，与沙俄签订《中俄御敌互相援助条约》（即《中俄密约》），允许俄国在东北境内修筑铁路。

沙俄势力沿火车一路向东，而日本控制了朝鲜半岛，同样蠢蠢欲动。一方意图南下，一方意图北上，夹在其中的东北成了日、俄两大强国扩张国策的碰撞点。1904年日俄战争开始在我国的领土爆发。翌年，日本虽然获得了战术性的胜利，但在战略上却得不偿失——国内经济濒临崩溃。看似打得不可开交的日俄两国，实际上却形成了战局之下的默契——联手瓜分东北。

铁路的到来意味着工业文明的兴起。它不以农耕或者游牧为界，它瞄准的是地上地下的资源和因铁路而繁荣的商业。一条丁字形铁路，奠定了东北的框架。因为铁路经过，当年还是小村庄的哈尔滨，一跃成为东方小巴黎；长春也取代了吉林市，成为吉林省的中心。

顺“远东大铁路”而东下的，除了沙俄的军队和工厂，还有源自西方的生活方式。东北是中国欧风东渐最早的区域之一，大列巴面包、红肠、啤酒纷纷流入中国。在俄国1917年“十月革命”后，很多受迫害的俄国贵族逃到了东北，他们带来了钢琴、舞蹈、美声等现代艺术。今天额尔古纳的俄罗斯族，其实就是山东淘金汉子和俄罗斯逃难的上流阶层妇女结合形成的民族。从这些俄罗斯族后人的艺术造诣、生活品位中，都明显可以看出长期浸染的贵族气质。

造就东北奇迹的第三股势力，是本土奉系军阀张作霖。尽管这段历史现在被有意淡化，但必须承认的是，在他统治的十来年间，东北实现了人口、工业、社会的多重腾飞，成了中国最大的重工业基地。依托领先于全国的铁路系统与东北丰富的资源，东北建立了世界一流的军工厂、炼钢厂和造船厂，钢产量达日本的40%。东北是当时中国最富庶、最发达的地区。

不仅工业化发达，东北还拥有全国最密集的铁路网。从哈尔滨火车站能买到去欧洲各大城市的火车票，中国和欧洲的往来电报也要通过哈尔滨进行中转。20 世纪 20 年代末、30 年代初的哈尔滨，是当时的亚洲第二大国际都市。

铁路的开通，在经济、社会、军事各个方面发挥了深刻的作用。最典型的就是“闯关东”。受电视剧《闯关东》的影响，大众认知中的闯关东是一场民间自发的流亡血泪史，而且闯关东的移民主要还是从事耕种或传统手工业，过着棒打狍子瓢舀鱼的农耕渔猎生活。这其实是文艺作品带来的误会。早期的闯关东或许真是如此，但伴随东北的快速工业化，军工厂、钢铁厂、面粉厂等如雨后春笋般大规模涌现，整个东北面临巨大用工缺口，因此才有了张作霖想方设法地从关内往关外运人。闯关东的移民一大部分都进了工厂，成了中国最早的职业技术工人。从规模角度来看，闯关东其实是张作霖组织的一场人口大迁移，而且主要的交通工具是火车。

从 20 世纪初“京奉铁路”全线通车起，黑龙江和吉林的人口高速增长。除了原本的山东移民外，大量来自河北、河南、江苏、山西、湖北等地的移民进入东北。黑龙江人口从 1912 年的两百万增长至 1931 年的六百万，不到二十年间超过三百万人从关内定居黑龙江。整个东北的人口在 1912—1931 年间大约增长了两千万，平均每年都有接近一百万人从关内来到东北定居。东北人族群的基本认同，也是在这一时期形成的。

张氏父子对东北的耕耘，无论是对政治、经济还是对国防来说，都具有重要而长期的意义，这段历史不应该被遗忘。

东北崛起的第二个阶段。

1931年“九一八事变”后，东北成为日本势力范围，东北的发展进入伪满洲国时代。

日本照搬巴黎的城市规划设计规划了长春，将其打造为高度国际化的东北亚商业中心。按照日本军部的战略判断，一旦和美国开战，日本岛本土有可能面临美国的致命打击，因此，日本很早就开始实施经济中心的大转移，长春甚至一度被称为“日本新京”。

在这期间，日本在鞍山发现了铁矿，在抚顺建立现代煤矿，钢铁行业大大繁荣；日本人投资了从电器到机械、医药、农业、军垦的各行各业，修建了京大线。东北年平均移入一百万人左右；到1948年底东北解放前夕，全区人口已超过四千万。此外，有大约三十万日本人带着先进的农耕技术到东三省来开垦农业。

日本一方面依靠伪满洲国的产出，支撑其对华侵略战争的野心，另一方面也在客观上促进了东北工业经济体系的全面建成。1931年东北地区城市化水平为11.5%，1942年达到23.8%；相形而言，据2001年国家统计局数字显示，中国城市化水平1990年才达到18.96%。抗战后期，伪满洲国甚至超越了日本，成为亚洲第一经济体。

到1945年9月，东北的铁路达到11479公里，而全国的铁路总里程仅接近两万公里。1946年，东北的工业化程度和城市化水平已成亚洲翘楚，工业总产值占全国的85%。换句话说，当时东北约等于三十个上海。

除了众所周知的1905年日俄战争外，1939年日俄还在诺门罕（在今呼伦贝尔）发生过一场战役。我曾专门赴呼伦贝尔考察，追溯这段鲜为人知的历史。

这场诺门罕战役，实质上是日本和苏联的生死较量。对于苏联来说，如果东线失败，它将不得不面临东西双线作战的危险；对于日本来说，如果失败，将难保在东北亚的利益，只能放弃北进战略。双方各派出了大规模兵力，投入大量精良武器装备——包括大量的坦克车与装甲车，史称“第一次立体战争”。

在短短的五个月之间，日军元气大挫，而苏军则大获全胜。日本人付出了惨重的代价。苏军的机械化部队在诺门罕几乎全歼日本唯一的一个坦克师团，更毙伤俘虏日军达五万四千人以上。朱可夫一战成名，二战的历史也从此被改写。

日本军部北上汇合德国、南下控制太平洋的长期战略路线之争，以北上派的彻底失败告终；随后爆发“珍珠港事件”，开启了日本对美国的太平洋战争。苏联方面，从此东线无战事，可以把所有的兵力投入到对德战争中。诺门罕这一役中，苏联和日本的坦克、飞机把诺门罕变成了钢铁战场，更昭示着现代文明对传统文明征服和改造的开始。小小诺门罕，居然成了撬动世界大势的关键锁钥。

诚然，列强的初心并不是为了造福东北，而是为了满足扩张的野心，掠夺资源。日本人在经济殖民的同时，也给中国人民带来了深重的苦难。日后的苏俄更是借“剿灭关东军”之名，在东北进行了疯狂的劫掠，无论厂矿、企业还是基础设施，能拉走的全都拉走，甚至连铁轨都拆掉。

但不可否认，列强间的战争和经济殖民，尤其是日占时期，大量的铁路、厂房、机器、技术和工厂组织制度永远留在了东北，客观上为东北奠定了工业化、城市化的基础；而在成熟工业化基础上衍生出来的商业、服务业，则让东北从蛮荒走向文明。

•

东北崛起的第三个阶段，是新中国成立后。

新中国成立后，我国采取“一边倒”的外交政策。这时的东北迎来了最好的地缘政治格局：头枕苏联、蒙古，背靠朝鲜，处于社会主义阵营的温暖怀抱之中。

在计划经济时代，东北是首屈一指的资源大省、重工业大省、战备大省。能源、钢铁和工业铁路基础冠绝全国的东北，顺理成章地乘上新中国工业发展的第一班车。

在“一五计划”中，我国工业建设的指导思想就是：“完善一个，铺开大网。”这里的“一个”指的就是东北，于是“一五计划”还有一个别称叫“东北计划”。以1950年为例，对东北的投资占全国总投资的50%。苏联援助的156个工业项目，有56个在东北。大庆油田让全中国告别洋油，“铁人”王进喜家喻户晓，一重、二重、一汽、鞍钢、哈尔滨轴承厂……东北为新中国工业发展站稳脚跟做出了极大的贡献。

在中苏交恶后的20世纪70年代，东北依然凭借着良好的发展基础领跑全国，并援建全国各类工业项目。在“三线建设”中，中国其他各地很大一部分设备和专业技术人才都来自东北。

高度的工业化、城市化，还为东北沉淀下了教育资源，即使到了当下，东北每万人中的科学家、工程师、在校大学生占比高居全国第一位。吉林有近六十个科研院所、知名高校，辽宁有九百多家科研所、近八十所高等院校，更不用说黑龙江赫赫有名的哈工大了。可以说，东北是科研人才、熟练技术工人的重要培养基地。

以1916年“远东大铁路”的全线通车为起点，经过了大半个世纪的积累，一直到改革开放前夕，东北步入了最辉煌的阶段，这也是东北人最硬气的时候。

观一叶落而知天下秋

随着时间步入20世纪90年代，东北的情况好像发生了微妙的变化。

自新中国成立以来，国家全力扶持东北。同时，在那粗犷、浓烈、严峻的时代里，东北也同样扮演着“奶妈”的角色。即使在改革开放以后，东北的对外输血也没有停止，甚至更加严重。1980年国家就开始对广东实行特殊的包税制，1980—1993年广东上缴国家税金200多亿，同时期的辽宁按老制度上缴利税1650亿，此外每年按计划调出大量资源产品供应全国。任何一场社会变革有收益也有成本，应该说东北是改革开放成本的主要承担者之一。

1990年，农业部提供了一份数据，乡村集体企业实现利润265.3亿元，首次超过国营企业的246亿元，前者的销售利润率相当于后者的两倍多。这个看起来和东北无甚关系的数据，标志着一个时代无可避免地走向终局。连乡镇企业都能超越国企，更不要说那些来自市场的洪水猛兽了。

市场经济和计划经济：一方迅速成长，一方缓缓衰亡。量变逐渐积累为质变，随着改革开放的彻底深入，传统意义上的国营企业已经在日渐激烈的市场环境中日薄西山，再无任何竞争力。1990年之后的七八年间，东北的衰落既显得猝不及防，又充满了某种结构性的必然。

东北衰落并非个例，那些在计划经济时代用大量资源堆积起来的区域，都会面临后工业化浪潮的严峻考验。从产业结构演进的角度而言，不管是美国的五大湖区，还是德国的鲁尔区，这些以重工业和装备制造业为主业的地区，无不经历过衰落的周期。

地方工业逐年萎缩，人口增长缓慢甚至绝对减少，人才外流严重，GDP 等主要社会经济指标与主流地区的差距拉大，社会运转方式及地方社会心理滞后于时代……这是后工业化时代的世界性问题。

除了重工业、装备制造业的转型困境，国际地缘政治的降温也加速了东北的衰落。

1989 年东欧剧变，1991 年苏联解体。俄罗斯在继承了苏联大部分遗产后选择“倒向西方”，远东地区经济持续恶化，人口外流严重。近在咫尺的邻居朝鲜，因 1992 年中韩建交与中国撕破脸，继而又引发了朝核危机，逐渐紧闭大门。

与此同时，另一大国日本的经济则陷入了停滞。而且，伴随着山东经济的崛起，就算有日企想要进入中国，东北也不再是首选。

美国作为唯一的超级大国，开始插手东北亚事务。朝鲜半岛局势变得扑朔迷离，极不稳定，成为新的火药桶。

在地缘政治风险加大的同时，经济热度在退潮，东北业已成僵局。从这个角度而言，东北的衰落也有外在的必然性。

经济衰退的背后，是普通人的命运蹉跎。

1997—2003 年，垂垂老矣的国企再也坚持不住，轰然垮塌。一场席卷全国的企业下岗潮爆发，而以国企作为主要经济支柱的东北首当其冲，经济一落千丈。

辽宁沈阳的铁西区曾是中国最著名的机械装备业基地，1940 年代有“东方鲁尔”之称，新中国成立后也是“一五规划”的重中之重。这里还生活着近百万工人，是计划经济年代令人羡慕的存在。在那个时代，国企就意味着铁饭碗，生老病死、婚丧嫁娶全都由单位解决。能够成为国企职工，是数亿农民梦寐以求的事情。一个人在国企上班，全家都与有荣焉。

一个人无法选择出身，也无法选择所处的时代，每次潮水涌来，都是个人与时代命运的转身。多年以来，接受着主人翁教育的工人，以厂为家，勤勤恳恳。“下岗”是他们从来没有听过的陌生名词，也毫无思想准备。伴随着“买断工龄”办法的实施，一年的工龄只值几百块钱，几十年工龄的老工人拿了几万块钱，从此被抛向社会。

这时的东北人，茫然、失措、愤怒，最终只好向现实低头，大街小巷播放着的是刘欢《从头再来》：

> 辛辛苦苦已度过半生，
> 今夜重又走进风雨。
> 我不能随波浮沉，
> 为了我挚爱的亲人……

在感慨下岗职工的境遇时，我们也要看到国企改革的必要性与急迫性。从1990年亏损348.76亿元到1995年亏损540.61亿元，全国性的国有企业衰退由来已久，很多僵尸企业早已毫无生机，靠着财政拨款硬生生吊着一口气，如果还狠不下心关停并转（关闭、停办、合并、转产），只会耗空国家财政，引发更大的系统性危机。

除了下岗外，贪腐、国有资产流失也是东北衰退过程中爆发的严重社会问题。

没有人统计过，在企业转制的过程中，东北的国有企业、集体企业究竟有多少资产流失，又有多少的权钱交易隐藏在其中。这场国企改制潮与东北的江湖文化、人情社会相杂糅,成为一批权力寻租者的财富盛宴。光我所见过的,就有无数人赚得盆满钵满,极少数的获益者对应的是广泛的底层,饥寒交迫与穷奢极欲并存。

获益者们带着大量的财富,在三亚的豪宅里吹着海风,甚至成批地远渡重洋。20 世纪 90 年代美国洛杉矶的罗兰岗,几乎被东北人占领,甚至形成了广为人知的“二奶村”。在宁静舒适的豪宅区里,小三们挺着大肚子走来走去,这幅场景成了美国对中国移民的经典回忆。前段时间我去美国考察,依旧时不时听到人们讨论东北人为什么这么有钱。

少数人的豪奢背后,是触目惊心的东北塌陷。

这么多年以来,“振兴东北”的口号每年都在喊,经济始终不见好。大锅饭、官僚主义、人情社会成了东北的标签,再加上近几年獐子岛等东北企业造假成风,把股民、投资机构乃至监管层戏耍一个遍,让东北的商业形象断崖式下滑,经济低迷也让东北在舆论场中被不断矮化。从“东北人都是活雷锋”到“投资不过山海关”,短短几年时间东北人的形象就发生了一百八十度转变。

经济持续低迷的大背景,再加上较高的城市化率、计划经济时代执行严格的计划生育政策,使得东北出生率持续走低。2018 年,黑吉辽三省出生率依次为 0.598%、0.662%、0.639%,位于全国倒数前三,远低于 1.3% 的“超超低生育率”。

低生育率,同时伴随着青年大量外流,使得东北面临严重的人口流出、老龄化问题。

沧桑百年,风云变幻,东北既经历了奇迹般的腾飞,又遭遇深渊式的坠落。东北的未来究竟该向何处去?这不是一个容易回答的问题。

东北，向何处去？

谈及“东北振兴”，地缘政治永远是第一要素。

东北作为一个半独立地理单元，是东北亚的天然中心；结合日俄、朝鲜半岛和蒙古的近代百年风云，我们能清晰地看到，东北的兴衰与东北亚地缘政治变化密切相关。

智纲智库曾十分深入地研究过中国沿边开放战略，尤其是东北。

2005 年，当时黑河的市领导邀请我为黑河做战略策划。在倾注了比较大的热情、精力之后，我们最后的战略策划归结起来就是一句话——“两国一城”。

黑河和俄罗斯的布拉戈维申斯克市仅一河之隔。一衣带水的城市我见过很多，但“两国一城”不仅在中俄边境，乃至在全世界可能都仅此一家。两座城市间本来修一座桥就可以连到一起了，但一直以来关系比较微妙，桥筹划了很多年都没做起来。

我当时和黑河的领导沟通：“桥固然重要，但桥不是全部，我们不能把宝全部压到桥上。要反弹琵琶，让黑河的价值在对岸得以放大。”虽然绝大多数人认为黑河已经是苦寒之地，但对于俄罗斯远东地区来说，黑河简直是宝地。后来按照我们的思路，黑河政府全面接受了这套战略，认真打造了度假休闲、养老服务。

如今的黑河，俄罗斯游客遍及当地大街小巷，已经成了仅次于满洲里的中俄交流城市，甚至有不少俄罗斯老人把黑河当成了养老地。不久前，黑河的领导班子专门到北京去看我，还给我带了很多当地土特产。

2019年,筹划近三十年的中俄黑龙江公路大桥正式建成通车。从黑河口岸进入俄罗斯腹地比从绥芬河或东宁进入近一千五百公里,可以大幅降低物流成本,黑河的快速发展指日可待。

除黑河外,漠河、绥芬河、丹东、延边等城市,我们都深度参与了其发展战略的制定。尽管如今的东北亚局势依然在美方势力的干涉下扑朔迷离,但稳定已是大势所趋。

给东北做战略时,我们曾高度关注"借港出海"的设想。历史上吉林曾经拥有漫长的海岸线,渔民经常在日本海上打鱼捕捞;在沙俄一系列不平等条约的威逼利诱下,中国彻底失去了这一条海岸线,唯一的一丝希望就是图们江出海口。而现在这个仅剩的出海口受到敏感地缘政治问题的影响,几乎被堵死。吉林最东端的珲春市距日本海最短距离仅十五公里,却只能望海兴叹。

无论是俄罗斯的扎鲁比诺港,还是朝鲜罗津港,离珲春市都相当近,"借港出海"可以大幅降低物流成本。可惜,因为东北亚不稳定的政治局势,这一设想一直没能实现。如今东北亚重新升温,"借港出海"也迈出了坚实一步。

纵观今日之东北亚,中俄关系处于历史上最好时期,建立了全面战略协作伙伴关系。而近期第八次中日韩领导人会议也在成都举行,中日韩自贸协定谈判已完成,中日韩三国关系将进入新的历史时代。这些都将为东北的凤凰涅槃提供有利的外部环境。

第二,思路决定出路,东北在重点城市聚焦发力,仍大有可为。

有很多东北人在感叹乡村的凋敝,在我看来这种凋敝极其正常。东北真正的问题不在于小城镇的衰退,而是由于当初打下的底子太好,每个县域经济体都比较完善,造成东北的城市化过度分散,最终导致中心城市不够强。

总的来看,我国经济发展的空间结构正在发生深刻变化,中心城市、城市群正在成为承载发展要素的主要空间形式。从区域发展的规律来看,城市群、都市圈、大湾区这些城市化概念背后,都有着强有力的中心城市作为核心。

东北的种种困难,其实也是哈尔滨、长春、沈阳、大连等重点城市失去辐射和带动能力的结果。堂堂四个"副省级城市",没有一个是"国家中心城市"。换句话说,偌大一个东北,居然没有国家中心城市。

众所周知,国家中心城市属于城镇体系层级的最尖端。用国家文件的话来说,国家中心城市的定义如下:

> 居于国家战略要津、肩负国家使命、引领区域发展、参与国际竞争、代表国家形象的现代化大都市。

目前已经批复的国家中心城市共九个,华北有北京、天津、郑州,华东有上海,华南有广州,华中有武汉,西南有重庆、成都,西北去年也加入了西安,唯有东北虚席以待。

因此,东北真正要做的,是集中全力打造强有力的中心城市,以其作为龙头,培育核心产业,扩大人口承载能力,最终形成城市圈;而其他地区主要负责保障粮食安全、生态安全、边疆安全等方面的功能,形成优势互补、高质量发展的区域经济布局。

从目前来看,在国家中心城市的竞争中,沈阳脱颖而出的概率无疑是最大的。沈阳不仅是东北的区域中心城市,也是著名的老工业城市,肩负着"振兴东北"的时代重任。而且,沈阳态度十分积极,表态坚决,而其他三市仍然是一副不闻不问的状态。在我看来,国家中心城市很大概率会落在沈阳身上。

第三，东北的根本出路，还在于进行动真章的市场化改革。具有市场意识的人才、有竞争力的企业，是成功的关键。

正所谓“瘦死的骆驼比马大”，东北在20世纪30年代就形成了完整的工业体系，工业门类相当齐全，论实业根基要比很多中西部省份要强。

除了传统的优势产业之外，东北在“走出去”“请进来”上也极有优势。

在“走出去”这点上，可以借鉴日本的北海道。北海道被称为日本粮仓，出产的农产品不仅遍布日本，甚至长销世界。与之类似，水绕山环、沃野千里的三江平原，耕地面积占全国耕地总面积五分之一多，如果规模化与精品化并重，完善农业产业闭环，那么东北的大农业未来会有很强的竞争力。

在丰富的农副产品“走出去”的同时，东北也要把高端的休闲旅游“请进来”。

2010年，我曾经与万达集团王健林合作过“万达长白山项目”，整个项目的选址、开发和商业模式设计，智纲智库都曾深度介入。通过研究我们建议：把沉睡千年的长白山打造为北方的休闲大堂，冬天是滑雪与温泉，夏天是高尔夫和避暑旅游，通过长白山带动东北旅游资源的升级换代。项目一经推出，火爆市场，旺季甚至一房难求。尽管这个项目受到了很多影响，一盘好棋收官不尽如人意，但东北旅游潜力之大、资源之绝版已经是业界共识，正等待有心人的挖掘。

有了丰富的自然资源、产业基础，东北真正需要补上的是市场经济这一课。

东北是中国经济的典型“背影”，计划经济时代根深蒂固的产业形态、政治形态、文化形态，到今天市场经济成为主旋律的时候，形成了巨大的反噬效应，坐拥大好资源，却不断错过机会。

工业脱离市场，无非是高耸的工业孤岛；农业脱离市场，只好在低端产品的路上走到黑；旅游业脱离市场，只会爆出更多的宰客和服务差劲的丑闻。长期以来，由于缺乏制度的规范，政府的角色定位模糊，企业家也常常游走在灰色地带。

只有当政界、商界、民间都认识到市场才是资源配置的决定性力量，以市场为导向，以需求为准绳，彻底激活市场的活力，东北才能真正走出停滞。

近百年来，东北奇迹般地崛起，但奇迹之所以为奇迹，正是因为难以复制。客观来说，东北经济的相对下沉还会持续一段时间，人口净流出在中长期也是很难逆转的趋势，V型反弹或可能更多的只是一种期望，但这一切，并不是东北人灰心丧气的理由。

尊重、接受繁华落幕的平淡，未尝不是另一种潇洒。以平常心来消解烟火人间的是是非非，也同样是生活的智慧。无论东北的未来将走向何处，这片黑土地上的阳光、清风与麦浪，那些抵达的欣喜和出走的忧伤，注定是相伴每个东北人一生的守望。

潮汕，向何处去？

作为中国地域文化的代表，潮汕人的鲜明特质却远远超出了地域的界限：他们头脑灵活，精明强干，却又常常是商业秩序的"破壁人"；他们宗族意识强烈，抱团取暖，却又有着浓厚的帮派文化；他们文化底蕴深厚，诗书传家，却又偏偏极信算命风水；他们在外团结，出门便是"胶己人"，可在内却是机关算尽；潮商作为中国一大商帮誉满全球，潮汕当地却是长期发展停滞……

河口文化、江口文化、海口文化

在中国，有一个非常独特的族群——潮汕人。潮汕虽处东南一隅，却知名度极高。稍有商业常识的朋友们，一谈到潮汕人往往会说：“知道知道，那是东方的犹太人哪！”但绝大多数人对潮汕的了解，也就仅止于此了。

从文化层面上来讲，潮汕泛指一个方言区，从潮州、揭阳到汕头，再加一个说不太清的汕尾。汕尾和潮汕的关系可以说是错综复杂。在宋、元、明、清四朝长达一千多年的时间里，汕尾隶属于惠州府（或惠州路），而潮州、揭阳、汕头为潮州府（或潮州路）属地。因此，汕尾和其他三地在历史上并非同源同宗。不过，中国中央电视台在涉及“潮汕”一词的时候，多次说明“潮汕地区在地理概念上多指位于广东省东部沿海一带的潮州、揭阳、汕头、汕尾等四个地级市”，我也比较认同这一说法。

和传统农耕文明区相比，潮汕文化特点鲜明。山西、河南、陕西等北方地区，长期以来都是农耕文明中心，尽管历史上很多时候兵荒马乱，但其文化内核却长期呈现出比较稳定的状态；而如潮汕等很多传统中原之外的区域，伴随着中国的开疆封土、大规模移民，经历了非常有趣的人文变迁，这种变迁我总结起来就是“三口文化”——河口文化、江口文化、海口文化。

长江中下游地区的河姆渡文化，其实就是河口文化。在黄河流域，河口文化更是处处可见，可以说文明就是发源于河口。毛泽东在《中国革命和中国共产党》里面讲道：

> 我们中国是世界上最大国家之一……有很多的江河湖泽，给我们以舟楫和灌溉之利……从很早的古代起，我们中华民族的祖先就劳动、生息、繁殖在这块广大的土地之上。

我小时候看到这篇文章的描述，印象特别深。这就是中国上千年的河口文化。

后来，中国文明从河口发展到江口，形成了江口文化。江口，就是所谓的大江渡口，是水陆通衢之地，也是中国商贸文明的发轫之地。江口文化的典型代表有宁波、武汉、重庆等。

江口文化之后就是海口文化，最典型的就是上海。上海是典型的海口。“上海滩”的这个“滩”字，就是江流入海的滩涂之意。尽管上海人有时也会陶醉于战国时期的春申君开黄浦江之说，但事实上，上海的崛起也就是近一百五十年的故事。从文化上讲，上海是欧风美雨、东方文明交锋融合而最终沉淀的产物。上海最早属于松江口，元代时期设置上海县，逐步把松江府辖区打包了进来。在奔向大海的时代，上海从“孙子辈”变成了包容万象的超级巨婴，把“爹”和“爷爷”全打包到了里面。

上海如此，潮汕也不例外。韩江中上游的潮州曾是潮汕文化的代表，到近代中国从江口时代走向海口时代，潮汕文化也就从潮州扩展到了汕头，并依托海洋发扬到了全世界。

我在广东多年，能明显感到很多朋友都搞不清潮汕人的来龙去脉。严格地说，语言是衡量民族、种族、文化聚落最好的划分方式。在这点上，潮汕人的表现最为典型。潮汕话从语言学分类来说属于闽南话。闽南话有可能是从宋朝时以开封话为主的语言体系演变而来的。这套语言体系自福建南部开始，从广东东南部沿着海岸线西下，一直衍生到了广东西南部的雷州半岛，最后到了海南。可以说，潮汕在地域上是闽南话的承上启下之地。

我常常讲中国东南沿海有“三越”：南越，指的是广东；闽越，指的是福建；吴越，讲的是浙江。在中华民族奔向大海的过程中，“三越”扮演了很重要的角色。

回顾中国历史，南渡北归的高峰都与王权更迭有很大关系，规模最大的是晋朝，其次是宋代。关于中国历史几千年来的治乱承平、循环往复，史书上对“治世”的记载往往比较清晰，毕竟太平王朝有专门的史官；“乱世”则是野史居多，记载也多有模糊错乱之处。比如晋朝，从“八王之乱”“五胡乱华”到“东晋、十六国对峙”，仿佛只是惊鸿一瞥，其实那是持续了一百多年的大争之世。北方烽烟四起，人民承受了深重的苦难，与之对应的则是王权南迁后给南方带去的逐渐繁荣。

中原王权南迁最大的变化是人文变迁。诗云“直把杭州作汴州”（北宋都城汴京——即开封府——在唐代称汴州），时至今日，杭州还保留有很多古开封府的遗存，包括杭州话、杭州人的饮食习惯等。举个简单例子，杭州的小笼包，就是古开封人的手艺，但如今已经杭州化了；还有杭州的吴侬软语，中间带“儿”的说话习惯，和古开封人都有很大的关系。与此同理，南朝刘宋时的京口（今江苏镇江）和姑孰（今安徽当涂）变成了北方移民的侨乡，分别成了“南徐州”和“南豫州”。

广东作为南中国的门户，其两千多年的开发史就是一部先来后到的移民史。广府人、潮汕人、客家人这三大族群都是中原来客，只不过是到达的时间不同罢了。

第一批到来的是广府人。秦始皇派任嚣、赵佗大军征讨岭南，一路顺江而下。秦始皇三十三年（前214年）设置南海郡，郡治番禺县（今广东广州）。《史记·南越列传》记载：

佗，秦时用为南海龙川令。至二世时，南海尉任嚣病且死，召龙川令赵佗语曰……即被(披)佗书,行南海尉事。

意思是说,秦二世时,南海尉任嚣大病快死了,将文书交给南海龙川令赵佗,让他代行南海尉之职。任嚣、赵佗所率领的部队,跟当地的土著相融合,形成了广府人。

第二批到来的则是潮汕人,他们是“五胡乱华”时南迁的中原人。在政权更迭引发的南迁中,北方移民先到了吴越,但这里土地有限,高门大户得以留下,剩下的只好继续沿海向南迁徙,在福建留下来“八姓入闽”的故事。到了闽南一带后,南迁移民们依旧面临着地少人稠的问题,于是又有一批人继续往南延展,到了鳄溪(今韩江)下游的平原停了下来,这就是潮汕人。

第三批是客家人,来得更晚一些。最早的客家先人是在唐朝“安史之乱”后迁移至岭南的,不过更多的客家人则是以宋朝时期的移民为主。由于客家人来得最晚,江海之畔的肥沃土地早被广府人、潮汕人捷足先登,他们只好窝在山里面。

在两千多年里,不断有汉人由北南下广东。很多后来者客迁来此后,也学会了当地方言,进而融入当地族群,成为新的广府人、潮汕人和客家人,这些人群的到来时间也就很难说清了。但总体而言,广东三大族群的人文版图大抵就是如此。

潮不是汕,汕不是潮

讲完潮汕,我们再讲讲潮汕人。潮汕人可以说是中华民族最优秀、最聪明的族群之一,可以用三个词来形容:勤劳、聪明、勇敢。

潮汕人的勤劳、聪明，让他们在有限的资源里面，做到超乎想象的精细。

以美食举例来说，潮汕的牛肉丸汤堪称一绝。其实潮汕并不多养牛，我们吃到的潮牛大多是从江西、贵州甚至新疆运过去的。但是，把牛肉料理到世所罕见的精细，将一碗牛肉丸汤做到至臻至美的境地，这就是潮汕人的功夫所在了。

潮汕人做牛肉丸，第一不加任何添加剂，第二对于牛肉的各个部位如何选用也很有讲究，关键还有一招——把牛肉内在的香味调出来。为了让捣出来的肉糜更加细腻，潮汕人摒弃了用刀背锤的传统方式，换用专门用来捶打肉糜的特制铁棒。这样的铁棒或呈方形，或呈三角形，每根都足有三斤重，两根铁棒握在师傅手里，左右开弓，捶制出来的肉浆细腻无比。揉成牛肉丸以后，放在用牛肉跟牛骨熬制出来的高汤里面进行二次加工。这种牛肉丸入口，用牙一咬，“砰”的一声汁液就会爆出来，真是美味。

总之，潮汕人在吃上所花的功夫，完全超乎一般人的想象。虽然只是一碗小吃，但其中凝结了潮汕人民的勤劳、智慧，以及精益求精的追求。

除了勤劳、聪明外，潮汕人还十分勇敢。

如今，潮汕本土有一千多万潮汕人，潮外海内有一千多万潮汕人，海外也有一千多万潮汕人，故有“本土一个潮汕，海内一个潮汕，海外一个潮汕”之说。

这样的人口结构来源于潮汕独特的地缘结构：三面背山，一面向海。境内虽有富饶的潮汕平原，但台风等自然灾害频仍，而且地少人稠，人均耕地不到三分田，有“耕田如绣花”之誉。仅依靠农业生产，连维持温饱都很困难，于是大量潮汕人不畏艰险，乘“红头船”漂洋出海远赴他乡。经过长达几百年的打拼，潮汕人终于成为世界上成就最高、影响力最大的汉族民系之一。

凡是有潮水的地方，就有潮商的身影，潮汕人创业几乎都是从底层做起的：在泰国，盘谷银行的创办人陈弼臣，初期当过厨工、小贩、司账员；正大集团的创始人谢易初，从当工人做起；牛仔裤大王马介璋，当过裁缝店学徒；皮革大王林世铿，曾在塑胶厂打过工。太多这样的故事在潮汕民间口口相传。这种翻江倒海的大成就背后，就是早已融化在潮汕人性格里的勇敢基因。

一句潮汕俗语讲得十分形象：

砍头的生意有人做，亏本的生意没人做。

潮汕人整体的成功欲、探索欲非常强烈，表现在商业上，他们往往会具备更强的冒险精神、改变现状的冲动。这也意味着潮汕人更希望用高风险的动作获得更高的收益。

如今，大多数人很难相信，"潮汕"这个称呼的出现，迄今仅逾百年时间，而且和一条铁路的通车有关。1906年11月16日，印尼著名华侨张煜南兄弟投资兴建的"潮汕铁路"建成，同名的机车头"潮汕号"正式通车。由此开始，"潮汕"一词才日渐为人所常用。1921年汕头建市，汕头开始与潮州府城并驾齐驱，"潮汕"正式成为一个地域文化的概念。但是，毕竟"潮不是汕，汕不是潮"，潮州人和汕头人并不完全是一回事。可以说，潮汕文化是"潮""汕"两种文化的骄子。

潮州是儒雅的农耕文明，安土重迁、尊师重道、敬畏祖宗、耕读传家。

说起潮州的儒雅，不得不提唐代的韩愈。韩江本名"鳄溪"，韩山本名"笔架山"等，在宋代为纪念韩愈而改名，这都体现出了潮州人对于韩愈的怀念。其一，韩愈在文学上"文起八代之衰"；其二，他官居高位，门生故吏遍天下。也就是说，当时的韩愈既是文坛领主，也是朝廷重臣。

在韩愈晚年，唐宪宗信奉佛教，甚至宣称找到了佛祖的舍利子，皇帝带头“迎佛骨”。韩愈有感于“国将不国”，就写了一篇《谏迎佛骨》，很尖刻地表明“佛不足事”。皇上看罢大怒，把韩愈贬到潮州。在前往潮州途中，韩愈写下一生中最经典的诗篇《左迁至蓝关示侄孙湘》：

一封朝奏九重天，夕贬潮州路八千。

欲为圣明除弊事，肯将衰朽惜残年。

云横秦岭家何在？雪拥蓝关马不前。

知汝远来应有意，好收吾骨瘴江边。

这首贬谪诗成了千古名诗，但凡稍有文化素养的国人，读后无不为之感动。我当年过秦岭的时候，也写了一首诗来纪念韩愈。

韩愈一路跋山涉水来到潮州，其实只待了八个月左右。但是，他离开以后，潮州人把他的事功放大了千万倍，甚至山河为之变名。这并不是因为韩愈有多伟大，而是潮汕人急于寻找文化的归属感。

自从晋朝到唐朝，潮汕人先祖从中原迁到江南，又辗转到闽南，最后到岭南，前后经历了五百多年筚路蓝缕，终于站稳了脚跟。他们心怀中原，但毕竟山长水远，教化之光难以普照到他们。没想到“文起八代之衰”的韩愈一下子到了他们这个地方，尽管没有待多久，但潮州人的文明归化之心便把韩愈越抬越高。这一“抬”，“抬”到了极致，“抬”出了故事，“抬”出了历史。

这样的例子在中国古代特别多。比如，苏东坡曾被贬惠州，“一自东坡谪南海，天下不敢小惠州”。又如，王阳明到贵州龙场悟道三年，终成一代圣贤。其实，名人的到来哪有这么大的作用？他们只是薪火，真正的干柴是中土文明和边缘文明之间的巨大落差，以及由这种落差带来的无限向往。

说起这些文化的传灯者，我不由想到当年的“知青下乡”运动。对于那些清北复交等名校的高才生来说，被强行甩到了穷乡僻壤，前途晦暗，这无异于是命运的捉弄。但是，这批大学生到了“老少边穷”地区，到了最基层的村寨中，他们给山区的孩子带去了文明的火种与希望。我有一个好朋友龙建刚，他所在的那个小小苗寨，当时连电灯都没有，只能爬上山顶最高的那棵树遥望县城的灯火，但就这个小小的苗寨，日后走出了数位外交官、教授、作家等高级知识分子，很大程度上是拜这批命途跌宕的知青所赐。

“潮”温文儒雅，“汕”则大不相同。

汕头人是典型的海洋族群。对于他们中的一些人而言，和平的时候当渔夫，混乱的时候就成了快乐的海盗，形成私人武装，打家劫舍。这种“渔盗一体”的现象在浙江、福建等沿海地区都比较普遍，但汕头表现得更典型。

“潮”和“汕”这两种文化传统，交织成了潮汕人两头摇摆的族群特质，形成了海盗与儒雅并存的文化格局。儒雅文化培育出了工夫茶、潮汕菜、潮剧等厚重的文化底蕴，还有诚信、义气等良性文化基因。海盗文化则鼓励了潮汕人民勇敢走出去，因为缺乏底线意识，只要能发横财，用什么手段无所谓。

相比潮州、汕头，汕尾更加野性十足。广东有一句话叫：

天上有雷公，地下海陆丰。

海陆丰于1988年改称“汕尾”。汕尾的生猛、百无禁忌相当吓人。“改革开放第一案”的海丰县委书记王仲，就是因为走私贪腐被枪毙。当时整个沿海都在走私，但总归还有个度；然而，汕尾一搞走私，简直是明火执仗。不仅走私，印制假钞、制毒造毒也成建制地出现。

二三十年前，我去福建厦门采访，坐长途客车过了汕头再往前走的时候，售票员提醒说：“旅客同志们注意了，前面就是海陆丰，你们千万不要随便下车，不要随便伸头，请带好随身物品。”当时我就很感慨，潮州、汕头尽管也有不守规矩者，但大多只是以官商勾兑这种相对灰色的手段赚钱；汕尾那种月黑杀人夜、风高放火天的玩法，着实吓人。汕尾到现在发展还是不尽人意，可能也和这种生猛的风俗有一定关系。

新中国成立后，生产和发展成了时代的主流。潮汕人多地少的情况非常严重，时任省委书记陶铸用行政手段解决了这一问题。当时的广东省海南行政区（在1988年析置为海南省）还是刀耕火种的状态，农业十分落后。陶铸大笔一挥，几十万潮汕移民被送到了海南，所以如今的海南话里面有潮汕话的影子。可以说，海南是潮汕文化的一块飞地。今日的商业明星马化腾，其父就是潮汕人。

从某种意义上说，潮汕也是上海文化的一大源头。在明清很长一段时间里，潮汕人坐“红头船”去南洋闯荡，对于外界的文明可以说浸淫已久。1840年鸦片战争以后，夷商到广东来做生意，精明的潮汕人发现了其中蕴藏的机会，纷纷投身“洋务”，他们小则成为夷商的翻译，中则成为牙商，大则成为买办。1856年第二次鸦片战争后，夷商的生意开始由广东向上海迁移。彼时“广州十三行”已经发展了很长时间，潮汕人也在这个行当耕耘了几代，他们非常积极地跟着夷商到了上海。

当时的上海，就像日后改革开放初期的深圳一样，基本上是文化荒地，精明的潮汕人在这个舞台上大展身手。在上海的华人人文金字塔中，第一层——塔尖——就是广东人，这批广东人的构成就像夹心饼干一样，外层是广府人和客家人，中间的核心则是潮汕人；第二层——中部——是宁波人；第三层——基础层——才是苏北人、安徽人。上海滩的豪华别墅群“思南公馆”，大部分别墅的原主人就是广东人，其中潮汕人又占了多数。

汕头，经济特区之殇

改革开放之初，我国政府先后在广东的深圳、珠海、汕头和福建的厦门四地设立了首批经济特区。汕头之所以能够成为经济特区，名义上是要借助海外潮汕人的力量，但其实跟当时的广东政坛有很大的关系。潮汕人一直对广东政坛有很大影响力，香港的大佬大多也是潮汕人。

但是，汕头作为经济特区却难说成功。统计数字令人触目惊心，虽说当地人的实际生活并不像数字显示得那么悲苦，但不管怎么说，在最初四个经济特区里，汕头的经济叨陪末座，这是不争的事实。

想当年，改革开放大潮初起，潮汕欣欣向荣。1992 年，我以新华社记者的身份来到潮汕地区，做了二十多天的调查采访。那时的潮汕只有流通经济，却繁荣得有点可怕，人们挥金如土，夜夜笙歌。当时我就断言，潮汕经济迟早会遭到重创，因为这完全不符合商业文化基因谱的排列规律。

任何区域的发展，都要经历从小农经济、流通经济、工业经济到现在的商业经济的过程，经济发展有自己不可逾越的规律。一旦把商业文化基因全部打乱，破坏了它的成长规律，区域经济必然要停滞甚至退步。

潮汕这个地方多少年来只有流通经济，没有工业经济。这跟潮汕人的 DNA 有很大的关系：脑子好使，往往愿意挣快钱，挣聪明钱，而不愿意辛辛苦苦地做实业。

潮汕因为有了所谓的经济特区头衔，尽管中央给的地很少，但几乎所有的“聪明的”潮汕人全以它为借口搞合法走私。潮汕会算这个账的“聪明人”实在太多了。

浙江温台地区（温州、台州）的历史文化跟广东潮汕有相似之处，但浙江没有特区的“合法走私”政策，只能自力更生，被迫走上了工业化之路。当潮汕已经是满地“大白鲨”摩托车的时候，温台街上跑的还是简陋的“甲壳虫”人力车。温台从盗版开始，到模仿、复制，再到现在开始创新，最终打下了良好的产业基础，并且产生了吉利、正泰等企业。

最后结果就是：温台起来了，和潮汕相似的城市大都实现了工业化转型；而潮汕到现在还是没有成型的工业化，还继续一次次地在原地犯错误。几十年过去了，温台已经由流氓变成了绅士，风光无限；潮汕却跌入了经济发展的低谷，徘徊不前。“福兮祸所伏，祸兮福所倚”就是这么个道理。

十多年前，我曾受邀在潮汕做了一次讲演，报告会的规模有两三千人，在讲演中我毫不客气地对潮汕进行了批判。

潮汕面临的第一个问题是——信用缺失。这是潮汕经济萧条的最重要原因。在潮汕成为经济特区后，一少部分汕头商人骗贷、造假、走私，无所不用其极。小聪明误了大事业，让汕头的名声一度跌到了谷底。中央几度强力整顿之后，情况才得以收敛。

潮汕面临的第二个问题是——帮派文化浓厚。同属河口文化，山西的河东、河西差别不大；合并同类项以后，山西、陕西、河南也大致差不多。相形而言，潮汕人一出门就是漂洋过海，异国他乡，“文化孤岛”的属性使得他们天然抱团，共同对外。我们今天看到的潮商正是如此，它是个商业狩猎群体。这种自己人、外人的鲜明分野，让他们做生意时首先想到的就是把对方变成自己人。

改革开放给潮汕人提供了前所未有的机会。原来的潮汕人只能依靠“红头船”奔向海外，改革开放后，特别是在腐败的官商勾结年代，奉行“只讲目的，不论手段”的潮商们，更是大行其道，纵横捭阖。

三十多年前，一位潮汕老板总结了一句让我印象深刻的话，他和我讲："王老师呀，做生意说起来很简单：种地不如种厂，种厂不如种房，种房不如种人。"其中，"种厂"指的是搞工业，"种房"指的是搞房地产，"种人"则是搞官商勾结。

潮汕商人大多是按这个逻辑或者思路去做事的。很多已经发财的潮汕商人都会"投资"官员去做潜力股，提前铺线。比如，他们观察发现，在很长一段时间内，团干部的成长系数极高，于是开始布局。他们大则拿下团省委，中则拿下团市委，小则拿下团县委，从科长、处长就开始突破。他们在对方是低级别的时候一心投资，不图回报，等到这批官员"长大成材"、步入高层后，才提出让他们无法拒绝的要求，这就是典型的潮汕"种人"手法。

在反腐烈度最高的时候，广东省一大批团省委高干受到了牵连。如广州市前市委书记万庆良，广东省前省委常委、珠海市前市委书记李嘉等，无一幸免。除此之外，还有中国人民银行前副行长、光大集团前董事长朱小华，深圳市前市长许宗衡，这些高官倒台的背后，都有潮汕财团围猎的身影。

说到行贿，潮汕人还有两个特点：第一，明火执仗，胆子极大。第二，在广东反腐史上，潮汕人一直扮演硬派小生、硬脊梁的角色。

前不久，潮汕的朋友再次邀请我去做报告。我讲到，新的时代给了聪明的潮汕人一个前所未有的机会。潮汕人的聪明、勤劳和勇敢的品质，在乱世的时候，属于"上海滩"出没的龙蛇；如果是在风清气顺的局面下，就可以创造出非同寻常的业绩。

因为潮汕和深圳离得近，很多潮汕人跑到深圳捞世界，深圳反而成了潮汕人的总部经济区，他们在这里大展宏图。据说在深圳有三百多万潮汕人，占了整个深圳人口的近四分之一。有数据显示，在深圳早期一万四千多个“三资”企业中，有近40%为潮汕人所投资。而在深圳早期的房地产界，潮汕籍企业家也奠定了潮汕商帮在深圳地产圈的“江湖地位”。

潮汕商人天生就对生意敏感，再加上他们的勾兑能力，在大众还没醒过来的时候，他们就把整个中国的保险牌照、金融牌照拿了个七七八八。我之前认识一位在深圳从事保险行业的潮汕籍大佬，其行事之大胆、手段之“丰富”令人叹为观止。

还有一个精彩的故事。深圳是中国最大的地下钱庄所在地，其中一家做了二三十年的大钱庄，口碑极好，老板就是潮汕人。坊间盛传整顿地下钱庄的时候，他是首要被盯梢对象，公安在他家附近布下了天罗地网，就差瓮中捉鳖了，没想到还是踩空了。真的是“道高一尺，魔高一丈”，这个老兄居然真插上了翅膀，趁着夜色，偷偷升起一顶热气球，坐着热气球从梧桐山飘到了香港，消失在了茫茫丛林之中，其后再无消息。

当然，这样的老板只是少数，我也接触过很多聪明、勤劳、干净的潮汕老板。最近和我们全面合作的立白集团董事长陈凯旋先生，就是典型的通过制造业一步步走出来的潮汕老板，路子走得很正。

前几年一个金融行业的潮汕籍大佬，最风光的时候大批潮汕老板纷纷鼎力“支持”，陈凯旋也曾投资过这家金融公司；但是后来，陈凯旋发现这位老板喜欢捞偏门、酷爱高风险动作的时候，便坚决抽身，甚至放弃大把唾手可得的利润。直到后来这位老板出现问题以后，大家才开始佩服陈老板的远见。

在治乱平衡、规范形成之后，凭借着聪明、勇敢和勤劳，还有政商关系的清洁化，我相信潮商会探索出更多新道路，开拓出新局面的。

潮汕，向何处去?

说了那么多沉重的话题，潮汕其实还有两个轻松的话题可以谈谈，一个是潮汕媳妇，一个是潮汕饮食。如果要给潮汕出个主意，我觉得潮汕地区可以打造成为一个绝佳的高品位、高端旅游、度假、休闲目的地，乃至爱情圣地。

在广东，谁家要是能娶到潮汕媳妇，都觉得是一件很荣耀的事情。潮汕有着贤妻良母的历史传统。许多学者和外地人都说，潮汕地区的女人是最具有中国传统美德的女性，是东方女性的典型代表，以至于我当年都心心念念地想找一个潮汕儿媳。

几千年来，在潮汕这片人多资源少的地区生存，母系氏族社会特性发挥了很大的作用：一个伟大的母亲可以维系好这个家庭，在抚养子女的同时帮老公分担责任，她的作用太重要了。

其次，潮汕人充满了对儒家文明的向往，对伦理的尊崇。在农耕文明中，如果没有这些人文纽带，家庭很难维系，特别在潮汕地区表现得更极端。潮汕地少人稠，再加上家庭庞大，生存压力很重，所以，妇女为家族的延续牺牲很大。

不过，天下男人多好色，潮汕男人不外乎如是。在社会发达的今天，男女间更加平等，但出现家庭矛盾时，潮汕人的处理方式跟北方还是不大一样。北方女子很刚烈，大多选择离婚。然而，潮汕人则讲究变通，男人坚守四个原则：喜新不厌旧，动情不动心，风流不下流，留情不留种。

当然，伴随着时代的进步，风俗也在变化。就算贵夫人是潮汕人，上述种种，为家宅安宁故，您切不可学。

除了美人，潮汕的美食也令人垂涎三尺。潮汕的美食讲究粗料细作。

资源不丰富，反而能够充分地激发人的创造力，变废为宝，创造出很多全新的吃法，潮汕就是如此；相形而言，内蒙古虽然拥有大量的牛羊，却通常白煮就完事了。

在煲汤方面，潮汕人将农耕文明和海洋文明加以糅合，发挥得淋漓尽致。比如“粉葛鲮鱼汤”，葛粉、木薯等是很一般的东西，但在潮汕人的手中就能流光溢彩。葛粉的植物性纤维和鲮鱼所含的蛋白质等营养元素完美融合，清淡鲜甜，另外再放些黑豆、黄豆，味道非常棒。

潮汕食品里面还有一个东西叫作“烙”，比如“蚝仔烙”。蚝仔是赶小海的产物。勤劳的潮汕妇女们没能力赶大海捕鱼，就等退潮的时候赶小海。她们把小不点的蚝仔从沙地里挖出来，拿回家洗干净，变成蚝仔烙放进汤里，并成为汤的主体。

总之，潮汕人将粗料细做做到了极致。他们不仅是能够变废为宝，而且把里面的隐藏的味道给调出来，像西方人调鸡尾酒一样，通过杂处、煲汤，蒸、揉造等方式就会变出一种奇特的味道。

潮汕人的菜也分成几大类：大菜、家常菜和私房菜。

潮汕人的大菜有燕、鲍、翅，是拿出来有面子的东西。一盏能卖到两三千元的极品血燕，产自日本青森的极品鲍，世界上最大鲨鱼的背鳍和尾鳍——天九翅，都是潮汕大菜中的常客。这些燕、鲍、翅对人体有没有好处不得而知。但是，潮汕人把它们神圣化、精品化、奢侈化，最后产生了很多靠餐饮立名的人物。

潮汕人的家常菜，就是指大妈大娘家里面的手工活。比如：一条鱼怎么蒸，咸鱼怎么做，汤怎么煲，还有鸭子怎么料理，等等。做到什么程度呢？潮汕顶级的鹅头能卖到三千元以上，狮头鹅切下来分成段，简直是下酒菜一绝。还有把红薯叶做成羹，其价格可以和燕、鲍、翅相媲美。

潮汕人的私房菜，主要偏重小吃。潮汕人把面条叫“粿条”，就是粉，和不同的浇头结合在一起，十分美味。还有种特色小吃叫“潮汕打冷”，相当于夜宵或大排档。你到潮汕吃打冷，可以看到它主要是腌制的各种各样的海鲜和鸡鸭鹅，可以有上百种。潮汕人还有一个特点，一定离不开豆瓣调味、鱼露。这些结合到一起，很简单，但吃着会非常上瘾。最后再喝一碗粥，粥里面再放点地瓜，简直是人间至味。

我经常讲一句话：“一个地方有没有文化要看饮食。”文化越高的地方，在饮食上花的功夫就越大，人们把想象力和创新力都放到里面去了，做出了很多传奇的菜品。

说到饮食，我有一个很有趣的总结。我把北京菜叫“官僚菜”，好看不好吃；湘菜、川菜这些叫作“农民菜”，用调料来刺激胃口，很好下饭；上海菜是“市民菜”，实惠好吃；广东是“商人菜”，好看又好吃，“食不厌精，脍不厌细”，而广东菜的主力军团就是潮汕菜。

潮汕菜之所以出众，和潮汕商人的发达有很大关系。潮汕人最早跑到香港先发了财，继而产生了“舌尖上的乡愁”，期待向往家乡的这些美味，于是他们就把家乡的烹调工艺跟燕、鲍、翅“食不厌精，脍不厌细”结合到一起，最终打造成为全球最奢华的新派商务餐。

千年的潮汕文化，足以打动全世界人的绝佳美食，以及山呼海应的自然环境、交通便达……潮汕占尽种种优势。因此我认为，把潮汕打造成中国顶级的旅游、度假、休闲目的地，是绝对大有可为的。

前世今生大湾区

两千年帆影不绝，一百年风起云涌，四十年天地翻覆。一部浓缩了整个时代风云际会的大湾区生成史背后，是古老国度的艰难突围与新生……

从上甘岭到大湾区

小河弯弯向南流
流到香江去看一看
东方之珠　我的爱人
你的风采是否浪漫依然……

——《东方之珠》

1997年,香港回归之际,一曲《东方之珠》传遍街头巷尾。悠扬的歌声,唱出了香港百年沧桑,也唱出了中国内地民众对东方之珠的无限向往。

作为外连世界、内通中国内地的双重跳板,香港一时风光无两。站在彼时的港岛中环、铜锣湾向北眺望,白天,维多利亚港碧水深流;入夜时分,万家灯火璀璨,向世人昭示着东方之珠的光芒。此情此景,谁又能想到:一水之隔的广东珠三角地区,竟然在其后短短几十年间,从 穷二白、亦步亦趋的模仿者,蜕变为全中国最活跃、最自由、最开放的热土,一举一动都足以牵动世界的目光。

近年来,以特朗普为代表的美国政府,摆出一副咄咄逼人之势,频繁挑起中美贸易摩擦。毋庸讳言,中国的崛起对美国构成了真实的挑战,美国强硬的贸易保护主义态度也给中国造成了实际的威胁。中美贸易摩擦的惨烈程度,以及美国无所不用其极的手段,可以说世所罕见。其中最惊心动魄的,当属美国对中国高科技企业的绞杀。

在当今社会,“科技战”的重要性不必多言,就如同抗美援朝中的上甘岭一样，中美都在用尽全力争夺，但出乎所有人意料的是，如今的“上甘岭”居然守住了！中国“战士”们虽然遍体鳞伤，损失惨重，但终究力保阵地不失。中国经济的韧性，体现得淋漓尽致。

“上甘岭精神”之所以备受人们关注，正是因为这一仗打出了中国人的自信，打出了世界对中国的不敢小觑。如今，透过“贸易战”的硝烟，打开地图我们会发现，中兴、华为、大疆这些遭受美国制裁或威胁的公司，不仅同属于珠三角，更出自同一个街道。因此，有人开玩笑说，特朗普倾美国之力，发起了与深圳南山区粤海街道办事处的“贸易战”。此言固然是戏谑，但在这场与世界第一超级大国的正面抗争中，珠三角作为和平时期的“上甘岭”高地顶在了炮火纷飞的第一线，却是不争的事实。

2017年，“粤港澳大湾区”横空出世，正式被写入“两会”政府工作报告，上升为国家战略。一时间，大湾区风头无两，各地政府组团前来学习；精明的商人们纷纷用脚投票，抢滩大湾区；无数怀揣梦想的年轻人像潮水一般涌来；我认识的那些富豪朋友们，更是迫不及待地挥洒着钞票，把深圳房价推向普通人难以企及的高峰。

这一幕幕鲜花着锦、烈火烹油的盛况，不免让人产生某种恍如隔世的沧桑感。谁能想到，四十年前，这里还是一片弥漫着田园牧歌情调的桑基鱼塘、椰林稻海，是偷渡客冒死突围、纵使葬身大海也在所不惜的最后一道边界；三十年前，这里还是走私者的天堂，“一切向钱看”导致纲纪废弛、欲望横流，是备受诟病和质疑之所在；二十年前，这里正面临在土地、资源、人口、环境上的“四个难以为继”的阵痛，平安、招商、中兴、华为等都传出要把总部搬去上海，这里走向平庸仿佛是难以避免的宿命；十年前，这里正经受市场化、工业化、城市化、国际化、信息化等一波波浪潮的冲击……这里一天一个模样，谁也不知道未来会走向何方。

到了今天，一个总人口超过七千万的，多中心、有梯度、有分工、有腹地的世界级城市群正在冉冉升起。在当今中国，或许很难再有其他哪个地方像它一样——集爱恨、恩怨、是非、褒贬于一身。这里有“胜者为王”的传奇，有“大国崛起”的重托，有“一夜暴富”的野心，也有“一房难求”的现实……

“杀出一条血路来。”邓小平的话仿佛至今还掷地有声，如雷贯耳。在那个“乍暖还寒”的春天里，这位老人是否料到，他划的那个“圈”今天会成为中国最具活力的超级舞台之一？

从 1985 年被新华社调派至广东开始，到日后下海创办智纲智库，从事战略咨询，这三十多年来，我与广东结下了极深的缘分。特殊的职业生涯，也使我有幸深度介入了这部风起云涌的大湾区往事。在这个超乎想象的广阔舞台上，成百上千家企业，如排山倒海般崛起；无数枭雄破浪而出，在这片既如浩瀚深海又如泥潭般的大泽里挣扎奋进，他们之中有人改变了潮水的方向，有人淹没于茫茫大海，有人成龙上天，有人成蛇钻草，演绎着一幕幕大泽龙蛇的传奇，共同构成了这一段波澜壮阔的大湾区生成史。

从庙堂到江湖、从台前到幕后、从偶然到必然、从现象到本质……作为当代中国社会、中华民族历史转型期的前沿地带，大湾区有太多的时代谜题需要我们去发掘、把握、提炼与反思。

因此，在这本《大国大民》行将完本之际，我觉得自己有责任和义务谈一谈“大湾区的前世今生”，穿过时光的铁幕，找到某种必然性和规律，从而凝聚力量与共识，也算是不枉我们所经历的这个伟大时代吧。

大湾区的前世:帆影两千年

两千年帆影不绝,一百年风起云涌,四十年天地翻覆。一部浓缩了整个时代风云际会的大湾区生成史背后,是古老国度的艰难突围与新生……

1991年2月18日,农历大年初四的上午,改革开放已经进行到了第十四个年头。八十七岁的邓小平兴致勃勃地登上了上海新锦江大酒店第41层的旋转餐厅,一边透过宽敞明亮的玻璃窗眺望上海中心城区的面貌,一边语重心长地嘱托身旁的时任上海市委书记朱镕基:“我们说上海开发晚了,要努力干啊!”他还自责地说道:“我的一个大失误就是搞四个经济特区时没有加上上海。”

这段话后来流传很广,不少人也引以为憾,认为正是改革开放之初的保守使上海失去了十几年的黄金期。但在我看来,如果把中国比作一座巍峨大厦,上海就是支撑大厦的四梁八柱中最粗那根;当时整座大厦在风雨中摇摇欲坠,上海决不能出现任何问题,否则后果难以设想。因此,在改革开放之初前途未卜的情况下,邓小平绝对不会选择上海去冒险。

之所以选择福建与广东,道理也很简单:两军交战,排兵布阵,第一排的永远不会是精锐。从古至今,广东一次次扮演先锋军和过河卒的角色,恰恰是因为其无足轻重的地位。

在绝大多数人看来,中国是以农耕文明为核心的大陆国家。在1840年鸦片战争之前,中国的外敌几乎都是来自北方的游牧民族,万里长城、九边重镇不时上演着民族间碰撞、斗争与交融的奏鸣曲，而海洋似乎慢慢被遗忘。

但从版图来看，中国有一万八千公里的海岸线，我们祖祖辈辈居住的大地东、南两面临海，这样的地理环境不可能不产生海洋文化和海洋文明。夸父逐日、精卫填海、徐福东渡、鉴真过洋、八仙过海、海上丝绸之路，无论是神话传说、历史事迹还是商业贸易，不仅体现了先民们傍海而居、耕海牧海的生存智慧，也是烙印在我们文化中的海洋记忆与文化基因。

如果把中国的来自大陆的陆权文明和来自海洋的海权文明看作两大向外辐射的扇面，那么，处于这两个扇面交汇地带的广东，是中国受海洋文明浸淫最深的地方，也是中国走向世界的联结界面。

中国历朝历代，无论首都设在长安、洛阳、开封还是北京，背枕五岭、面朝大海的广东都是统治者鞭长莫及的“化外之地”。从秦汉开始，岭南就是流放罪犯的地方。在人类发明电报之前，一道圣谕从京师六百里加急传到广州，不知要跑死多少匹快马，等消息再从岭南传回京师，一来一回半年已过，再大的事情都已经尘埃落定。“天高皇帝远”的地缘特征，使得广东在政治上也越发边缘化。

万里波涛，长风相送，政治与经济的力量此消彼长，让广东在不受统治者重视的同时，也酝酿了独特的商业文化基因。这里离僵化的礼教远，离鲜活的市场近；离不测的君威远，离自由的海洋近；离“天下”远，离世界近。广东滥觞于秦汉、发展于三国隋朝、繁荣于唐宋、独步于明清的悠久海上贸易传统，一方面哺育了具有鲜明海洋意识的广东民系，一方面也见证了中国曾经作为海洋大国的繁荣。

珠三角的历史，最早可以追溯到秦汉年间。秦军南征，平定当地百越部落后，建立了与中央遥相呼应的行政体系，岭南在名义上被纳入中央王朝版图。两汉时期，珠三角属于南海郡番禺县（今广州）管辖，而番禺是整个岭南九郡的政治、文化、经济中心。《史记·货殖列传》记载：

番禺亦其一都会也，珠玑、犀、玳瑁、果、布之凑。

《汉书·地理志（下）》说：

粤地……处近海，多犀、象、玳瑁、珠玑、银、铜、果、布之凑，中国（指中原）往商贾者多取富焉。

由此可见，远在汉朝，珠三角海外贸易就很发达。各种来自海外的珍奇物品，通过海上贸易流入岭南。番禺成为汉朝“海上丝绸之路”的起点。

到了唐宋年间，珠三角与世界的联系越发紧密，中国的丝绸、瓷器、茶叶、书籍乃至竹木金石制品，通过“海上丝绸之路”传到了东南亚、南亚、中亚、非洲甚至欧洲，而中华文明也随之流传开去。当时最多曾有十万外商聚居在广州西门外，官府专门给他们划了块地叫作“藩坊”。坊间流传的大新街的“珍珠玛瑙次第排”美誉，就是“藩坊”繁华热闹的缩影。当时的广州，既是水陆杂陈的名利场，也是风月繁华的销金窟。

宋元之交，广东又一次在历史上留下了惊鸿一瞥。1279年，南宋与蒙古军队在崖山（在今广东江门）进行大规模海战。这场大宋的落幕之战，以丞相陆秀夫背着少帝赵昺投海自尽告终，宋朝十万军民跳海殉国，也标志着新旧纪元的分野。

明朝建立后，明太祖朱元璋下令“片板不得出海”，盛极一时的海上贸易就此中断。成祖朱棣即位后更是下令，把民间原有用于远洋的尖头船，都改成近海出行的平底船。船型转变的背后，是日趋封闭的海洋政策。虽然也有郑和下西洋，但也只为“扬天朝国威”，而无关乎商贸与开拓。到了清朝，海禁更加严重，海边的老百姓向内地搬迁，外贸陷入停滞。

中华文明逐渐远离海洋,蜷缩在大陆一隅。

此时,在地球的另一面,西方各国纷纷下海。1492 年意大利航海家哥伦布在西班牙国王的资助下发现“新大陆”——美洲,1519—1522 年西班牙的麦哲伦船队第一个完成环球航行,风帆所至,无远弗届,殖民开拓的海洋时代正式到来。西风终于压倒了东风,故步自封的中国无可避免地走向落幕,而广东却在阴差阳错间成为仅剩的那扇“南风窗”。

从明代初年开始,广州就被指定为专门与东南亚、印度洋地区国家进行“朝贡贸易”的唯一港口。尤其到了明世宗嘉靖元年(1522 年)撤销浙、闽市舶司后,广州更获得一口通商的特殊地位。明清以降,尽管海禁政策时有反复,但广州作为海外贸易合法口岸的地位从未变过。乾隆二十二年(1757 年),清政府规定外国商船只能在广州进行贸易。从此,广州独揽全国海外贸易特权近百年。今天我们在史书记载中看到的那些西洋“珍奇之物”,如望远镜、西洋钟等,大都是通过这个窗口进入中国的,丝绸、茶叶和瓷器等也多是通过这个渠道远销海外的。“岢峨大舶映云日”的商贸往来,成就了广州“游人过处锦成阵,公子醉时花满堤”的繁华市井生活,也给整个岭南地区注入了不可低估的经济活力。汤显祖贬谪广东途经广州时写下的“临江喧万井,立地涌千艘。气脉雄如此,由来是广州!”,堪称这千年商都盛景的最佳写照。

自明朝开始,为了监督市场活动、垄断海上贸易,官方扶持广州当地的豪强富户开设牙行商帮,为洋商提供中介服务,这就是日后“十三行”的前身。作为中国最早精通洋务、睁眼看世界的群体,“十三行”在中国近代史上扮演着极为重要的角色。

道光二十年(1840 年)至二十二年“鸦片战争”后签订中英《南京条约》,清政府割让香港,开放广州、福州、厦门、宁波、上海五处为通商口岸。由此，“十三行”垄断的对外贸易特权被取消，失去了“官商”地位。但是，拥有上百年从商经验的“十三行”商人，嗅觉远非常人可比，他们当中的一批人远赴美国，成为最早一代华侨的前身，另一批则选择迁往新开埠的上海开拓一片天地。沐浴欧风美雨的“十里洋场”上海，果然迅速成为远东第一大都市；“十三行”商人也摇身一变，成了上海华人社会的金字塔尖。叱咤风云的粤商群体，再次站到了中国历史舞台的风口浪尖上。

1937年日军侵占上海，1949年国民党败退，大量内地富裕人家，诸如董建华家族、包玉刚家族，还有电影界大佬邵逸夫等，都选择迁往香港。国统区大量的财富、人才涌入香港，奠定了香港的产业基础。“十三行”的火种又从上海飘往香港，成就了香港在20世纪中期的高度繁荣，也为日后的改革开放初期提供了最初的动力。

从“十三行”商人到上海滩精英，再到香港巨鳄，最终通过改革开放反哺内陆，“十三行”火种不熄，堪称中国近代史上的一段传奇。

从丝路海疆到洋务商行，因海而兴、因海而富的珠三角始终得风气之先；在风云变幻、天翻地覆的中国近代史上，广东也有着“思想摇篮”的美称。从康梁的“公车上书”，到黄遵宪首倡仿效“明治维新”，再到孙中山誓师北伐，广东在中国近代史上一直扮演着“报春花”的角色，对近代中国的思想、变革、革命等方面的贡献之大、影响之深，国内其他任何一个区域都不可比拟。在频繁掀起时代浪潮的背后，正是“敢为天下先”的广东精神，这也是大湾区与生俱来的基因。

大湾区的今生：激荡四十年

中国社会历来都有一个习惯：任何事情成功后，我们总要为其涂脂抹粉，重塑金身，标榜其伟大、光荣与正确。今日我们关于改革开放的态度，同样如此。

改革开放是一场伟大的奇迹，其力度、强度、深刻度在人类史上都前所未有。但同样不能忘记的是，作为危机倒逼下的自救之举，改革开放开始得非常匆忙且充满争议。

科斯在《变革中国》一书中曾用“人类行为的意外后果”来形容中国的改革开放。按照他的说法，“引领中国走向现代市场经济的一系列事件，并非有目的的人为计划，其结果也完全出人意料”。

“中央没有钱，可以给些政策，你们自己去搞，杀出一条血路来！”邓小平这句关于特区建设简单的话，几乎凝缩了改革开放的所有智慧。

在改革开放初期，没有长期性的顶层设计，更没有一张画到底的蓝图，具体的改革措施谁也不清楚，一切都是摸着石头过河。作为这艘大船的舵手，邓小平的立场其实很简单：“我是中国人民的儿子，我深情地爱着我的祖国和人民。”因此，他才能不为僵化的教条所拘束、不为高大上的口号所绑架，不唱高调，在徘徊迷茫、左右摇摆之中只坚持一个永远不变的原则：“发展就是硬道理。”这是贯穿改革开放全局的精神内核。

细品邓小平的这几句话，我们才能理解他为何把福建、广东选为开放的前沿阵地。第一，闽粤毗邻港澳台地区，有借助外部动力的可能性。第二，正是因为闽粤位于两种政治体制的交汇处，矛盾空前尖锐，1976—

1978年间广东出现了铺天盖地的大逃港事件，无数内地人诀别家人、逃赴香港。局面之严峻，让中央意识到改革势在必行。第三个——也是最重要的——原因，闽粤位于边缘地带，远离中央，作为对台湾地区防卫的前沿阵地，时刻备战。当时国家的发展战略主要投入在"三线（内地）建设"上，基本放弃了沿海经济发展，大型的项目几乎都没有在广东落户。因此，即使经济特区的探索出师不利也无碍大局，这实质上还是广东历史上"无足轻重"特色的延伸。

在邓小平的默许之下，所谓的经济特区探索，本质上是一场以实用主义为导向的探索，一场以"对外开放"来推动"对内改革"的微创手术，一场收益最大化、代价最小化的精明生意。

一切被视为洪水猛兽的改革措施，在经济特区里都被默许先行先试，执政者秉承最大限度的宽容——"先看看再说"。一旦尝试成功，其经验便可以有条不紊地向全国推广；一旦失败，则吸取教训，另谋新路，把损失控制于福建、广东一隅。

以小博大，以开放促改革，这是广东在改革开放前二十年的历史使命。读懂这一点，方能读懂改革开放。担此重任者，就是在改革开放初期起到重要二传手作用的、被广东人民亲切称为"广东的邓小平"的任仲夷。

我跟任仲夷相识，是在我离开新华社创办智纲智库以后。广东商帮成立了广东私营企业总商会，聘请我当总顾问，任仲夷也是总顾问，后来我和他在各种场合见了很多次。有的时候，我也会跟他聊起当初改革的一些事。

那时任仲夷已是近八十岁高龄。有一次印象特别深刻，我跟一帮商会企业家一起见到任仲夷，那帮商会的老板们为了恭维我就跟任老说:“这位是我们的大策划家,我们很多项目都是他帮助做的策划。”然后,任仲夷居然这么说:这是一个知识经济的时代,知识经济的主力军是“知本家”——“知识”的“知”,“本钱”的“本”,他就是“知本家”,而不是他们原来说的那种和资产相关的“资本家”;未来是一个“知本家”的时代,要尊重知识,尊重知识时代。从这点就看出来,这位老人家的思想真是非常了不起。

作为改革开放前沿阵地的指挥官,任仲夷有几段话在广东广为流传,他说“见了红灯绕道走,见了绿灯赶快走,没有灯要摸着走”,反正不要停。这是他非常著名的“三灯论”。

到了1984年,改革开放出现了一定动摇。当时一边是西方的自由化思潮从海外传入,对知识界影响很大;一边是走私猖獗,虽然政府严厉打击,但被曝光者不过是冰山一角,无数人参与到了这场疯狂的游戏之中,同为经济特区的汕头、厦门,连同深圳、珠海、海南一线,构成了20世纪80年代东南沿海走私的黄金海岸,席卷了整个大陆沿海地区。有批内地老干部到深圳参观后痛心疾首:深圳除了五星红旗之外,遍地都是资本主义。经济特区被描绘成了“走私主要通道”和“香港水货之源”。

这时候的广东承担了极其沉重的政治压力,任仲夷作为操盘手硬生生地顶了下来。他说了一句充满了辩证法和政治智慧的话,叫作“开放不排外,引好不引坏”。打开窗户呼吸新鲜空气的同时,不可避免地会有蚊子苍蝇飞入,我们不能够因为出现问题就一棒子打死。他的坚定有效地稀释掉了上面一些极“左”的浪潮,鼓励下面的人继续走。

任仲夷还有一句话更精彩,他号召干部们“先斩后奏,边斩边奏,斩而不奏”:做事情不要等红头文件,一旦看准就先干了再报告;还有些事情实在拿不准的,边做边说,先上车后补票;还有一些事情走错了,那就不要报告了,自己接受教训就行了。

作为广东省委书记,任仲夷所提出的这些充满政治智慧、充满辩证思想的意见,对于当时广东积极往前探索起到了巨大的作用——让广东的干部和官员们解放思想,让企业家们勇敢地往前走。

改革开放之初,广东另一个改革风云人物是袁庚。1979 年深圳蛇口炸响了中国对外开放的“第一声开山炮”,蛇口的创始人就是袁庚。现在的年轻人已经很少再听到这个名字了,但在当时,这可是一位名震天下的传奇人物。

1975 年 10 月,五十八岁的袁庚调任交通部外事局副局长。因为他就是地道的深圳宝安人,又有交通部工作经验,又过了三年,时任交通部部长叶飞问他:“愿不愿到香港招商局去打开局面?”于是,他回到南方,接受香港招商局常务副董事长一职。1979 年,他担任深圳蛇口工业区管理委员会主任,负责蛇口工业区的开发。

曾经有人说:“袁庚之所以搞出个蛇口,就是因为他对中国的计划经济一窍不通、一无所知。”第一,他因为不懂计划经济,才对其弊端有深入了解,他是最早那一批反思计划经济体制的官员;第二,他有非常发达的海外关系,也知道这些年来世界发生的深刻变化,包括“亚洲四小龙”的崛起,香港如何从落后的渔村变成现代金融中心;第三,他有一种积极的改革开放意识,时不我待,事在人为。他一到招商局就积极配合改革开放政策,最后以招商局的名义获得了蛇口开发区这个试验田。

在这块试验田上,袁庚开始励精图治,按他的说法叫“试管经济”:有别于传统计划经济,而跟全球接轨,拥抱市场化和国际化。当时蛇口开发区有很多便宜行事的权力:要什么政策,就能从抽屉里拿出什么文件。蛇口工业区管理局是一级地方行政组织,虽然隶属于深圳,但实则是独立王国，在地位上甚至平起平坐。当时，其他地方成立企业走流程要三个月，而在蛇口，企业从申报成立到拿批文只需十天。

彼时的蛇口，不仅是改革开放的试管，更是现代经济的一个超级孵化器——新观念、新思想、新模具、新产业、新人物的诞生之地。招商、平安、华为……无数巨头从蛇口走出，最终走向世界。

袁庚人生最辉煌的举动，可能很多人都听过。1984 年，邓小平去特区考察的时候，袁庚居然冒天下之大不韪，在蛇口的马路边竖了一个标语，就两句话：

时间就是金钱，效率就是生命。

这是一场极其大胆的政治冒险，果然也引起了保守力量很大的反弹。一时间，蛇口成为舆论的焦点，被抨击为精神污染和资产阶级流毒，袁庚也承受了很大的压力。没有想到，邓小平看到后肯定了这条标语。改革开放的风潮由此传遍全中国，也从某种意义上为蛇口完成了加持。

在经济发展之外，袁庚还有蓬勃的政治追求，这也是他后来遭受诟病之处。

1987 年前后，新华社面临一个新的任务——总结改革开放十年来的经验与教训，其中深圳是重中之重，而蛇口又是深圳难以避开的话题。于是，总社安排我去负责报道蛇口。我在蛇口一待十天，采访了几乎所有的重要领导。

当时的蛇口人心浮动，香港报纸都在大量登载“袁熊大战”。其中，“袁”就是袁庚，时任蛇口工业区党委书记，“熊”就是熊秉权，时任蛇口开发区管委会主任。当时两人的矛盾几乎天下皆知。这种摩擦起初不关乎个人恩怨，只是对于改革方向的态度不同，但是，随着矛盾愈演愈烈，两人几乎难以共存。在我采访的过程中，这两个人都向我诉苦，都想积极地影响我。

采访完后，我得出一个判断，熊秉权是个干才，作为开发区的官员绝对一流。他认为，既然是开发区，埋头搞好经济发展就完了，千万不要染政治。袁庚则雄心勃勃。在他看来，蛇口的经济再发达，在共和国的经济总量里面也是九牛一毛，只有在政治上有所突破，才对整个中国是最好的帮助。他想搞政治特区，这才是他所谓"试管"的真正价值。

按照熊秉权的说法，袁庚这个人"翻手为云，覆手为雨"，即所谓的政治品质不好。从某种意义上说，袁庚是玩政治的高手；所以，熊秉权跟他发生矛盾的时候非常痛苦。在采访中，熊秉权跟我说："他（袁庚）名气这么大，能力这么强，为什么不实事求是？他为什么玩弄政客手腕？"这是熊秉权感到最痛苦的地方。

但是，换一个角度来看，只问目的、不讲手段也成全了袁庚。他在先行先试的时候，如果没有这些韬略、手段，是不能存活的，他需要政治智慧。他存活不了，蛇口就存活不了。事实证明，最终蛇口也没存活下去。在袁庚卸任以后，我旁观了蛇口被深圳兼并整合、走向消失的整个过程。但是，毕竟蛇口在他手里坚持了十年，这十年也使蛇口完成了自己的历史使命。从这个角度而言，袁庚已走，改革仍旧；蛇口已逝，袁庚不朽。

除了任仲夷、袁庚这两大改革初期标志性人物外，珠三角还有很多个性鲜明、锐意改革的官员。

在20世纪80年代，广东佛山有两个乡镇企业明星县——顺德、南海。这两个县的县委书记都是广东本地人，经历也大致相同：从大队支部书记开始，到公社书记，再到县委书记。这两个人后来都成了非常传奇的人物。

其中一位叫黎子流，当地人称"黎叔"。他在顺德任职之后，被调到江门——破格提拔为江门市委书记，最后退休前任职广州市市长。他在推动广州走向复兴,成为一座“不设防”的城市方面,起到了很大的作用。

黎叔有一句话在当时的广东传得很广。他是农民出身,人很朴实,普通话说得不好。他到广州当市长的时候,很多广州干部看不起他,认为他是泥腿子出身。他就用顺德方言说了一句话:“大不大,木大返顺德。”意思就是:“你们看得上我,行就行;不行的话,老子不过就是回到顺德继续当农民。你们看着办吧!”

另一位更有特点的叫梁广大,当时是南海县委书记,后来成了珠海市市长、市委书记,人称“梁大胆”。

今天的深圳不负众望,成为中国经济的新高地;但同为经济特区的珠海,也不可小觑。论及深圳的成功,毗邻香港占了很大的因素,这种地理优势无可取代。相比之下,仅有二三十万人口、产业极度单一的澳门,根本无法带动珠海的发展,甚至还要反抽珠海的血,它和香港的差距不可以道里计。并且,尺有所短、寸有所长,经济特区的探索不应该简单地用经济总量来衡量。谈到珠海,一个绕不过去的名字就是它的奠基人——梁广大。

在改革开放的关键节点上,梁广大都是重要的参与者和见证者。1984年邓小平第一次南巡,在珠海写下了“珠海特区好”五个大字;1992年邓小平第二次南巡,接近一半的重要讲话是在珠海所讲,这次讲话将中国这辆即将脱轨的列车推回到正轨上来。2012年12月18日,中共最高领导人再次来到深圳,作为改革开放的标志性人物、南中国的常青树,梁广大与其他三位陪同过邓小平南巡的老干部一起出席。暌违多年后,我再度在新闻中看到梁广大,曾经意气风发、指点江山的故人已经垂垂老矣,岁月的确从来不饶人。值得欣慰的是,梁广大的心血永远地留在了南中国的土地上,那就是珠海经济特区。

在珠海,梁广大四两拨千斤,做出了很多超出其本身政治地位的贡献：第一，他坚持生态优先、环保优先的高门槛，污染行业绝对不能进珠海，给珠海留下了确立花园城市的“魂”，也留下了未来的发展机会；第二，他跳出珠海看珠海，站在国家战略、粤港澳大湾区的角度，谋划了大港口、大机场、大交通等在今天看来都相当惊人的手笔。以机场为例，他不仅要建机场，还要办世界性的航展。很多人觉得他简直是疯了，但就是这么一个人，带着一帮土农民官员穿着皱巴巴的西装全世界跑，去荷兰、法国找国际航展公司谈合作，硬是把航展做起来了。

在航展表面风光的背后，是十足的辛苦与窘迫。这种思路毕竟太超前，没有想到坚持了将近二十年后，中国的航空航天事业终于迎来了巨大发展，珠海航展成了中国展现自己的实力，甚至是出售航空航天产品的世界级平台。在2018年的航展上，歼－20、歼－10B矢量验证机等国产先进战机大量出现，四十三个国家的七百多家供应商、采购商纷纷出席，这些都标志着珠海航展成功跻身于世界五大航展之列，从当初以航展为平台的大型展会，发展到现在成为中国空军、航空工业乃至军事工业的缩影。珠海航展不仅拉动了珠海的航空航天工业，而且给共和国提供了一个世界级的高端平台和窗口。追根溯源，梁广大功不可没。

从仕途之路来说，梁广大走得不算远，但他的命运和珠海的兴衰荣辱紧紧捆在一起，这也算是从政者的另一种成就吧。

那个年代里的广东，出现了一大批这样敢作敢为、披荆斩棘的人，上至省委书记任仲夷，中至蛇口先驱袁庚，下至两个广东“土包子”黎子流、梁广大，他们都是名副其实的闯将。从某种意义上说，改革开放给这批官员提供了一个前所未有的舞台。

正是这一批具有改革精神的干部，把邓小平在南海边画的一个圈，种成了整个中国希望的田野，成为中国生产力最发达的地区之一。

有人曾经问梁广大："经济特区对改革开放意味着什么？"他的答案是："试验。"也有人曾经问袁庚："蛇口对于改革开放意味着什么？"袁庚的答案是："试管。"两者异曲同工，小至蛇口、中至经济特区、大至整个广东省，它们对于中国的核心价值就在于是"试管实验"。

正是这一系列"试管实验"的成功，给了邓小平最大的底气，这才使得他在第二次南巡的时候能够力挽狂澜。以往邓小平在各地参观时基本上都不发表讲话，但是 1992 年那次到广东时，他一反平时的沉默寡言，激情飞扬，不停地问，不停地阐述他的思想："贫穷不是社会主义。""发展就是硬道理。""计划经济不等于社会主义，资本主义也有计划；市场经济不等于资本主义，社会主义也有市场。计划和市场都是经济手段。""深圳的重要经验就是敢闯。没有一点闯的精神，没有一点'冒'的精神，没有一股气呀、劲呀，就走不出一条好路。""不搞争论，是我的一个发明。不争论，是为了争取时间干。""右可以葬送社会主义，'左'也可以葬送社会主义。中国要警惕右，但主要是防止'左'。"……句句掷地有声。

第二次南巡时，在从深圳到珠海的船上，邓小平甚至一口气讲了一个小时，这对于八十八岁的老人而言，其劳心费神可想而知。邓小平仿佛是在讲述他历经风风雨雨后所得出的那些炉火纯青的道理，也仿佛是在交代自己的政治遗言——中国之命运、中国之未来、中国之道路究竟在哪里，这些问题解答不清楚的话，容不得他有半点懈怠。

邓小平最后这次南巡，四两拨千斤，把中国这趟几乎脱轨的列车又推回到正轨上来。此后的中国大搞经济建设，几无偏离，成就了人类历史上罕见的发展奇迹。我有幸成为这一历史节点少数的间接和直接的观察者之一。

今天我们回头讲大湾区前世今生的时候，真的不能忘掉这批人，要向他们致敬。如果没有他们提着脑袋做事情，而且又极具政治智慧和辩证能力，中国的改革开放早就夭折了，今日山呼海应的大湾区也不可能出现。他们是大湾区真正的奠基人。他们的成功，靠的不是红头文件，不是港资台资，而是对常识的尊重、对规律的顺应、对本质的把握，这是大湾区强势崛起的真正基石！

什么是常识？邓小平同志说："发展就是硬道理。"

什么是规律？陈云同志说："不唯书，不唯上，只唯实。"

什么是本质？简简单单两个字：人性。

大湾区的动力之源——人性

政治家锐意破局之后，大湾区终于步入了发展的下半场。这一阶段的主角，正是无数为改变命运而奋斗的普通人们，其中又以企业家最为典型。

企业家的进化史，也是大湾区的产业升级史：从20世纪80年代，部委企业进驻、"三来一补"（来料加工、来件装配、来样加工、补偿贸易）、走私贩私、倒卖批文的贸易时代；到90年代，民营企业开始起步，以华强北为代表，家电、消费电子引爆的元器件需求催生的电子时代；再到进入新千年后，中国入世，互联网产业第一波行情开始爆发，工厂经济向楼宇经济转型，手脚经济向头脑经济转型；如今，高科技产业全面开花，大湾区成为全球产业链最完备的世界工厂。

大湾区的每一次跨越，都踩准了全球产业发展的节奏，也洞悉了产业转型升级的规律，抓住了国内消费升级的趋势，更完美演绎了一众专家们都看不懂的中国产业化特色。每一次的跨越都惊险万分，但每一次都实现了华丽转身。

透过现象，归结背后的原动力，只有一个——就是人性的力量。

多年以来，因为职业的特性，我接触了林林总总上千个企业家——尤其是广东地区发家的老板，其中不乏巨富，但更多的是来自社会底层的草根，甚至不少巨富本来就是草根出身。他们有的是洗脚上田的农民，有的是做裁缝、修鞋匠出身的小手工业者，有的是靠摆地摊发家的商贩。尽管来路各异、生意不同，但他们有一个共同背景：普遍家境贫寒、兄弟姐妹众多、文化水平不高。有的只有小学文化水平甚至是文盲，从小就饱尝生活的艰辛，经历了常人难以想象的磨难。苦难的生活、强大的压力、卑贱的地位，不仅没有磨灭斗志，反而让他们产生了更加强烈的出人头地的愿望。

他们是遍地燎原的野火，映红了古老中国的天空。他们成为众矢之的，也走上财富之巅，他们富可敌国，却又如履薄冰，仿佛一叶浮萍，命运浮沉。他们或许并不知道未来之路通往何处，也无暇思考大湾区这样宏大的命题，他们唯一知道的是：无论用怎样的手段，必须在那混乱而野蛮的年代里，从失败者的尸骸中杀出一条血路来。

在他们身上，我总结出了人性的三大特点：贪婪、侥幸、虚荣。这三大特点是所有人的共性，你我都不例外，但细分起来又有积极的、消极的两面。

有人把消极的一面发挥得淋漓尽致，或是无止境地贪婪，以赚钱作为唯一的人生目标；或是沉迷于资本的魔力，一次次空手套白狼，成为胆大包天的“赌徒”；或是渴望镁光灯下的鲜花与掌声，不断搞出些大新闻,吸引大众眼球,说到底都是虚荣作祟。

然而,如果一个人能够控制人性的贪婪,把它变成雄心,那么这个人不成功都不可能;如果一个人能把侥幸变成胆魄,敢于冒险,弯道超车,那么这个人就有可能把坏事变成好事;如果一个人把虚荣变成珍惜羽毛,爱惜名节,那么这个人就会走得长远。

华为与任正非,就是把握人性的典型案例。

创办华为之前的任正非,是一个在体制内一事无成的中年男人,甚至可以说是彻底的失败者。被公司除名下岗、清退走人,一脚踹到了体制外,彼时的任正非,妻离子散、身拖病恙,只剩一对儿女跟六个从家乡投奔他的兄弟姐妹。正是在这样的绝境之下,他创办了华为。

如今已经成长为世界级企业的华为,并不是第一天就想着引起美国总统的关注。在华为起步的时候,任正非甚至连做什么都没有想清楚。倒腾减肥药、卖墓碑,这些跟如今的华为完全格格不入的生意,却是当初的救命稻草。可能是因为"倒爷"的天赋有限,任正非只能勉强混个温饱。偶然一次,他通过辽宁省农村电话处的一位处长牵线,开始代理香港的小型程控交换机。在中国农村通信市场试水赚到第一桶金后,他才决定走技工贸之路,扎根通信市场,最终使华为成为一家改变世界的伟大公司。

华为成功的秘诀,众说纷纭,但我认为,对人性的激发和控制,构成了一部华为的发展史。在任正非看来,企业管理遵循的是人性和欲望的逻辑,华为能一路披荆斩棘屹立行业之巅,就是因为团队既能激发人性,也能节制人性,坚持"力出一孔,利出一孔"的原则,集众人之私,以成大公。

正如深圳的一位老领导所说:"华为不是培育出来的,是自己长出来的。”华为如果要感激时代、感谢大湾区，那么，不是感激它们的扶持，而是感谢它们的成全，感谢它们提供的机遇，感谢它们对人性的尊重。

如果没有改革开放提供的历史机遇，任正非这些叱咤风云的企业家们，都将会有迥异于今天的人生际遇。

除了企业家外，人性还广泛存在于每个人身上。大湾区崛起不是少数商业明星的光辉赞歌，而是无数普通人的贪婪、侥幸、虚荣所汇成的浩荡洪流。

如今的珠三角已经是世界级的大湾区，但这一奇迹的创造者无一例外都是俗人，尤其是那些来自天南海北的普通人们。

改革开放之初，除了深圳、蛇口这种由国家主导的贸易区以外，在广州、深圳之间一百多公里长的走廊地带上出现了前所未有的民工潮。我在做记者期间曾经深度调研其发展全过程，并最终写成了一部报告文学《百万移民下珠江》。

作为“百万移民”的主角，农民工背井离乡，绝非为了伟大理想，而是为了解决切实的生存问题。他们在家里面只能面朝黄土背朝天，修理地球，在地里找食吃，甚至连自由迁徙的权力都没有，人与土地被强行绑定在一起。

在改革开放后，他们终于迎来了一个能够改变命运的选择：背井离乡，到遥远的珠江三角洲打工。这看起来很可怜，离开了老婆孩子热炕头，夜以继日地挥洒汗水，但一个月这两三百块钱的工资，或许是他种地一年都挣不到的钱。他们付出了很大的代价，但获得的是未来。

更何况，伴随着粤语文化的“北伐”，劲歌金曲风行全国，远在内陆的青年们有足够的素材和想象力来编织自己的广东梦：车如流水、城市不夜、灯红酒绿…… “东南西北中，发财下广东”，就是这一点微小期待，让他们成群结队地走向充满未知的珠三角。

与农民工朴素的发财愿望类似，香港商人们不是国际友人白求恩。20 世纪 70 年代末，“亚洲四小龙”快速崛起，但到了 70 年代末、80 年代初的时候，它们——特别是香港——已经很明显地出现了问题：劳动力、土地资源有限，生产要素成本急剧攀升。香港一千平方公里的一片弹丸之地，光靠制造业的转移，人均一万美元的 GDP 收入都难以实现。香港想要继续发展，腾笼换鸟成了必然选择。

就在这次产业转移的契机下，中国打开了门户，这正是中国改革开放最大的天时。但彼时的西方资本一是看不上中国，二是也不敢来。在他们看来，这里没有成熟的法律法规，只有一片朝令夕改的经济特区，前途莫测；没有熟练的劳动力，更没有完善的产业集群，根本不具备投资的可能性。

但是，欧美大资本不进来，总会有人进来，胆子最大的一批人就是港商。他们钱不多，但是有信息、有订单、有渠道，而且跟当地有千丝万缕的联系，因为他们就是几年前就从珠三角游水逃到香港去的人，这批人就作为第一批港商开始回来了，在本乡本土办厂，并在这里探索出一种叫作“三来一补”的发展模式。

香港商人只要有订单，就不用给钱，村集体拿出土地来入股，借钱找包工头把厂房盖好，港商只要把设备拿过来，就可以开始生产，最后利润两边对账。港商的成本之低简直无法想象，土地不要钱，厂房因陋就简，又有取之不尽、用之不竭的劳动力，最大的成本就是那些二手的设备。只要有订单，工厂就可以运转。一个个香港大小老板，把欧美订单拿到手后，跑到老家珠三角，找到当地的农民租块地建厂房，不断地扩大规模再生产。

这些港商们几乎没有什么道德水准可言，为了一己私利，对工人无所不用其极地剥削与压榨，甚至酿成了严重的社会问题。“三来一补”企业中有不少是塑料厂、玩具厂、人造花厂，这类企业的拌料工、喷漆工、印花工几乎天天要同有毒气体打交道，却毫无保护措施。但就是这样一群利欲熏心的老板们，用了短短三年时间，使整个东莞从村到寨到区，崛起了成千上万的“三来一补”企业，为日后华为等世界级企业的诞生提供了得天独厚的温床。

珠三角本地的农民，想法同样很简单。从1980年开始到1988年的短短八年时间，珠江三角洲就成了中国的新兴制造业高地，建起了成千上万的工厂；一个小小的东莞，从只能容纳六十万人口的县级市，变成了能够容纳一千万青壮年人口的超大型城市。本地的农民无须费神费力，只要在农地建好厂房，转手租出去就能挣钱。

伴随“三来一补”企业和乡镇企业的大发展，诞生了数以万计的厂长、经理的新职位，以至于出现了咄咄怪事：即使一些乡村干部（包括原生产队会计、粮库保管、记分员）、派出所干部、知识分子（小学毕业生也算）悉数出任官职，人数也不够用。在一个村拥有几十上百家企业的情况下，每一个村里面的男人都可以在厂里面挂个副厂长的名，名利兼收，何乐而不为？

四十年多过去了，珠三角顺利地实现了工业化，形成了在全世界极具竞争力的产业集群，无数民营企业蓬勃发展。圣人在哪里？没看到。伟大的道德观在哪里？没看到。只有一群毫无基础的农民工，一群贪婪逐利的商人，一群渴望致富的当地农民，他们才是这个舞台的主角，而驱使他们不断奋进的正是人性。

一个朋友讲的小故事让我印象深刻,一位苹果公司高管在接受《纽约时报》采访时谈起自己在深圳的见闻:新一代 iPhone 发售前,苹果公司突然改变屏幕设计,要求深圳的富士康突击赶工。一天午夜,一群工头叫醒了熟睡的八千名工人,每人发了饼干和一杯茶。半个小时后,一条生产线开始以 24 小时一万多台的速度生产 iPhone。

三四十年前洗脚上岸的农民工、今天的富士康工人,为什么都如此敬业?是因为道德水准高吗?无非人性古今皆同罢了。

这个世界从来不是光辉温暖的温室花园,而是充满残酷搏杀的黑暗森林。人皆凡夫俗子,你我都不例外,我们可以用正能量引导人性向善,但千万不要指望所有人都是圣人。一旦按照洁白无瑕的标准来要求普通大众,这个国家只能批量地生产伪君子。

行文至此,我不由想起了盛极一时的美国西部片——黄沙与烈酒共舞、牛仔与恶徒相伴的美国西部,是人性的地狱,也是野心家的天堂。但摆脱文学视角,从大历史观来看,始于 18 世纪末、终于 19 世纪末的美国西部大开发,大大促进了美国经济的发展,成为美国登上世界之巅的基石。

改革开放四十多年来的大湾区,正如当年充满着野心、欲望、混乱的美国西部,向所有希望改变命运的人打开大门。沧海横流的年代,英雄辈出的舞台,激发起了中国人压抑了许久的精气神。被约束了几千年的中国人,突然遇到了某种程度的放纵。

这种放纵不是纲纪废弛、打砸抢掠,而是有限度、有前提、可控制的放开,是在对和错之间、好和坏之间、红和黑之间的广泛中间地带寻找共识。这种对不合理、非均衡社会现象的极大程度容忍,体现在诸多方面:容忍重工业对环境的破坏,容忍血汗工资制对农民工群体的利益剥夺,容忍倒卖批文、合法走私贸易的存在,容忍山寨产品的风行,容忍民营企业家在法律边缘的游走与突破……这样的容忍使大湾区广受批评，成为众矢之的，但也正是在中间地带的不断探索，使人的欲望得以最大限度地张扬。

两千六百多年前管仲就曾说过："仓廪实而知礼节，衣食足而知荣辱。"经历了四十多年的淘选，今日的大湾区成为中国社会最文明、平均素质最高的区域之一，这种高度的文明又促使人性不断向善，社会共识得以凝聚，最终使大湾区走向了更加成熟和现代化的社会形态，大私终于造就了大公。

总结大湾区四十多年生成史，关键词是"生态"。这个运转正常的生态体系就像是一把筛子：米往哪里走、糠往哪里走、石头往哪里走，各归其位。上至执掌一方、锐意改革的政府官员，中至人生际遇各不相同的老板群体，下到背井离乡、改变命运的普通打工者，他们都是大湾区生态的一部分。

对政府来说，不需要与市场进行博弈，而是要在市场失语时提供必要的公共服务、社会保障。对于湿地而言，维持其物种多样性的关键在于千分之三的含盐量；同样，如何维持市场盐分的合适比例，是政府职能之一。至于湿地食物链如何构成，是鸟吃鱼、鱼吃虾、虾吃虫还是虫吃土，甚至鱼跳起来吃了鸟，这些都是市场行为，与政府无关，活力四射的民营企业才是市场的主角。

在政府和企业的宏大视角之外，对于每一个希望改变命运的普通人来说，他们抓住机会，改变自身命运、家族命运的同时，也改变了国家的前途，甚至改变了世界。

如果说20世纪70年代的大湾区动力是50后这批被耽误的一代精英的长期积蓄能量的释放，80年代的大湾区动力是60后第一批普通打工者摆脱世代种地的强烈愿望，90年代的大湾区动力是70后的一群普通大学生受改变阶层命运的理想驱使，那么21世纪最初十年的大湾区动力就是80后作为新中国第一代不愁吃喝群体的创造力的爆发。到如今，全国各地怀揣梦想的年轻人，依旧如同潮水一般不停地朝这片热土涌来。一代代创业者也在这片土地上崛起，消费品、房地产、互联网成为他们新的主战场。金钱永不眠，欲望永不眠，他们成功的背后，都是人性的激荡。

政府经营环境，企业经营市场，民众经营文化。人性的水推动了大湾区的船，顺水行舟最终成就了“万类霜天竞自由”的大生态，这正是大湾区带给我们的最大启示。

大湾区的来世：生意、生活、生命

讲完了大湾区的前世今生，更多人可能更关心大湾区的未来。

粤港澳大湾区究竟能否超越世界其他三大湾区——纽约湾区、旧金山湾区、东京湾区——引领世界？深圳能否引领大湾区？大湾区未来的发展热土在哪里？这是所有关注大湾区的人都关心的三大问题。大湾区的来世也隐藏于其中。

从规模上看，大湾区成为全球最大的城市群，将会是不争的事实。在全球四大湾区中，纽约湾区最强的是金融，是全球资本力量的代言，资本大鳄齐聚，可以说是“财力”强；旧金山湾区最强的是科技，是全球科技文明的代言，顶尖人才汇集，可以说“人力”强；东京湾区的现代工业体系最发达，是制造业、工业文明的代言，可以说“物力”强。那么，粤港澳大湾区在世界上究竟是扮演什么角色、处在什么地位呢？

在财、人、物之外，经济的发展还离不开“场”，即一个超级国度所构成的具有巨大单一体量的“超级市场”。市场大就厉害吗？当然不是，核心还是“连结”和“转化”。在中国的发展之路上，粤港澳大湾区真正要扮演的角色，是对外“深化开放”，对内“区域融合”，是内外转换的“超级市场转换器”。

从1.0阶段的“请进来，走出去”，到2.0阶段的“核心城市异军突起”，再到以基础设施的互联互通、要素流通、优质生活圈共建为标志，成为集全球跨国公司总部集中地、国际活动中心、全球创新中心、国际性旅游目的地、信息中心、交通枢纽于一身的世界级城市群。未来的大湾区将走向一体化的3.0阶段。

2017年以来，粤港澳大湾区取代了原有“珠三角”和“泛珠”等提法，被写入“政府工作报告”。这一更名可谓内蕴深远：“大湾区”三个字，展示比肩纽约、旧金山、东京三大世界级湾区的雄心；“粤港澳”三个字，明确了区域一体化的路径。广东学习借鉴港澳制度透明化、法制化、现代化的先进因素，破除壁垒，推动人流、物流、资金流、信息流、技术流在大湾区的自由流动，最终实现一体化。

作为城市演进的终极形态，都市圈一体化的发展关键在于要素流通，要素流通的前提就是交通基础设施的完善。在大湾区内部，海运、空运、高铁、城轨、地铁组成的多式联运交通网络，是提振大湾区竞争力的重要支撑。当前城市竞争的关键在于规模效应、满足需求的时效性，而交通枢纽是人流、物流、信息流汇聚的关键。从商贸物流到人文交流，从产业创新到产业协同，从物理距离到全面互联互通，拥有多种重要交通方式的枢纽区域将成为下一步社会经济发展的强大引擎，深刻改写大湾区的经济版图。

伴随交通条件改善，人才、资金、技术等高级生产要素的自由流动将成为大湾区发展的重要抓手。与此同时，衣食住行、教育医疗、文旅康养等生活要素的流动，同样蕴含着巨大的红利。这种红利，我把它总结为三“生”有幸，即生意、生活、生命三者的统一：在生意上分工协作，在生活上丰富多彩，最终为生命创造价值。

从生意上来讲，深、莞双城记正是典型案例。2019年4月，著名经济学家张五常提出“深圳将成为整个地球的经济中心”，他认为深圳将会超越“硅谷”的原因在于：“主要是硅谷没有一个像东莞水平的工业区。”

从20世纪90年代开始，深圳意识到加工制造的土地产出过低，已经无法支撑国际都市定位之后，就强势启动了一波制造业北迁。深圳的制造业，首先是从关内转到关外（1982年6月，在深圳经济特区与非特区之间设立了一道关卡——二关线，它就是指关内、关外的分界线。关内包括南山、福田、罗湖、盐田四个区，关外则包括宝安、光明、龙华、龙岗、坪山、大鹏六个区），之后伴随关外土地、房租和用工成本的压力，自然而然就向临近的东莞溢出。从这个角度讲，华为从市区搬到东莞松山湖，并不是抛弃深圳，而是在同一都市圈内进行资源再配置。制造业会逐渐向都市群外圈移动，核心区高房价留下的是金融与总部经济；东莞多年沉淀的加工制造经验，与深圳形成了完美的配合。

深圳创造、东莞制造，一方面让深圳实现了腾笼换鸟，走向高端产业、产业高端，相同面积的土地，原来收获“土豆”，现在开掘“黄金”；另一方面也使得东莞改头换面，大众印象中的东莞就是一个大加工厂，实际上它已经走出了一大批品牌企业。电子行业的OPPO、VIVO，食品行业的徐福记、华美食品，服装行业的都市丽人、以纯等，都是土生土长的东莞品牌。相对于东莞中小制造企业的总数量，这些品牌不过是汪洋大海中的几朵浪花。东莞的品牌塑造，在接下来十年将迎来最好的机会。个性化定制的需求、小而美的高品质需求，将为东莞的中小制造业提供难得的机遇。更重要的是，东莞已经形成了成熟的产业链，并且这种无缝对接的产业链具有全球的竞争力。可以说，深圳与东莞在这场产业转移的浪潮中实现了真正的双赢。

从生活角度而言，三“生”有幸的表现形式就是同城化，即一小时生活圈：一边享受深圳的发展机遇，一边享受珠海的椰林海风，一边享受着顺德的千年美食，一边享受广州的千年底蕴，生意、生活、生命三不误。

大湾区这几大核心城市的对比，永远是个有趣的话题，很多人问我如何看待广州和深圳，我是这么说的：广州就像一棵根深叶茂的大榕树，虽然有很多枯枝败叶，但盘根错节，极有味道；而深圳则像移植过来的一个盆景，非常工整、漂亮精致，但无法与广州的根深叶茂相比。生活在广州与生活在深圳的对比，就像深秋去户外游泳，站在岸上看寒潭清冽、水波荡漾，觉得水里冷；待鼓起勇气下水后，再看岸上落叶萧萧、草木摇黄，觉得岸上冷。其实究竟哪里冷？如人饮水，冷暖自知。

今天的深圳充满希望的同时，也隐含着危机——过高的生活成本和竞争压力大幅拉高了深圳的生存门槛。作为中国最年轻的城市，深圳的地铁上和街道上很少看到中年人，大部分都是年轻人，极少有老年人。原因很简单，年轻人心中希冀尚存，而人到中年则更容易认清现实，选择离开。

面对这样的现状，很多人批判深圳的未来被高房价绑架，向上流动空间萎缩，年轻人的创业活力被彻底扼杀。应该说，这种看法有一定道理。国家对深圳一直寄予厚望，所以才赋予其独一无二的定位，给予众多的利好政策。这些利好的本意,在于助力实体经济、推动创新发展,不能——也不应该——成了房地产的炒作概念,深圳的确应该提高警惕。

不过,总的来说,人的流动是城市经济发展到一定阶段的体现。由于一线城市拥有更多的工作机会、更高的生产效率,人才向一线城市聚积,大城市“拥挤”现象越来越严重,生活成本、生产成本越来越高。这样,企业自然开始向成本更低的地区进行扩散,部分人也因不能负担大城市昂贵的生活成本而向中小城市转移,这是符合城市发展规律的。

不仅是深圳,香港也面临这个问题,但区别在于:深圳有广阔的内陆作为腹地,香港的青年则毫无退路,只能坐困愁城。如果说以前的香港是江湖,谁都可以通过努力实现鱼跃龙门,现在的香港就是玻璃鱼缸,大鱼之下,虾米举步维艰。在深圳,尽管无数年轻人被房价压得喘不过气,但他们对深圳的未来和自身的能力充满了信心,以青春赌明天,放手一搏,成败无悔,即使失败了,也有家可归,有乡可回。这个不断逆袭与淘汰、拼搏与进取的过程,使得深圳能够永远年轻。

伴随大湾区3.0阶段的到来,一体化将彻底改变大湾区的格局,核心城市的生存压力会得到极大缓解,普通人也可以享受生活,兼顾生意,并且使生命的价值得以充分舒展。这个改变将会在这三五年当中陆续展现出来,其意义非同一般。珠江三角洲很多潜在价值会充分地涌现,比如美食、民宿、民俗文化都会成为大湾区共同的财富。三“生”有幸将会孕育巨大的商机。

回顾粤港澳大湾区的前世、今生与来世。不难看出,除了改变了中国在全球产业链的分工方式、地位的经济使命之外,粤港澳大湾区还将在技术突破、社会治理创新、法律监管加强等方面承担更多的历史使命。

和世界其他三大湾区相比,粤港澳大湾区最大的不同之处在于:其他三大湾区的规划和建设都是在同一种社会制度、同一种体制框架内进行的;而粤港澳大湾区是一个国家、两种制度、三个法域和关税区,流通三种货币,在经济制度、法律体系、行政体制、社会管理模式、经济自由度、市场开放度、营商便利度、社会福利水平等方面都存在差异……这些差异决定了粤港澳大湾区建设面临着其他三大湾区所没有的制度难题,但从另一方面来说,制度的多样化带来了互补性,如何打破人为的藩篱,使粤港澳大湾区以一种整体形象出现在世界面前,集两制之利打造三“生”有幸,是它未来要面对的重大课题。

放眼粤港澳大湾区的未来,我们有理由相信,地理上的边界、制度上的壁垒确实存在,但人的勇气、智慧与想象力是没有边界的。

“3+1”改变中国

洋洋洒洒近两万字,在本文收尾之际,我想用“3+1”来概括这部粤港澳大湾区生成史:第一组是大湾区赖以生存的基石——尊重常识;第二组是大湾区发展的源动力——尊重人性;第三组是未来发展的最大公约数,即生意、生活、生命的三“生”有幸。最后的“1”,则是广东两千年帆影不绝所形成“敢为天下先”的精神内核。

正如本文在开头所讲,大湾区的崛起之路,是中国从农业文明到工业文明,从封闭保守到开放包容,从传统且发育不全的制造业弱国到世界工厂的艰难转型之路。解读大湾区的前世今生，我们又能得出关于中国改革开放的哪些内在规律呢？我想同样可以用“3+1”来总结。

第一，逼出来的改革。如果没有危机，没有一群对人民、对国家、对历史负责的优秀人士能够实事求是，通过危机倒逼改革，中国不可能走到今天。所谓的“逼”，无非就是承认现实，摒弃教条，让效率优先成为共识。

第二，放出来的活力。想要提高效率，最重要的就是松绑。政府对民营企业最大的支持，就是不干预，有求必应、无需不扰。这种所谓的“大市场，小政府”，并非削弱政府的职能，恰恰相反，越是自由高效的市场，越需要高度负责的政府，政府与市场两“场”统筹，各安其位，各谋其政，互不打扰，互相成就，活力自然得以释放。

第三，摸出来的市场。指导这一切的游戏规则就是“看不见的手”——价值法则，而价值法则的载体就是市场经济。市场经济最大的魅力就在于，不是你说它是洪水猛兽它就不存在，不是打压它它就不存在；它是躲不掉的规律，因为它是效率的发动机。只有市场经济能提供最大的效率。四十多年来，貌似毫无路线预设的中国改革，实则一直有一条强大的内在逻辑——市场化。

昨天的中国没有经过市场经济的充分洗礼，小则需要补课，大则需要这只“看不见的手”来调节经济、配置资源。市场经济这所大学校，使中国获得了巨大的发展，甚至把中国纳入到了全球化的进程中。如今，民粹主义的思潮在全世界泛起，中国的外部环境难言乐观，我们自己应当有客观的认识：正是对价值规律的尊重，对市场经济的认同，才使得中国能够堂堂正正地与世界对话，我们一定要在市场经济的道路上坚定不移地走下去。

逼出来的改革、放出来的活力、摸出来的市场，这三点几乎贯穿了大湾区发展的每一个阶段,这也是整个中国四十多年改革开放的核心。

至于“3+1”的“1”是什么?我认为是挡不住的国运。中国一路走来,面临无数次的危机,从濒临开除球籍的贫困,到“左”倾严重的保守主义、经济过热的投机现象、资产阶级自由化导致的政治风波、国进民退带来的垄断问题、泥沙俱下的权力寻租、大放水而积累的经济泡沫……然而,正如恩格斯所说:“没有哪一次极大的历史灾难不是以历史的进步为补偿。”好多次我们都认为过不来的坎,面临最大危机的时候,往往这都是整个中国更上一个大台阶的前夜。

我从大学就开始学习马克思主义,多年以来一直是坚定的唯物主义无神论者,然而越到晚年,我越倾向于不可知论。前沿物理学理论的探索也印证了这一点:现有技术手段无法观察、解释的现象,不一定都是迷信。因此,国运之说,不当以虚妄之言一概而论。只要不犯颠覆式的错误,我坚信中国的崛起是挡都挡不住的。

2020年春,突如其来的“新冠”疫情,已经构成对中国经济乃至世界经济的一次剧烈震荡和冲击。和十七年前爆发“非典”时相比,贸易、金融、产业在全球范围内的紧密连接,使得没有任何一个国家可以独善其身。可以预见得到,本次“新冠”疫情的规模、量级、破坏性,远非2003年的“非典”可比。就影响力而言,这次疫情甚至可以说就像一场没有硝烟的第三次世界大战:全球化合作的大趋势正在退潮,民粹主义、单边主义开始抬头……未来究竟会走向何处,都尚未可知。

但是,越是这种时候,我们越要认清规律的重要性,越要尊重人性。只有这样,我们才能不犯颠覆式的错误,走向大国崛起的未来。或许,这才是大湾区给我们最重要的启示吧。

正和岛“新经典”书系

正和岛“新经典”书系秉持“理性的判断、建设性的表达”，坚持传播力、引导力和变革力的统一，崇尚思想性、实用性与阅读性的集合。

正和岛品牌媒体事业部汇聚顶尖企业家、思想家、科学家与艺术家，联合国内一流出版机构，旨在为中国商界打造一个修心明道、驭势炼术、知行合一的“新经典”书系。

定位：新创造、新认知、新商业文明

正和岛“新经典”书系编委会

本书特邀

内容整理：窦镇钟（智纲智库自媒体主编）

出版策划：边　杰（《海底捞你学不会》出版策划人）

杨镇宇（智纲智库运营整合中心总经理）